MY INSIGHT ON
INVESTMENT BANKING

投行十讲

从菜鸟到投资银行家

沈春晖 著

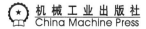

图书在版编目（CIP）数据

投行十讲：从菜鸟到投资银行家 / 沈春晖著 . —北京：机械工业出版社，2020.7（2025.1 重印）

ISBN 978-7-111-65858-0

I. 投… II. 沈… III. 投资银行 – 介绍 – 中国 IV. F832.33

中国版本图书馆 CIP 数据核字（2020）第 102591 号

本书是全面认识投资银行和投资银行业务的重要工具，也是作者 20 年投行从业收获的高度提炼。

书中不仅描述了作者对投资银行和投资银行业务的理解，对当前中国投资银行业机遇的认识，以及注册制、新《证券法》实施对投行的影响，还揭示了从证券公司到现代投资银行的发展趋势。

本书还告诉读者投资银行业需要什么样的人才、怎样才能进入投资银行、投行人士需要什么样的软实力、如何规划与发展自己的投行职业生涯道路等重要的"干货"。

本书不仅能够让不了解投资银行和资本市场的人更加了解这个领域，还能够让投行从业者更好地规划和把握自己的职业发展路径。此外，更大的意义在于，所有关心中国资本市场的人都能通过阅读本书更好地把握中国资本市场的发展现状和未来趋势。

投行十讲：从菜鸟到投资银行家

出版发行：机械工业出版社（北京市西城区百万庄大街 22 号 邮政编码：100037）			
责任编辑：孟宪勐		责任校对：李秋荣	
印　　刷：北京建宏印刷有限公司		版　　次：2025 年 1 月第 1 版第 9 次印刷	
开　　本：170mm×230mm　1/16		印　　张：22.5	
书　　号：ISBN 978-7-111-65858-0		定　　价：79.00 元	

客服电话：（010）88361066　68326294

版权所有·侵权必究
封底无防伪标均为盗版

Foreword ———

推荐序一

近年来,中央多次强调世界面临"百年未有之大变局"。2020年新冠疫情进一步加速了全球产业链和经济格局的重构。为了适应形势的变化,自2019年以来,中央从顶层设计出发全面推进资本市场基础制度改革,提高金融供给侧改革的质量和效率,资本市场迎来高质量发展的重要历史机遇。

就我看来,资本市场的改革主要聚焦于三个方面。

其一,完善市场基础制度建设,特别是信息披露、投资者保护等制度的重构。新《证券法》和中国证监会出台的"深改12条"等专章规定信息披露制度,对投资者适当性管理也提出了新的要求。

其二,提高直接融资服务实体经济的能力,在多层次资本市场建设与注册制改革方面取得重大突破,为我国产业升级提供融资支持。科创板试行注册制运行良好,创业板注册制改革已经启动,在再融资和并购重组方面进一步放松管制。

其三,提升市场投资活跃度。在放松科创板跌涨幅限制、降低新三板精选层投资者门槛、融资融券制度改革、股票股指期权试点、基金投顾试点等方面出台了一系列举措。

这些改革的最终目的是发挥资本市场枢纽功能以增强其服务实体经济的

能力，并推动投融资机制市场化，充分发挥资本市场资源优化配置的功能。

这些改革的最大受益者之一是中国的投资银行。投资银行是资本市场最重要的参与者之一，资本市场的改革措施在很大程度上需要通过投资银行来落到实处，投资银行也将直接受益于改革红利，获得前所未有的发展空间。甚至在一定意义上，可以这样说，我国投资银行的价值发现、定价估值等核心功能的发挥程度，决定了资本市场改革的深度。

春晖是从北京大学毕业就一直奋战在投资银行业务一线的"投行老兵"，从初出茅庐到成长为首批注册保荐代表人，到担任证券公司的高管带领团队，再到其服务的证券公司成功上市，已经有足足20年了。2020年是中国证券市场诞生30周年，在资本市场改革的大背景下，他呈现的这样一本全景式描述投资银行行业和职业的讲座式"百科全书"非常具有价值。

我欣喜地看到，春晖的这本书既是全面认识投资银行业务的重要工具，也是其20年投行从业收获的高度提炼。他不仅描述了自己对于投资银行和投资银行业务的理解、对于当前中国投资银行业机遇的认识，而且敏锐地发现了从证券公司到现代投资银行的发展趋势。他还告诉大家投资银行业需要什么样的人才、怎样才能进入投资银行、投行人士需要的软实力、如何规划与发展自己的投行职业生涯道路等重要的"干货"。

我想，这样一本书能够让不了解投资银行和资本市场的人对这个领域有所了解，让投行从业者更好地把握自己的职业发展路径，更大的意义在于，所有关心中国资本市场的人都能通过这本书更好地把握中国资本市场的发展现状和未来趋势。

袁　力

阿尔山金融科技创始人、董事长

"中国金融四十人论坛"成员

国家开发银行前副行长、国开证券前董事长

中国人寿集团前总裁

Foreword ———

推荐序二

春晖这本书是一本关于投行行业和投行职业的讲座式图书。

我除了没有直接干过投行外,与投行相关的所有领域似乎都涉及了。我做过百度上市的传播工作,做过这家美股上市公司的高管,做过10年与医疗相关的投资,我也是一个创业者和融资者。现在,我还隐约怀揣着孕育一个"独角兽"的愿景。我接触过很多家投资银行,熟悉很多干投行的朋友,也在投资市场上交了许多"学费"。

投行是一个让人爱恨交加的职业。它是"天使",是投资方与融资者的连接器和润滑器,既服务实体经济,也帮助人们实现财务自由。它也是"魔鬼",其中的从业者经常为了赚取佣金而怂恿别人过早上市圈钱或者轻率并购,导致上市公司失去初心,乃至"一地鸡毛"。有人说,干投行的都是金光闪闪的"Banker",处在令人羡慕的金字塔塔尖,进出于豪华酒店,乘坐飞机的头等舱。也有人说,这是假象,他们是让人同情的"投行民工",他们陷于无休止的出差、熬夜,以及无聊的财务核查和文字工作……

这本书原原本本地告诉了你,这些可能都是实际情况,也可能都是表象。投行究竟是干什么的,我不多说,去看这本书吧。真正的聪明人就是能够用简单的话语和清晰的逻辑把貌似复杂的概念说清楚。

这本书让我感兴趣的是，它讲述了投行人的心智模式、伦理准则和软实力。其实，这本书提到的"投行之路"既是一条成为优秀投资银行家的职业规划之路，也是一条"成为更好的自己"的进阶之路。

春晖在与我聊天时，说起做投行20年最大的感受就是，投行是一个赏罚分明的行业，他最恐惧的事是"德不配位"。正是这样的认识，驱使他持续努力、不停奔跑。

我常在我的太安私塾里提到查理·芒格。他让我看到，得到一个东西最好的办法就是让自己配得上它。我也是一个口头上的"巴菲特主义者"——未必能做到，但我终生以巴菲特的价值投资论作为自己内在价值观的一部分。这个理论认为，投资是有基础价值的，那就是公司长期产生利润的能力。

投资公司如此，投资自己更是如此。投资自己的核心秘诀是什么呢？秘诀就是让自己成为那个值得的人。坚持做一件正确的事，哪怕回报慢点，由于时间复利，长期而言，带给自己的仍然是高回报。

我相信看了这本书，你会发现，做投行其实是很好的投资自己的方式。

希望春晖这本书大卖，也希望大家能够通过阅读这本书，与春晖一样走向投资自己的人生长路。未来，成了优秀甚至顶级的"Banker"（投资银行家）固然可喜，即便差一点，但始终在成为更好的自己的道路上前行，或者最终只成为一个内心温暖且有智慧的老人，都不失为莫大的成功。

梁　冬

正安康健创始人

百度前副总裁、凤凰卫视前主持人及主编

PREFACE ———

前言

背景与缘起

时光如梭，2020年已经是我A股投行职业生涯的第20个年头了。除了已经是上市证券公司分管投行业务的高管之外，我创办的中国最早的投行专业"自媒体"——"春晖投行在线"网站也有15年的历史了。这个至今持续更新的网站和拥有近30万名专业粉丝的"春晖投行在线"微博、拥有4万名订阅者的"春晖投行在线"公众号，反映了我对投资银行这个行业的热爱。

从业已20年，我想有必要以著书的方式对自己职业生涯的上半场做个小结。对，没写错，尽管已经干了20年，但我仍然认为自己的职业生涯才刚过半。为什么有这样的自信呢？

这是因为中国的资本市场刚刚迎来前所未有的发展机遇。国家对于资本市场有了全新的前所未有的高定位，"发展资本市场是中国改革的方向""发挥好资本市场枢纽功能"的提出，标志着让资本市场在我国经济运行中发挥更大作用，以资本市场改革为"牛鼻子"推进金融领域供给侧结构性改革的方向愈加清晰。投资银行是资本市场最重要的参与者，也是这一轮改革最大的受益者。

茨威格在《人类群星闪耀时》中有一句名言：一个人生命中最大的幸运，莫过于在他的人生中途，还年富力强的时候，发现了自己的使命。显然，我是幸运的。

在这个背景下，我萌生了写作眼前这本综合性的描述投行职业的书的念头。投行是一个高度依赖于人的行业，又被称为金融行业皇冠上的明珠。通过这本书，我希望告诉大家自己对于投行的理解、对于投行业务的理解、对于当前中国投行机遇的理解；同时，告诉大家投行业需要什么样的人才，怎样才能进入投行，如何规划与发展自己的投行职业生涯。

对于不了解投行的大众来说，我想通过这本书告诉他们：投行并不神秘，投行真的很重要。对于对投行感兴趣但还未进入投行的人来说，我想通过这本书告诉他们：投行是个好职业，投身于投行行业正当时。对于已经进入投行的同行来说，我想通过这本书分享自己从事投行工作的职业经验，告诉他们如何才能成为优秀的投资银行家。

内容与特色

投行是被大家经常提及，但往往难以说清楚的行业，甚至还有些神秘。好莱坞电影中华尔街上西装革履的投资银行家，或国产电影《亲密关系》中帮助上市公司反收购的投行董事总经理（MD），反映出我们对投行人员的模糊印象。坊间也流传着很多关于投行的传说或笑话。

这本书命名为《投行十讲》，就是要通过一个系统而有条理的课程式讲述方式，来全面揭示"投行"这个行业和"投行"这个职业。前者主要告诉你投行"是什么"，后者主要告诉你"怎么干"投行。

按照这个设计，本书分为两编，第一编叫作"认识投行"，第二编叫作"投行之路"。

第一编"认识投行"全方位地介绍"什么是"投行，分为五讲。

第一讲名为"什么是投资银行",对投资银行进行了一个总括式介绍。本讲先区分了作为一种金融机构的投资银行和作为一种金融业务的投资银行业务,然后介绍了投资银行的历史与分类,最后介绍了我国两类特殊的投资银行。

第二讲名为"从证券公司到现代投资银行",对中国广义的投资银行——证券公司进行介绍。本讲先分析了中国内地证券公司的发展现状,介绍了证券公司的五项主要业务,然后着重分析了中国资本市场面临的重大发展机遇,最后从四个方向具体分析了中国内地证券公司的发展趋势。

第三讲和第四讲介绍投行的主要业务。第三讲分析融资业务,简明扼要地介绍了主要的股权融资品种、债权融资品种和混合融资品种。第四讲分析并购重组业务,简明扼要地介绍了上市公司收购、上市公司重大资产重组这两项主要的并购重组业务,以及并购重组财务顾问的相关内容。

第五讲名为"大变革中的投行业务",聚焦我国投资银行业务的发展现状和未来发展趋势,以注册制和新《证券法》带来的变革作为背景,描述了过去的"中国式投行"回归本位的过程,进而具体分析未来中国投资银行业的六项核心竞争力。

第二编"投行之路"全方位地介绍"怎么干"投行,分为五讲。

第六讲名为"投行人的心智模式",从思维的底层架构出发,提出了干投行必须具备的四种心智模式:概率思维、取舍思维、富足思维和头部思维。

第七讲名为"如何进入投行",从介绍好工作的要素入手,分析为什么投行是一份好工作,然后分析为进入投行所需的四项准备工作,以及进入投行的两条具体路径。

第八讲名为"投行的职业道德与执业准则",从分析投行的职业道德入手,结合业务实际和具体案例详细介绍了专业、诚信、责任、合规这四项执业准则。

第九讲名为"干好投行的基本要求",传授了非常具体的方法,结合投行实际工作介绍干好投行所需的科学方法、软实力等内容。

第十讲名为"投行的职业路径"。本讲从投行的组织架构与职级入手，具体分析投行职业发展的路径和进阶过程，告诉大家如何成为优秀的"Banker"，以及如何避免投行职业生涯发展中的错误；最后分析投行的职业转型——内部转岗和外部转型。

每一讲分为若干节，每一节之后都设置了要点提示，并提供与该部分内容相关的书单，供对该部分内容感兴趣的读者进一步阅读和学习。

我希望本书成为一本小型的关于投资银行的百科全书，围绕"是什么"和"怎么干"两个主题来详细展开。本书力求呈现出以下鲜明的特色。

其一，最系统。本书虽然篇幅不长，但逻辑严密，简明扼要地介绍了投资银行行业和投资银行职业的全貌。

其二，最干货。作为一个在投行业务一线奋战了20年的投行老兵，我拿出自己的切身感受和深入思考，让本书成为一本切合实际的用心之作。

其三，最全面。本书的受众既覆盖投资银行从业人员、对投资银行感兴趣的各界人士和研究者、学习经济金融和对经济金融感兴趣的在校学生，也包括从事金融与资本运作相关工作的金融机构、会计师事务所、律师事务所的从业人员，还包括涉及资本市场运作的企业家、高管，企业中从事财务、融资、资本运作方面工作的人员，以及一切希望通过金融职业生涯的修炼来成为"更好的自己"的职场人。

未来中国经济的希望在资本市场，资本市场的核心在投资银行。希望这本书能够帮助你认识和了解投资银行，从此开启从投行"菜鸟"到投资银行家的职业道路。

为帮助读者更好地理解投行和投行业务及新近政策，作者专门录制了《投行十讲》配套串讲视频。需要的读者，请微信朋友圈晒书后，加微信好友 huh88huh（昵称：胡小乐）领取，3个工作日内回复，不要着急。

CONTENTS

目录

推荐序一（袁力）
推荐序二（梁冬）
前　言

第一编　认识投行

第一讲　什么是投资银行　/002

第一节　投资银行与投资银行业务　/002

投资银行和投资银行业务　/002
广义的投资银行与狭义的投资银行　/005
广义的投资银行业务与狭义的投资银行业务　/012
对投资银行业务的理解　/014

第二节　投资银行的历史与分类　/017

美国投资银行简史　/017
中国投资银行简史　/019
投资银行的分类　/020

第三节　中国特殊的投资银行　/023

商业银行的投行　/023

FA 机构 / 027

第二讲　从证券公司到现代投资银行　/ 030

第一节　中国内地证券公司的发展现状　/ 030

中国内地证券公司概况　/ 030

中国内地证券公司的经营特点　/ 038

证券业对外开放加速　/ 041

第二节　中国证券公司的主要业务　/ 044

主要业务概述　/ 044

投资银行业务　/ 048

经纪业务　/ 049

资产管理业务　/ 052

自营投资业务　/ 054

信用业务　/ 057

第三节　中国资本市场的新机遇　/ 059

资本市场的新定位　/ 059

金融供给侧结构性改革需要强大的资本市场　/ 060

着力于资本市场基础制度建设　/ 063

从证券公司到现代投资银行　/ 067

第四节　中国内地证券公司的发展趋势　/ 069

重资本化　/ 069

数字化（金融科技）　/ 071

国际化　/ 074

集中化（兼并重组）　/ 076

第三讲　投行的主要业务（一）：融资业务　/ 079

第一节　投行业务与融资业务概述　/ 079

投行业务概述　/ 079

融资业务概述　/ 079

第二节　融资品种　/ 083

股权融资品种　/ 083

债权融资品种　/ 088

混合融资品种　/ 093

第四讲　投行的主要业务（二）：并购重组财务顾问业务　/ 101

第一节　并购重组业务概述　/ 101

并购重组概述　/ 101

并购重组财务顾问　/ 103

第二节　主要的并购重组业务　/ 109

上市公司收购　/ 109

上市公司重大资产重组　/ 113

第五讲　大变革中的投行业务　/ 116

第一节　注册制和新《证券法》带来的变革　/ 116

科创板试行注册制带来的变革和影响　/ 116

新《证券法》实施带来的长远影响　/ 126

第二节　从"中国式投行"回归本位　/ 132

"中国式投行"的两个特点　/ 132
投行业务回归价值发现功能　/ 135
投行业务回归"投资银行"的投行业务　/ 137
投资银行机构与业务模式重构　/ 138

第三节　中国投资银行业的核心竞争力　/ 141

资本实力与协同能力　/ 142
定价能力与销售能力　/ 143
风控能力与科技实力　/ 145

第二编　投行之路

第六讲　投行人的心智模式　/ 150

第一节　概率思维　/ 150

建立概率化思考的个人决策系统　/ 150
用概率思维提升对机会把握的正确度　/ 152
避免犯追求小概率事件的错误　/ 153

第二节　取舍思维　/ 155

从机会成本理解取舍思维　/ 155
从追求完美到接受次优　/ 157
用系统思维方式思考　/ 158

第三节　富足思维　/ 160

拒绝稀缺思维　/ 160
珍惜时间和注意力　/ 162
不为即期利益损害长期价值　/ 164

第四节　头部思维　／167

　　从"80-20法则"到幂次法则　／167

　　商业社会：只有头部才能生存　／168

　　个人：从补短板到追求长板　／170

第七讲　如何进入投行　／173

第一节　为什么投行是一份好工作　／173

　　什么是好工作　／173

　　投行为什么是一份好工作　／175

　　投行职业的缺点　／177

第二节　为进入投行所需要的准备　／180

　　学历与专业　／180

　　知识结构与专业知识储备　／184

　　必要的专业资格　／189

　　熟悉资本市场　／191

第三节　如何进入投行　／194

　　直接进入投行　／194

　　相关行业转行　／196

　　投行的人力资源概况　／197

第八讲　投行的职业道德与执业准则　／199

第一节　投行的职业道德　／199

　　职业道德是安身立命之本　／199

　　职业道德是职业准则的灵魂　／200

第二节　投行的执业准则　/ 201

　　　　专业　/ 201

　　　　诚信　/ 203

　　　　责任　/ 206

　　　　合规　/ 208

第九讲　干好投行的基本要求　/ 214

第一节　干好投行所需的科学方法　/ 214

　　　　从自律到习惯　/ 214

　　　　学会时间管理　/ 220

　　　　学会深度工作　/ 225

　　　　避免拖延症　/ 230

第二节　干好投行所需的软实力　/ 234

　　　　持续学习能力　/ 234

　　　　沟通和协调能力　/ 236

　　　　社交与人脉　/ 238

　　　　写作、表达与演讲能力　/ 240

　　　　形象与衣着　/ 242

第三节　持续干好投行的源泉：身心健康　/ 244

　　　　规律作息　/ 244

　　　　饮食合理　/ 246

　　　　坚持锻炼　/ 250

　　　　心理健康　/ 251

　　　　从时间管理到精力管理　/ 254

　　　　用静享来深层放松　/ 257

XVII

第十讲　投行的职业路径　/ 264

第一节　投行的组织架构与职级　/ 264

境外投行的组织架构　/ 264

中国内地投行的组织架构　/ 266

投行的业务职级　/ 268

第二节　投行职业发展的路径　/ 271

境外投行的职业阶梯　/ 271

中国内地投行的职业阶梯　/ 273

如何成为优秀的"Banker"　/ 280

避免投行职业生涯发展中的错误　/ 282

第三节　投行的职业转型　/ 284

为什么"转"　/ 284

投行的内部转岗　/ 284

投行的外部转型　/ 287

附录 A　证券业从业人员一般从业资格考试大纲（2019）　/ 291

附录 B　保荐代表人胜任能力考试大纲（2018）　/ 310

附录 C　"春晖投行在线"投资银行推荐书单　/ 332

后记　/ 339

第一编

认识投行

第一讲

什么是投资银行

第一节　投资银行与投资银行业务

投资银行和投资银行业务

　　投资银行（investment bank），一般简称为"投行"，是指从事投资银行业务的机构。

　　从严格意义上讲，投资银行，或者说"投行"，有两个含义。第一个是作为机构意义上的，是指一类金融机构；第二个是作为业务意义上的，是指一项金融业务。

　　如果说"我在投行工作"，那么这里的"投行"就是指作为金融机构的投资银行。如果说"我是干投行的"，那么这里的"投行"就是指作为金融业务的投资银行业务。

　　此外，这也牵扯到"金融"（finance）这样一个我们非常熟悉而又非常难以准确界定的概念。个人理解，金融是在不确定环境中通过对资源在时间、流动性、收益风险上的配置以取得最优收益的行为。通俗来说，金融主要解决的问题就是让资金更好地流通起来，让有钱的人获得更高的回报率，让缺钱的人得到资金。

具体来说，金融是把今天的钱推迟到明天来用（对投资者而言），把明天的钱拿到今天来用（对融资方而言）。金融是用明天的收益换取今天的资产（对融资方而言），用今天的资产换取明天的收益（对投资者而言）。金融是用低流动性的资产（对"卖方"（被称为融资方、发行人或者标的公司）而言）换取高流动性的资产（对"买方"（被称为投资者、资金提供方或者收购人）而言）。金融是用今天的付出换取明天的保障（对投保人而言），用明天的保障换取今天的收费（对保险公司而言）。

其间，各方主体之间存在着信息不对称的问题。投资银行作为一个重要的金融中介机构，其基础功能就是解决企业与金融资源之间的信息不对称，让企业获得更好的金融资源配置，特别是让优质的企业通过投资银行配置到更优、更合适的金融资源。

投资银行为什么重要？这是因为它本质上扮演的是金融领域"超级中间人"的角色。它负责整个交易的匹配、撮合、实施和整合，具体来讲就是连接资产和资金两头，实现资源的优化配置。优秀的投资银行对于提升资产和资金的匹配效率至关重要，并且往往能创造超越交易的价值，因此是整个资本市场不可或缺的枢纽角色。

具体来说，投资银行业务的主要切入点就是如何为融资方和投资者服务。例如，帮助融资方用股权换取投资者的现金（也就是帮助发行人融资，一般又被称为承销商）。又如，帮助标的公司拿自身非上市公司股权换取收购人（上市公司）的股权（也就是帮助标的公司出售公司，一般又被称为卖方财务顾问），或者反过来，为收购人服务（一般被称为买方财务顾问）。这两种情况，分别是投资银行的两类主要业务：融资业务和并购重组财务顾问业务。

可以说，投资银行是资本市场的灵魂，其主要作用是把资金使用者、资产供给者和资金提供者等市场经济的主要参与者直接联系起来，为双方寻求最优的风险和收益关系，以达到资源的最优化配置。投资银行被称为"皇冠"（金融行业）上的"明珠"。

以下三点需要特别说明：

第一，在现代商业社会中，融资方与投资者、收购人与被收购标的、买方与卖方的身份不是固定的，而是交织变换的，他们可能基于不同的目的同时需要多项投资银行服务。例如，一家上市公司需要融资，可以聘请投资银行作为承销商定向增发股票，同时该公司也可能在策划收购一个上游行业的供应商，需要聘请投资银行作为买方财务顾问。

第二，也不能简单地说投资银行是企业客户（融资方）与机构客户（投资者）之间需求的对接者。在现代商业社会，企业客户既有融资需求，也有投资需求；机构客户既有投资需求，也有融资需求。投资银行需要以全业务链产品与服务对接两端客户的多重需求。

第三，投资银行本身也可能具有复杂的身份，它可能作为中介机构，例如担任承销商、财务顾问等角色，为融资、收购等活动提供中介服务；也可能作为资金的提供方为收购活动提供"过桥贷款"。在一定情况下，它自身也可能作为投资者参与到交易活动中。投资银行本身作为一类企业，自身也可能是融资方、被收购方或者投资者、收购方。

总结起来，投资银行就是资本市场重要的参与者，主要功能是促成市场资金需求方与提供方、收购人与被收购人之间实现资金融通，达成交易。

为了更好地说明"投资银行"这个概念，本讲首先按照作为机构意义上的投资银行、作为业务意义上的投资银行两个维度来分别对"投资银行"这个金融机构、这个金融业务进行详细阐述。

广义的投资银行与狭义的投资银行

作为机构意义上的投资银行，是指一类金融机构，其又可以分为广义的投资银行和狭义的投资银行两类。

在中国，广义的投资银行一般被称为证券公司（简称券商）。由于不同地域的历史和文化差异，投资银行是美国和欧洲的称谓，英国历史上曾称之为商人银行，我国和日本则称之为证券公司。

投资银行的出现晚于主要从事存贷款业务的商业银行。应该说，是商业银行在为公司客户服务的过程中，发现了这些公司更多的金融需求，从而有了投资银行业务。后来因为不同国家、不同阶段金融监管政策的需要，一部分投资银行与商业银行分业经营，形成了一类专门的金融机构。而在有的国家投资银行与商业银行混业经营，形成所谓的"全能银行"，例如欧洲的德意志银行（Deutsche）、巴克莱银行（Barclays）。

按照2019年年底新修订的《中华人民共和国证券法》（以下简称《证券法》），证券公司属于严格管制的一种金融牌照。根据该法第一百一十八条和第一百二十条的规定，未经国务院证券监督管理机构批准，任何单位和个人不得以证券公司名义开展证券业务活动。经国务院证券监督管理机构核准，取得经营证券业务许可证，证券公司方可经营证券业务。除证券公司外，任何单位和个人不得从事证券承销、证券保荐、证券经纪和证券融资融券业务。

证券公司从事的业务既包括前面描述的融资和并购重组财务顾问这两类基本的投资银行业务，也包括其他不属于投资银行业务范畴的经纪业务、资产管理业务、自营投资业务、信用业务等。第二讲将对中国内地证券公司的概况、主要业务和未来的前景及发展趋势进行详细的描述。

在中国，狭义的投行就是指证券公司中专门从事投行的业务板块。我们说的"干投行的"，在大多数情况下是指在证券公司的投资银行板块从事投行业务的人，这也是本书针对的主要对象。这样的人，在中国的证券公司中，大概占员工总数的 12%，具体如表 1-1 所示。

表 1-1　2019 年中国证券公司各业务线人员构成

业务线	总人数（人）	平均人数①（人）	人员占比②（%）
总部经纪业务	8 813	88	3.88
投资银行业务	26 345	263	11.59
自营投资业务	4 070	41	1.79
研究及机构销售业务	5 946	59	2.62
资产管理业务	6 369	64	2.80
资产托管业务	1 222	12	0.54
互联网金融	1 887	19	0.83
柜台业务	962	10	0.42
国际业务	343	3	0.15
信息技术	7 362	74	3.24
内控	4 812	48	2.12
运营、存管、清算	3 103	31	1.37
战略发展	319	3	0.14
人力资源	1 219	12	0.54
财务、资金管理	3 651	37	1.61
办公室	1 477	15	0.65
董监事会办公室	414	4	0.18
党群、工会、团委、纪检	651	7	0.29
行政管理	1 603	16	0.71
分支机构人员	146 732	1 467	64.55

① 按 100 家公司估算。
② 由于四舍五入有误差，合计可能不为 100%。
资料来源：中国证券业协会《2018 年证券行业人力资源管理研究报告》。根据该报告的说明，数据来源于 2018 年中国证券业协会证券行业人力资源管理问卷调研，各业务条线有效反馈问卷数根据公司实际业务开展情况略有差异。

中国证券公司里的投资银行业务板块，根据各公司的实际情况，大体可以分为以下三种情况。

第一种情况，投行业务板块是证券公司的一个业务部门（一个一级部门）。以红塔证券股份有限公司为例，公司设立投资银行事业总部，统一负责各项投资银行业务。该部门在公司组织结构中的位置如图 1-1 所示。

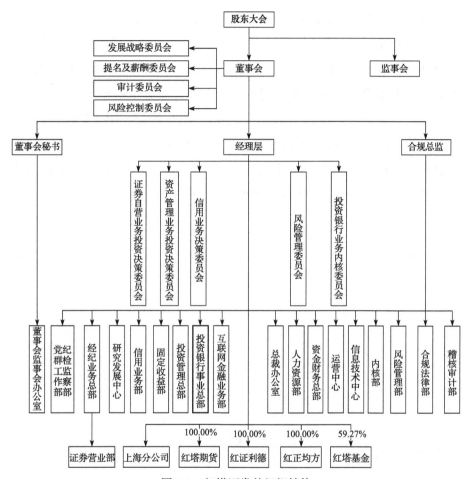

图 1-1　红塔证券的组织结构

资料来源：《红塔证券首次公开发行股票招股说明书》，http://www.cninfo.com.cn/new/disclosure/detail?plate=sse&orgId=gsgn0000641&stockCode=601236&announcementId=1206320866&announcementTime=2019-05-31#，2020 年 1 月 31 日访问。

第二种情况，投行业务板块由证券公司的多个业务部门组成，一般按照产品的不同予以分设。同时，为了统辖各个投行业务部门，公司设立投资银行业务委员会予以统一管理。一般由证券公司分管投行业务的高级管理人员来领导这个委员会。这也是目前中国证券公司的主流模式。

以中信建投证券为例,公司设立投资银行业务委员会,统一负责各项投资银行业务。其下设立有投资银行部、并购部、债券承销部、结构化融资部和资本市场部等部门。其中,投资银行部主要负责股票的发行承销工作;并购部主要从事并购重组财务顾问工作;债券承销部主要从事公司债、企业债等企业主体信用债的发行承销工作;结构化融资部主要从事资产证券化产品(ABS)的发行承销工作;资本市场部主要负责股票、债券等证券产品的发行工作(包括估值、询价、定价及发售等)。投资银行业务委员会在公司组织结构中的位置如图1-2所示。

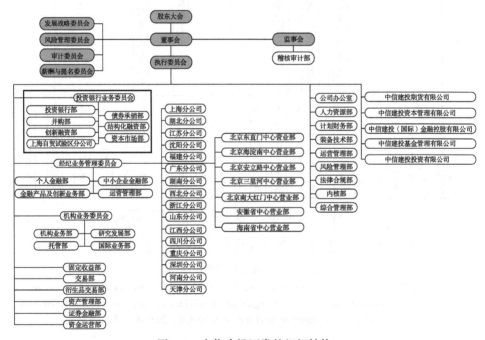

图1-2 中信建投证券的组织结构

资料来源:《中信建投证券股份有限公司2018年年度报告》,http://www.cninfo.com.cn/new/disclosure/detail?plate=sse&orgId=qsgn0000884&stockCode=601066&announcementId=1205913991&announcementTime=2019-03-19#,2020年1月31日访问。

第三种情况,投行业务由证券公司全资拥有或者控股的一个子公司来经营。也就是，这个证券公司的子公司是专业从事投行业务的子公司。以华泰证券为例，其控股子公司（华泰证券持股99.92%）华泰联合证券有限责任公司就是专门从事投行业务的子公司。华泰联合证券有限责任公司在公司组织结构中的位置如图1-3所示。

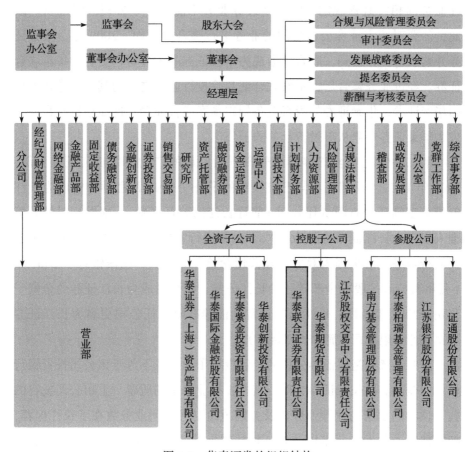

图1-3　华泰证券的组织结构

资料来源：《华泰证券股份有限公司2018年年度报告》，http://www.cninfo.com.cn/new/disclosure/detail?plate=sse&orgId=gsgn0000161&stockCode=601688&announcementId=1205968161&announcementTime=2019-03-30#，2020年1月31日访问。

目前，证券公司存在专业从事投资银行业务的子公司，主要是历史原因造成的，大致有两种情况。

第一种情况是两家证券公司之间发生并购重组后进行业务重组的产物。重组交易并没有选择以吸收合并方式使两家证券公司成为一家公司，而是形成一家证券公司全资或者控股另外一家证券公司的情况。根据中国证监会的相关监管规定，同一项证券业务不能由母子公司同时经营。因此，需要对两家证券公司之间的业务进行整合。例如，2009年，华泰证券并购联合证券公司，联合证券成为华泰证券的子公司，更名为华泰联合证券。经过业务整合后，华泰联合证券除投行业务之外的其他证券业务划归华泰证券，华泰证券的投行业务划归华泰联合证券。这使华泰联合证券成为华泰证券专业从事投行业务的子公司。

第二种情况是合资券商的外资方撤资后的产物。以长江证券为例，2003年11月，长江证券与巴黎银行的子公司BNP百富勤合资成为长江巴黎百富勤证券有限责任公司（简称长江巴黎百富勤）。根据当时的外资准入规定，长江证券持股66.67%，巴黎银行方持股33.33%，专业从事投资银行业务。后来因为双方的经营理念差异等原因，巴黎银行于2007年1月将其持有的股权全部转让给长江证券，该公司成为长江证券的全资子公司。2007年6月，长江巴黎百富勤证券有限责任公司更名为长江证券承销保荐有限公司（简称长江保荐）。

需要注意的是，证券公司的专业投行子公司并不等于该公司投资银行板块的全部。以长江证券为例，其将投行业务中的股票、上市公司发行的公司债券的承销与保荐业务以及并购重组财务顾问业务放在了长江保荐，把其他债券的发行承销以及新三板挂牌推荐业务等放在了母公司。因此，对于长江证券而言，投行业务板块既包括母公司的一些业务部门（例如债券业务一部、二部、三部，新三板与场外业务部，创新融资部，资本市场部），也包括长江保荐这个全资子公司。长江证券的投行相关业务部门与长江保荐在公司组织结构中的位置如图1-4所示。

第一讲 什么是投资银行 011

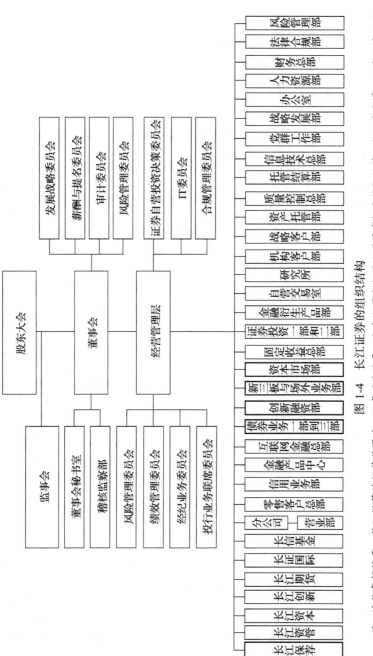

图 1-4 长江证券的组织结构

注：这份年报披露，长江保荐的经营范围为：证券（限股票、上市公司发行的公司债券）承销与保荐，与证券交易、证券投资活动有关的财务顾问服务。债券业务一部到三部和三部的业务范围为：负责企业债、金融债等固定收益类融资业务的承揽、承做及持续督导工作。

资料来源：《长江证券股份有限公司 2018 年年度报告》，http://www.cninfo.com.cn/new/disclosure/detail?plate=szse&orgId=gssz0000783&stockCode=000783&announcementId=1206062164&announcementTime=2019-04-20#，2020 年 1 月 31 日访问。

本书讲的作为机构意义上的投资银行，通常就是指狭义的投资银行，如果指广义的投资银行，一般使用"证券公司"字样。

广义的投资银行业务与狭义的投资银行业务

在中国，作为机构意义上的投资银行有广义与狭义之分，前者是指整个证券公司，后者是指证券公司里的投资银行业务板块。

作为业务意义上的投行也有广义与狭义之分。广义的投资银行业务是指所有具有投资银行业务性质的投行业务，狭义的投资银行业务是指证券公司及其他机构在取得相应业务资格后才能从事的投行业务，即中国证监会监管下的牌照类投资银行业务。

任何一个企业在其成长与发展过程中都可能需要利用资本市场，需要各种类型的投资银行服务，这就属于广义的投资银行服务。以图1-5为例，初创企业可能需要向风险投资机构（VC）、私募股权投资机构（PE）融资，实现首次公开发行（IPO）并上市，之后还需要进行股权融资（上市公司再融资）和债权融资（公司债券融资）。为了实现外延式发展，企业可能还需要开展并购重组活动。这些活动几乎都需要相应的投行服务。根据监管部门的要求，这些服务，例如IPO上市的保荐和主承销服务，是必须由具有保荐资格的证券公司来提供的，这属于本书定义的狭义的投行业务。有些服务则没有相应的资格与牌照要求，例如帮助企业获得VC融资时的私募融资顾问服务，并没有特殊的专业资格要求，这就属于本书定义的广义的投行业务。

本书讲的作为业务意义上的投资银行业务，通常是指狭义的投资银行业务，也就是我们经常说的牌照类的投资银行业务。

牌照类的投资银行业务，主要分为两类。其一是企业融资时，证券公司为其提供证券承销与保荐业务，它的具体身份是主承销商和保荐机构；

其二是企业进行与上市相关的并购重组时，证券公司为其提供财务顾问业务，它的具体身份是财务顾问。

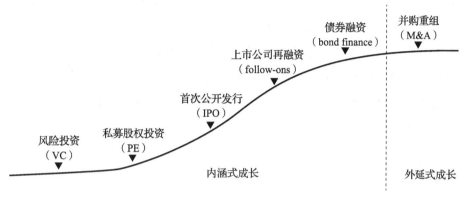

图 1-5　企业成长周期资本运作示意图

关于中国目前牌照类投资银行业务的具体内容，本书第三讲和第四讲将进行详细分析。

在中国证监会的监管体系中，还有一个"证券公司投资银行类业务"的概念。根据《证券公司投资银行类业务内部控制指引》（中国证券监督管理委员会公告〔2018〕6号），证券公司投资银行类业务是指：①承销与保荐；②上市公司并购重组财务顾问；③公司债券受托管理；④非上市公众公司推荐；⑤资产证券化等其他具有投资银行特性的业务。证券公司开展投资银行类业务，应当按照《证券公司内部控制指引》和《证券公司投资银行类业务内部控制指引》的规定，建立健全内部控制体系和机制，保证内部控制有效执行。

根据这一规定，凡是证券公司从事的具有投资银行特性的业务均是"证券公司投资银行类业务"。它既包括需要特殊业务资格、监管部门审批的业务，例如承销保荐业务，也包括不需要特殊资格，但是由证券公司提供的具有投资银行中介服务类性质的业务，例如作为私募融资顾问撮合交易。

总体来讲,"证券公司投资银行类业务"居于本书定义的广义的投行业务与狭义的投行业务之间。狭义的投行业务是指牌照类的投行业务,通常比"证券公司投资银行类业务"的范围窄。但需要注意的是,上市公司并购重组类的财务顾问业务,除了证券公司有资格外,部分投资咨询公司也具备资格。这些具有财务顾问资格的投资咨询公司所做的上市公司并购重组类财务顾问业务属于本书定义的狭义的投行业务,但不属于"证券公司投资银行类业务"。

对投资银行业务的理解

作为一名有20年投行业务经验的"老兵",我个人认为对于投资银行业务而言,有三点是最重要的(见图1-6)。

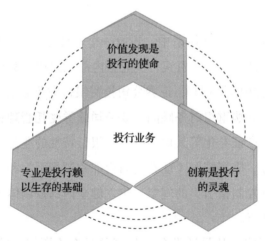

图1-6 投行业务的核心

其一,价值发现是投行的使命。投行最大的价值就在于发掘企业的价值。无论是从事融资业务还是从事并购重组财务顾问业务,价值发现均是处于第一位的。

就融资业务而言，投行筛选企业（发行人）的过程就是价值发现的过程。其后，价值发现贯穿业务的每一个环节，无论是通过审核还是路演推介。在成熟的资本市场中，能否成功发现企业的价值并以一定的形式呈现出来，是发行能否成功的关键。目前，在中国市场中还存在的证监会发行部及发审委的实质审核也要求投行尽量呈现企业的价值。同时，价值发现的成功与否对于 IPO 询价价格也有很大的影响。

就并购重组业务而言，交易的发起往往就是价值发现的结果。并购重组就是为了实现价值增值，因此价值发现也贯穿业务的每一个环节，无论是交易谈判、交易流程设计、争取股东投票支持还是审核等。

其二，专业是投行赖以生存的基础。每个行业都要有自己的专业知识和专门技能。对于投资银行业务而言，这种知识和技能的专业性要求更高，表现为两个方面。

一是涵盖范围广。仅就专业知识而言，它就包括"一个中心、两个轮子"。具体而言，以经济学思维和商业思维为中心，以财会知识（包括会计、财务管理、税务等）和法律知识（包括商事法律、民事法律、行政法律等）为两个轮子。此外，还要求具备丰富的经营管理知识和行业知识。

二是持续更新要求高。由于新法规、新规范随时颁布，新案例、新交易结构随时发生，新商业模式、新行业随时涌现，因此要求从事投资银行业务的人员的专业性保持持续更新。

也就是说，学习能力和持续投入对于投行人员保持专业性至关重要。

其三，创新是投行的灵魂。通过创新更好地实现价值，通过创新更好地满足客户个性化的需求，既是每个投行业务人员面对客户时必须保持的职业态度，也是当前投资银行业的一种有效的竞争武器，金融工具和结构的创新有助于保持投资银行业的竞争优势。

对于投资银行业内的管理者而言，高度重视业务创新，一方面需要增强对业务创新精髓的理解并知道如何去激发业务团队的创新性，另一方面需要通过鼓励创新为业务运作注入活力和竞争力，为业务团队营造创新性的文化氛围。

随着我国《证券法》的修订和股票发行注册制的实施、监管部门市场化改革的推进，我国投资银行业务的创新空间越来越大。

重点提示

投资银行有两个含义，一个是作为机构意义上的，是指一类金融机构；另一个是作为业务意义上的，是指一项金融业务。

在中国，作为机构意义上的投行有广义与狭义之分，广义的投资银行是指整个证券公司，狭义的投资银行是指证券公司里的投资银行业务板块。

在中国，作为业务意义上的投行也有广义与狭义之分。广义的投资银行业务是指所有具有投资银行业务性质的业务，狭义的投资银行业务是指只有证券公司取得相应业务资格后才能从事的投行业务，主要是承销保荐业务和与上市并购重组相关的财务顾问业务。

价值发现是投行的使命，专业是投行赖以生存的基础，创新是投行的灵魂。

进一步阅读

[1] 中国银行间市场交易商协会教材编写组.现代金融市场：理论与实务[M].北京：北京大学出版社，2019.

[2] 戴维·斯托厄尔.投资银行、对冲基金和私募股权投资（原书第3版）[M].马晓军，黄嵩，等译.北京：机械工业出版社，2019.

[3] 乔舒亚·罗森鲍姆,乔舒亚·珀尔.投资银行:估值、杠杆收购、兼并与收购(原书第 2 版)[M].刘振山,曹建海,译.北京:机械工业出版社,2014.

第二节　投资银行的历史与分类

美国投资银行简史

美国投资银行的历史可以追溯到 19 世纪初期,目前公认的美国最早的投资银行是 1826 年由撒尼尔·普莱姆创立的普莱姆·伍德·金投资银行。

从美国投资银行自 1826 年到今天将近 200 年的发展历史来看,可以说它是一部投资银行和商业银行分离与融合并且发生反复的历史,大致可以分为四个阶段。

第一阶段是从投资银行诞生到 1929 年美国经济危机之前。1812 年,美国第二次对英战争爆发,国债大量发行,美国的投资银行业得到初步发展。随后,1850 年前后美国铁路业大发展、1860 年美国南北战争爆发以及战后美国大量新兴产业崛起所引发的巨大资金需求,极大地促进了美国投资银行业的快速发展。这一阶段,投资银行主要从事股票和债券的承销业务,商业银行则主要经营资金存贷和其他信用业务,这是一种由历史自然形成的"两业"分离格局。第一次世界大战结束后,美国经济空前发展,证券市场的发展使企业实现了大量的直接融资,证券市场较好的回报率也诱发了居民和企业的证券投资需求,使得商业银行的储蓄存款资金不断流入证券市场。这个时候,商业银行也开始利用资金实力雄厚的优势大力涉足投资银行业务,双方相互渗透。

第二阶段是从 1929 年经济危机到 20 世纪 80 年代。1929 年 10 月,美国股市暴跌，经济进入大萧条时期。1932年股市市值最低的时候，仅剩下危机前的10%。在对危机进行反思时，人们发现投资银行与商业银行的"混业"经营导致的股市泡沫也是原因之一。美国国会于1933年通过了著名的《格拉斯-斯蒂格尔法案》，将商业银行业务与投资银行业务严格分离。该法案规定：任何以吸收存款业务为主要资金来源的商业银行，不得同时经营证券投资等长期性资产业务；任何经营证券业务的银行即投资银行，不得经营吸收存款等商业银行业务；商业银行不准经营代理证券发行、包销、零售、经纪等业务，不得设立从事证券业务的分支机构。这一规定迫使绝大多数商业银行退出了股市。随后，美国政府又相继出台了《1934年证券交易法》《1940年投资公司法》《1940年投资顾问法》以及《1968年威廉斯法案》等一系列法案，进一步加强了对银行业和证券业"分业经营"的管制。自此，美国投资银行与商业银行分业经营的模式确立。

第三阶段是20世纪80年代金融业自由化到2008年世界金融危机爆发。20世纪80年代，由于新的技术革命、金融创新与金融自由化、金融国际化相互作用，混业经营成了国际金融业难以逆转的潮流。为了提高美国金融业在国际上的竞争力，美国政府也开始采取一系列推动金融业发展的自由化改革措施，包括1987年允许部分商业银行控股公司通过其子公司介入证券业务，1989年批准商业银行承销企业债券等。1999年，美国国会通过《金融服务现代化法案》，正式取代了要求严格"分业"经营体制的《格拉斯-斯蒂格尔法案》，完成了从"分业"经营到"混业"经营的转变。

在这个阶段，美国投资银行还出现了两个普遍趋势。其一是高杠杆率经营。2007年，美国投资银行的平均杠杆率超过30倍。其二是国际化经营，许多大型投资银行都发展成为全球性的投资银行，建立起全球性的业务网络。

第四阶段是2008年世界金融危机至今。2008年，美国次贷危机爆发，引发全球性金融危机。美国大型投资银行因其高杠杆业务的运作模式积累了巨大的风险敞口，在市场剧烈冲击下出现生存危机。公认的美国五大投资银行中，雷曼兄弟宣告破产，贝尔斯登被摩根大通（J.P.Morgan）收购，美林证券被美国银行收购，仅存的两家——高盛（Goldman Sachs）和摩根士丹利（Morgan Stanley）也转为银行控股公司接受美联储的监管。世界投资银行业重新洗牌，全能银行成为主流。

金融危机也导致了美国投资银行业的分化。资本规模和金融专业能力作为关键因素，决定了投资银行业务竞争力的高低。随着行业竞争日趋激烈，大型投资银行的竞争优势突出，头部效应显著。中小型投资银行大多走专业化的精品路线，针对某一细分领域提供特色化服务，形成自己的独特竞争优势。

中国投资银行简史

中国的投资银行（这里取广义概念，指证券公司）是伴随中国资本市场的发展而诞生的，时间跨度与历史丰富度无法与美国的投资银行相提并论。唯一相似之处在于，其也经历了从混业到分业的过程。

1987年，中国第一家证券公司"深圳经济特区证券公司"成立。那个时候，能够从事证券业务的机构包括证券公司、商业银行和信托投资公司。起市场主导作用的是商业银行，而且大部分证券公司和信托投资公司也是由商业银行开办的。

1993年年底，国务院发布《关于金融体制改革的决定》，要求"国有商业银行不得对非金融企业投资……在人、财、物等方面要与保险业、信托业和证券业脱钩，实行分业经营"。借此，中国的证券公司获得了独立发展的空间。1995年5月《中华人民共和国商业银行法》（以下简称《商业银行法》）颁布，其明确规定："商业银行在中华人民共和国境内不得从事信托投资和证券经营业务，不得向非自用不动产投资或者向非银行金融机构和企业投资，但国家另有规定的除外。"《商业银行法》正式确立了"银证分离"，但也通过只限制"境内"和"国家另有规定的除外"为商业银行开展投资银行业务留下了余地。

1995年8月11日，中国建设银行和美国投资银行摩根士丹利等外资机构合资成立中国国际金融公司（简称中金公司，这也是目前中国内地唯一一家公司名称中没有"证券公司"字样的证券公司）。1996年后，商业银行又陆续成立了工商国际金融有限公司（之后更名为工银国际控股有限公司，简称工银国际）、中银国际控股有限公司（简称中银国际）、建银国际（控股）有限公司（简称建银国际）、交银国际控股有限公司（简称交银国际）、招银国际金融有限公司（简称招银国际）等。这些投资银行均将注册地设在香港，并陆续通过"返程投资"方式在内地设立了子公司，实际以"曲线"方式进入了内地的投资银行业务领域。

投资银行的分类

成熟市场投资银行的分类有两分法和三分法。一种简化的分法是把投资银行划分为两类：大型投行和精品投行。我个人认为，分为三类比较合适。

第一类是大型投资银行（bulge bracket investment bank，BB）。这是指大型的、全球经营的、全业务的投资银行。

美国2008年金融危机之前的五大投资银行均属于BB之列。金融危机之后，转变为银行控股公司的高盛、摩根士丹利，被美国银行收购后的美林美银（Bank of America Merrill Lynch），以及摩根大通、巴克莱银行、瑞士信贷集团（Credit Suisse）、花旗集团（Citigroup）、德意志银行、瑞银集团（UBS）等均是公认的大型投资银行。此外，汇丰银行、野村证券等也被认为正在尝试或者有可能成为大型投资银行。

第二类是中型投资银行（middle market investment bank）。这类投资银行也是全业务布局的投资银行。但与 BB 比起来，这类投资银行在业务规模、知名度、全球业务网络和国际市场占有率方面均明显弱一些。个人认为三分法要比两分法科学，因为这一类投资银行被称为大型投资银行是不合适的，但它们明显也不是小规模或者专注某一领域的精品投行。

在美国，这样比较知名的中型投资银行包括：派杰（Piper Jaffray）、柯文（Cowen）、杰富瑞（Jefferies）、华利安诺基（Houlihan Lokey）、KBW、威廉布莱尔（William Blair & Company）等。

第三类是精品投行（boutique bank）。精品投行一般规模较小，不提供全业务链服务。例如，大部分精品投行都没有股票发行和债券发行融资业务（capital market），主要做并购咨询业务（M&A advisory）。另外，多数精品投行只聚焦于某个区域或者某些行业的业务。但也有精品投行在全球开展业务，在世界主要的金融中心都设有办公室。

精品投行在业务规模和覆盖范围上无法与中型投资银行或者大型投资银行相比，但在声誉与服务水平上并不一定落后，甚至在并购重组领域也能拿下跨国大型交易的财务顾问业务。因为，很多客户就是看重"精品"路线。就像出门住酒店，有些人看重万豪、洲际、希尔顿这样的全球大型连锁酒店，有些人看重悦榕庄、金普顿（Kimpton）等精品连锁酒店。

在美国，这样比较知名的精品投行包括：艾弗考尔（Evercore）、格林希尔（Greenhill）、拉扎德（Lazard）、Qatalyst Partners、森特尔维尤（Centerview Partners）、莫里斯（Moelis & Co）等。

就中国的投资银行（狭义投行）而言，目前还没有这样的分类。主要原因是中国证券公司开展的投行业务以需要监管部门审核的牌照业务为主，同质化比较严重。因此，多数投行只有团队规模和业务规模的不同，在业务类型和发展战略上没有明显区别。

随着中国内地投资银行业的市场化发展加速，投资银行业务的集中化趋势开始明显，业界开始有"头部券商"（或者"头部投行"）的说法。所谓"头部投行"目前并没有明确的标准，哪些公司属于头部公司也没有完全一致的认识。仅就当前而言，流传比较多的说法有"三中一华"（指中信证券、中金公司、中信建投证券和华泰证券）、"三中一国"（指中信证券、中金公司、中信建投证券和国泰君安证券）等。具体什么样的公司能够成为公认的头部公司还需要一定的时间来观察。

> **重点提示**

从美国投资银行将近200年的发展历史看，这是一部投资银行与商业银行分离与融合的历史。中国的证券公司也经历了从混业到分业的过程。

成熟市场的投资银行一般分为大型投资银行、中型投资银行和精品投行。

> **进一步阅读**

[1] 查尔斯 R 盖斯特. 华尔街投行百年史 [M]. 寇彻，任晨晨，译. 北京：机械工业出版社，2013.

[2] 凯特·凯利. 华尔街之战：贝尔斯登72小时覆灭记 [M]. 史雷，译. 北京：机械工业出版社，2017.

[3] 威廉·科汉. 最后的大佬：拉扎德投资银行兴衰史（上）（下）[M]. 徐艳芳，译. 北京：中信出版社，2009.

［4］吴清，张洪水，周小全，夏晨，等. 美国投资银行经营失败案例研究［M］. 北京：中国财政经济出版社，2010.

第三节　中国特殊的投资银行

商业银行的投行

在中国，除了狭义投行（指证券公司的投资银行业务板块）外，还有两类从事投资银行业务的机构值得关注。一类是商业银行内的投资银行业务部门，另一类是 FA 机构。

这里说的商业银行的投资银行部门不是指前面提到的商业银行在境外设立的从事投行业务的控股子公司，而是指直接在商业银行内部设立的从事投资银行业务的业务部门。

商业银行可以从事的投资银行业务主要有两类：其一是非金融企业债务融资工具的发行承销；其二是并购重组的财务顾问服务。

出于历史的原因，目前中国企业信用债券的发行因为业务监管部门的不同区分为三类。其中，国家发改委监管企业债及其他类似产品；中国证监会监管公司债及其他类似产品。企业债和公司债券均只能由证券公司承做，只有具备主承销商资格的证券公司能够作为这两类债券的主承销商。由中国人民银行主管的中国银行间市场交易商协会（NAFMII，简称交易商协会）负责管理的银行间债券市场是商业银行承销信用债券的主要场所。在银行间债券市场发行的债券品种包括超短期融资券、短期融资券、中期票据、永续中票、项目收益票据等非金融企业债务融资工具。其中，中期票据也是期限为一年以上的由非金融企业发行的信用债券，本质上与企业债、公司债没有区别。银行间债券市场的承销商主要是商业银行。三类信用债券的具体分析如表 1-2 所示。

表 1-2 企业信用债券分类体系

	品种		
	中期票据	企业债券	公司债券
管理机构	央行主管的交易商协会	国家发改委	中国证监会
承销商	商业银行为主	证券公司	证券公司
发行场所	银行间市场	银行间市场、交易所市场	交易所市场

从发行规模看，中期票据与公司债类似，远远大于企业债。三类企业信用债券的发行规模如表 1-3 所示。

表 1-3 企业信用债券的发行规模比较　　（单位：亿元）

年份	中期票据	企业债券	公司债券	
			公募	私募
2019	20 303	3 624	10 861	14 632
2018	16 962	2 418	10 111	6 532

资料来源：《中国债券市场统计（2019 年）》，中证鹏元资信评估股份有限公司。

商业银行可以从事的另外一类投资银行业务为融资顾问与财务顾问业务。商业银行的天然优势是与企业关系更为紧密，具有信息和资金（例如可以向企业发放并购贷款）优势。商业银行虽然不能担任股票发行的主承销商，但可以为企业融资充当融资顾问，为企业设计融资方案。商业银行虽然不能担任与上市公司并购重组相关的财务顾问，但可以为其他非上市公司的并购重组业务或者不需要提交证券监管部门审核的交易提供财务顾问服务。

从机构设置看，商业银行一般在总行层面设立投资银行业务部门开展投资银行业务。以中国建设银行（简称建行）为例，其在总行设立一级部门——投资银行部。建行投资银行部在其组织结构中的地位如图 1-7 所示。

招商银行则在设立投资银行部作为一级部门的同时，将投资银行部与资产管理部、金融市场部、资产托管部等共同置于投行与金融市场总部的管辖之下。投行与金融市场总部是招商银行内部与公司金融总部、零售金融总部并列的三大前台业务板块。招商银行的投资银行部在其组织结构中的地位如图 1-8 所示。

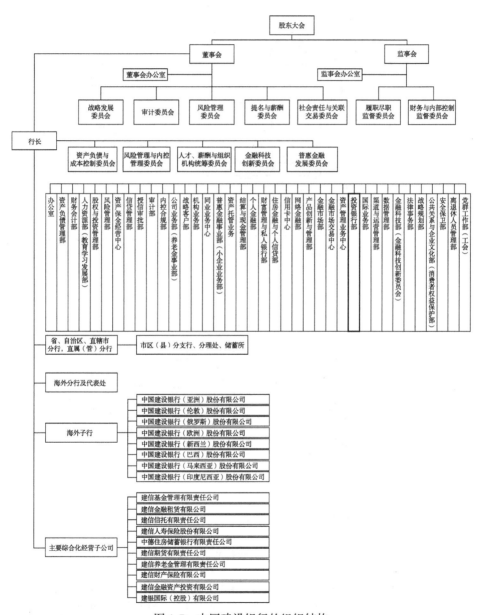

图 1-7 中国建设银行的组织结构

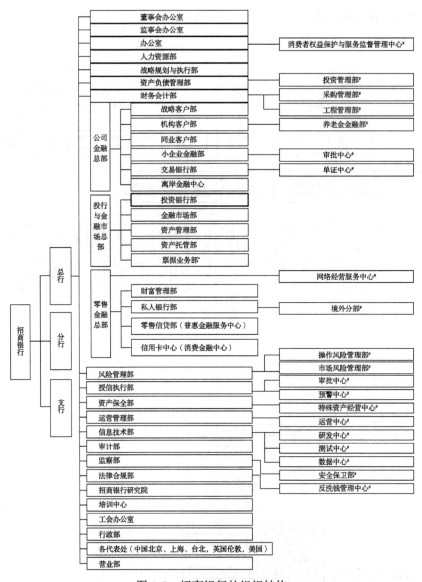

图 1-8　招商银行的组织结构

注：# 为二级部门，* 为独立二级部门。

资料来源：《招商银行股份有限公司 2018 年年度报告》，http://www.cninfo.com.cn/new/disclosure/detail?plate=sse&orgId=gssh0600036&stockCode=600036&announcementId=1205932064&announcementTime=2019-03-23#，2020 年 1 月 31 日访问。

根据目前的监管规定，我国商业银行和证券公司总体上是分业经营的格局。商业银行除了经营前述的一定范围之内的与投资银行相关的业务之外，其他领域是禁止进入的。

2020年6月28日，中国证监会新闻发言人在回答记者关于"计划向商业银行发放券商牌照，或将从几大商业银行中选取至少两家试点设立券商"的问题时答复如下："发展高质量投资银行是贯彻落实国务院关于资本市场发展决策部署的需要，也是推进和扩大直接融资的重要手段。关于如何推进，有多种路径选择，现尚在讨论中。不管通过何种方式，都不会对现有行业格局形成大的冲击。"

如果商业银行能够直接经营证券业务，那么其拥有的强大资本实力和对机构客户、零售客户的黏性，将给投资银行的竞争格局带来新的变数。

FA机构

在中国，目前还有一类特殊的投资银行业务机构正在成长，并在初创企业和成长中的未上市企业融资服务业务中发挥着巨大的作用，扮演促成投资人与企业达成合作的财务顾问角色。但是，这类机构还未得到充分的重视，甚至还没有一个公认的标准名称。这些机构曾经被媒体称为中国的"精品投行"，但这并不合适成为它们的正式名称。

在市场上，它们从事的投资银行业务一般被称为FA业务，所以这里也暂且称之为FA机构。

FA（Financial Advisor），其核心作用有两个。其一，在初创企业和未上市企业融资时，为其提供融资顾问服务，包括梳理投资故事、对接投资人、协调从协议到交割的所有流程等。其二，为企业并购其他企业或者被其他企业并购提供财务顾问服务，主要是交易撮合服务。

随着中国创业市场的成熟，新市场、新跑道层出不穷，创业者的类型也越来越多样，但很多创业者不熟悉资本市场和资本运作，需要专业机构提供服务。但是，中国投资银行的主力军（包括证券公司和商业银行的投行部门）主要从事标准化的牌照服务，或者主要为具有一定规模和盈利水平的大企业服务，又或者专业水准（主要是对细分行业的服务深度）达不到这些企业专业化的要求，从而拱手让出了这一市场。在这种情况下，不具有业务牌照，但熟悉行业、投资机构和初创企业的 FA 机构迅速成长。相当多的初创企业在 FA 机构的服务下完成了多轮私募融资，成长为独角兽，直至在境内外发行上市。

专业的 FA 机构可以针对初创企业和未上市企业的实际情况提供有针对性的服务。例如，FA 机构对企业所处的行业和商业模式高度了解，了解主流投资机构的口味与风格，了解同行业优势企业的痛点和需求，能在融资和并购重组方面实现最优匹配。同时，FA 机构提供服务，可以使交易过程更规范和有序，可以防范法律风险。

就一个为初创企业提供融资服务的项目而言，FA 机构至少提供三方面的具体服务。

其一是帮助融资企业梳理投资故事，为融资做准备。具体工作可能包括：分析企业的商业模式和核心竞争力，并用投资人熟悉的语言表达；分析市场上的可比项目、目前的发展阶段；为企业编制估值模型；为企业提供融资规划建议，包括融资时间、融资规模，把握融资节奏等。

其二是帮助融资企业对接合适的投资人。其核心是介绍最契合企业商业模式和发展阶段的投资机构，联系最适合的投资经理考察项目，有效地与投资机构的重要决策者沟通等，并且在企业与投资机构之间充当桥梁。

其三是帮助融资企业协调和安排从协议到交割的所有流程，对融资流程、合同谈判、交割等提供全程专业化的服务，并帮助协调律师事务所等其他专业机构的工作。

在此基础上，部分优质的 FA 机构试图进一步，具备对融资企业"赋能"的能力。赋能通常包括三个方面。其一，"研究赋能"，即在深厚的行业研究能力基础上，为客户企业提供发展战略、竞争策略和提升运营效率等方面的建议。其二，"执行赋能"，即全方位帮助企业实现战略落地，包括组织治理提升、上下游资源整合、关键人才引进等，甚至深度介入企业的经营管理和决策。其三，"资源赋能"，例如帮助企业挖掘新的商业模式，在供应链、销售渠道等的建设上提供帮助等。

虽然 FA 机构是为企业服务的，并且一般是从融资额中按一定比例获得佣金，但优秀的 FA 机构不仅从企业和创始人角度考虑问题，而且平衡企业和投资者双方的利益，寻找并实现可以交易的那个平衡点。

早年，华兴资本、易凯资本和汉能资本是中国最早开始从事 FA 业务的机构，曾经被称为中国内地"精品投行"三巨头。后来，华兴资本继续壮大，开始从事资产管理业务，并且在香港实现 IPO 上市。其还通过 CEPA 协议设立了一家合资证券公司——华菁证券，取得了在内地从事投资银行业务的牌照。

自 2012 年开始，借助移动互联网创业大潮的兴起，"三巨头"里的一些资深人员开始自立门户，创立了一批新的 FA 机构。例如，汉能资本的宋良静联合两名同事共同创办了"泰合资本"，华兴资本的周子敬创办了"以太资本"等。

> **重点提示**
>
> 商业银行可以从事的投资银行业务主要有两类。其一是非金融企业债务融资工具的发行承销；其二是并购重组的财务顾问服务。
>
> FA 机构扮演的是促成投资人与企业达成合作的财务顾问角色，主要功能：一是为初创企业提供融资顾问服务；二是为这些企业的并购重组提供交易撮合服务。

> **进一步阅读**
>
> [1] 张立洲，刘兰香. 中国式投行 [M]. 北京：中信出版社，2015.
> [2] 中国银行间市场交易商协会教材编写组. 投资银行：理论与实务（上）[M]. 北京：北京大学出版社，2019.

第二讲

从证券公司到现代投资银行

第一节 中国内地证券公司的发展现状

中国内地证券公司概况

截至 2020 年 1 月 31 日,根据中国证券业协会提供的信息,我国内地目前拥有证券公司 133 家。[一]

在这些证券公司中,部分公司实际是证券公司的专项业务子公司。例如,华泰联合证券有限责任公司、华泰证券(上海)资产管理有限公司实际分别是华泰证券的投行(承销保荐)和资产管理业务子公司;长江证券承销保荐有限公司、长江证券(上海)资产管理有限公司分别是长江

[一] 资料来源:中国证券业协会官方网站之"证券公司信息公示",https://jg.sac.net.cn/pages/publicity/securities-list.html,2020 年 1 月 31 日访问。

证券的投行（承销保荐）和资产管理业务子公司。

根据目前中国证券业协会的口径，从事传统证券业务（含经纪、投行、资产管理）的子公司，也是中国证券业协会的会员，成为会员子公司，在计算证券公司数量时，将被单列。但从事其他业务（例如另类投资、私募基金等）的子公司不是协会会员，即"非会员子公司"。

如果把证券公司及其从事经纪、投行、资产管理类业务的子公司（即会员子公司）予以合并，加上2019年新获批成立的证券公司，我国内地目前实际存在的证券公司约为100家。⊖

依据中国证券业协会提供的证券公司名录，我们对内地现有证券公司进行了分类，如表2-1所示。其中，部分证券公司本身为经营某个专项业务的证券公司，部分证券公司是全牌照证券公司的专项业务子公司。表2-1中的序号与中国证券业协会"证券公司信息公示"列示的序号完全一致。

表 2-1 中国内地证券公司一览表

序号	公司名称	业务类型	序号	公司名称	业务类型
1	爱建证券有限责任公司	全牌照	11	长城证券股份有限公司	全牌照
2	安信证券股份有限公司	全牌照	12	长江证券（上海）资产管理有限公司	资产管理
3	北京高华证券有限责任公司	经纪、资产管理	13	长江证券承销保荐有限公司	承销保荐
4	渤海汇金证券资产管理有限公司	资产管理	14	长江证券股份有限公司	全牌照
5	渤海证券股份有限公司	全牌照	15	川财证券有限责任公司	全牌照
6	财达证券股份有限公司	全牌照	16	大通证券股份有限公司	全牌照
7	财富证券有限责任公司	全牌照	17	大同证券有限责任公司	全牌照
8	财通证券股份有限公司	全牌照	18	德邦证券股份有限公司	全牌照
9	财通证券资产管理有限公司	资产管理	19	第一创业证券承销保荐有限责任公司	承销保荐
10	长城国瑞证券有限公司	全牌照	20	第一创业证券股份有限公司	全牌照

⊖ 包括分别于2019年11月22日和12月18日获得经营证券业务许可证的野村东方国际证券和摩根大通证券（中国）。

（续）

序号	公司名称	业务类型	序号	公司名称	业务类型
21	东北证券股份有限公司	全牌照	48	海通证券股份有限公司	全牌照
22	东方花旗证券有限公司	承销保荐	49	恒泰长财证券有限责任公司	承销保荐
23	东方证券股份有限公司	全牌照	50	恒泰证券股份有限公司	全牌照
24	东海证券股份有限公司	全牌照	51	宏信证券有限责任公司	全牌照
25	东吴证券股份有限公司	全牌照	52	红塔证券股份有限公司	全牌照
26	东兴证券股份有限公司	全牌照	53	华安证券股份有限公司	全牌照
27	东亚前海证券有限责任公司	全牌照	54	华宝证券有限责任公司	全牌照
28	东证融汇证券资产管理有限公司	资产管理	55	华创证券有限责任公司	全牌照
29	东莞证券股份有限公司	全牌照	56	华福证券有限责任公司	全牌照
30	方正证券承销保荐有限责任公司	承销保荐	57	华金证券股份有限公司	全牌照
31	方正证券股份有限公司	全牌照	58	华林证券股份有限公司	全牌照
32	高盛高华证券有限责任公司	承销保荐	59	华龙证券股份有限公司	全牌照
33	光大证券股份有限公司	全牌照	60	华融证券股份有限公司	全牌照
34	广发证券股份有限公司	全牌照	61	华泰联合证券有限责任公司	全牌照
35	广发证券资产管理（广东）有限公司	资产管理	62	华泰证券（上海）资产管理有限公司	资产管理
36	广州证券股份有限公司①	全牌照	63	华泰证券股份有限公司	全牌照
37	国都证券股份有限公司	全牌照	64	华西证券股份有限公司	全牌照
38	国海证券股份有限公司	全牌照	65	华英证券有限责任公司	承销保荐
39	国金证券股份有限公司	全牌照	66	华菁证券有限公司	全牌照
40	国开证券股份有限公司	全牌照	67	华鑫证券有限公司	承销保荐
41	国联证券股份有限公司	全牌照	68	汇丰前海证券有限责任公司	全牌照
42	国融证券股份有限公司	全牌照	69	江海证券有限公司	全牌照
43	国盛证券有限责任公司	资产管理	70	金通证券有限责任公司	经纪
44	国盛证券资产管理有限公司	资产管理	71	金元证券股份有限公司	全牌照
45	国泰君安证券股份有限公司	全牌照	72	九州证券股份有限公司	全牌照
46	国信证券股份有限公司	全牌照	73	开源证券股份有限公司	全牌照
47	国元证券股份有限公司	全牌照	74	联储证券有限责任公司	全牌照

（续）

序号	公司名称	业务类型	序号	公司名称	业务类型
75	民生证券股份有限公司	全牌照	99	网信证券有限责任公司	全牌照
76	摩根大通证券（中国）有限公司	全牌照	100	五矿证券有限公司	全牌照
77	摩根士丹利华鑫证券有限责任公司	全牌照	101	西部证券股份有限公司	全牌照
78	南京证券股份有限公司	全牌照	102	西藏东方财富证券股份有限公司	全牌照
79	平安证券股份有限公司	全牌照	103	西南证券有限公司	全牌照
80	瑞信方正证券有限责任公司	承销保荐	104	湘财证券股份有限公司	全牌照
81	瑞银证券有限责任公司	全牌照	105	新时代证券股份有限公司	全牌照
82	山西证券股份有限公司	全牌照	106	信达证券股份有限公司	全牌照
83	上海东方证券资产管理有限公司	资产管理	107	兴业证券股份有限公司	全牌照
84	上海光大证券资产管理有限公司	资产管理	108	兴证证券资产管理有限公司	资产管理
85	上海国泰君安证券资产管理有限公司	资产管理	109	野村东方国际证券有限公司	全牌照
86	上海海通证券资产管理有限公司	资产管理	110	银河金汇证券资产管理有限公司	资产管理
87	上海华信证券有限责任公司[②]	全牌照	111	银泰证券有限责任公司	全牌照
88	上海证券有限责任公司	全牌照	112	英大证券有限责任公司	全牌照
89	申港证券股份有限公司	全牌照	113	粤开证券股份有限公司	全牌照
90	申万宏源西部证券有限公司	全牌照	114	招商证券股份有限公司	全牌照
91	申万宏源证券承销保荐有限责任公司	承销保荐	115	招商证券资产管理有限公司	资产管理
92	申万宏源证券有限公司	全牌照	116	浙江浙商证券资产管理有限公司	资产管理
93	世纪证券有限责任公司	全牌照	117	浙商证券股份有限公司	全牌照
94	首创证券有限责任公司	全牌照	118	中德证券有限责任公司	承销保荐
95	太平洋证券股份有限公司	全牌照	119	中国国际金融股份有限公司	全牌照
96	天风证券股份有限公司	全牌照	120	中国银河证券股份有限公司	全牌照
97	万和证券股份有限公司	全牌照	121	中国中金财富证券有限公司	经纪
98	万联证券股份有限公司	全牌照	122	中航证券有限公司	全牌照

（续）

序号	公司名称	业务类型	序号	公司名称	业务类型
123	中山证券有限责任公司	全牌照	129	中信证券（山东）有限责任公司	经纪业务
124	中泰证券（上海）资产管理有限公司	资产管理	130	中信证券股份有限公司	全牌照
125	中泰证券股份有限公司	全牌照	131	中银国际证券股份有限公司	全牌照
126	中天国富证券有限公司	全牌照	132	中邮证券有限责任公司	全牌照
127	中天证券股份有限公司	全牌照	133	中原证券股份有限公司	全牌照
128	中信建投证券股份有限公司	全牌照			

① 根据中信证券2020年1月14日晚间发布的公告，广州证券资产过户手续及相关工商变更登记已完成，其100%股份已过户至公司及公司全资子公司中信证券投资有限公司名下，广州证券亦已更名为中信证券华南股份有限公司。

② 根据中国证监会官网发布的《关于核准设立甬兴证券有限公司及其子公司、分公司的批复》，核准设立甬兴证券有限公司和上海甬兴证券资产管理有限公司。后者为甬兴证券的资产管理子公司。原华信证券于2019年11月15日被证监会行政接管，甬兴证券是在接收华信证券资产基础上设立的。

资料来源：http://www.csrc.gov.cn/pub/zjhpublic/G00306205/202001/t20200123_370443.htm，2020年1月31日访问。

截至2019年12月31日，在A股上市的我国内地证券公司有36家㊀，其中A+H股上市公司有12家。㊁

从经营业绩看，根据中国证券业协会提供的数据（见表2-2，表中数据做了取整处理），2019年度我国内地证券公司实现营业收入3604.83亿元，同比增长35.37%；实现净利润1230.95亿元，同比增长84.77%。行业整体业绩明显改善，扭转连续三年的下跌态势，行业亏损面大幅缩窄，仅10%的证券公司经营亏损。2019年年末，我国内地证券公司总资产为7.26万亿元，较2018年年末增加16.10%。

㊀ 其中，2019年上市的有华林证券（2019年1月17日）、红塔证券（2019年7月5日）。2019年年内通过证监会发审会审核的证券公司包括中泰证券和中银国际证券。另外，万联证券、国联证券和东莞证券的A股上市申请已被中国证监会受理。

㊁ 12家A+H股上市证券公司为：中信证券、国泰君安证券、华泰证券、海通证券、申万宏源、广发证券、招商证券、中信建投、中国银河证券、东方证券、光大证券和中原证券。

表 2-2　我国内地证券公司财务经营情况简表

（金额单位：亿元）

损益项目	2019 年	2018 年	2017 年
营业收入	3 604	2 663	3 113
营业支出	2 074	1 868	1 724
营业利润	1 531	795	1 389
利润总额	1 529	811	1 423
净利润	1 231	666	1 130
资产项目	2019 年 12 月 31 日	2018 年 12 月 31 日	2017 年 12 月 31 日
总资产	72 635	62 561	61 420
净资产	20 219	18 903	18 491
净资本	16 208	15 735	15 769

资料来源：根据行业数据整理。

中国证监会除了根据《证券法》的规定，对证券公司的准入实施行政许可管理外，还根据《证券公司分类监管规定》对所有证券公司每年度实施分类评价。分类结果不是对证券公司资信状况及等级的评价，而是证券监管部门根据审慎监管的需要，以证券公司风险管理能力为基础，结合公司市场竞争力和合规管理水平，对证券公司进行的综合性评价，主要体现的是证券公司合规管理和风险控制的整体状况。

根据《证券公司分类监管规定》，证券公司分为 A（AAA、AA、A）、B（BBB、BB、B）、C（CCC、CC、C）、D、E 5 大类 11 个级别。A、B、C 三大类中的各级别公司均为正常经营公司，其类别、级别的划分仅反映公司在行业内风险管理能力及合规管理水平的相对水平。D、E 类公司分别为潜在风险可能超过公司可承受范围及被依法采取风险处置措施的公司。中国证监会根据证券公司分类结果对不同类别的证券公司在行政许可、监管资源分配、现场检查和非现场检查频率等方面实施区别对待的监管政策。

2019 年 7 月 26 日，中国证监会宣布，经证券公司自评，证监局初审，证监会证券基金机构监管部复核，以及证监局、自律组织、证券公司代表等组成的证券公司分类评价专家评审委员会审议，确定了 2019 年证券公司分类结果（评级周期为 2018 年 5 月 1 日～2019 年 4 月 30 日）（见表 2-3）。

表 2-3　2019 年我国内地证券公司分类结果（按公司名称拼音顺序排序）

序号	公司名称	2019年级别	序号	公司名称	2019年级别	序号	公司名称	2019年级别
1	爱建证券	B	31	国开证券	A	61	联讯证券	CCC
2	安信证券	BBB	32	国联证券	A	62	民生证券	BBB
3	北京高华	A	33	国融证券	C	63	南京证券	A
4	渤海证券	A	34	国盛证券	BB	64	平安证券	AA
5	财达证券	BBB	35	国泰君安	AA	65	瑞银证券	BBB
6	财富证券	BBB	36	国信证券	AA	66	山西证券	BBB
7	财通证券	A	37	国元证券	A	67	申港证券	BBB
8	长城国瑞	BBB	38	海通证券	AA	68	申万宏源	A
9	长城证券	BBB	39	恒泰证券	CCC	69	世纪证券	CCC
10	长江证券	CCC	40	红塔证券	BBB	70	首创证券	BB
11	川财证券	B	41	宏信证券	B	71	太平洋证券	B
12	大通证券	BBB	42	华安证券	A	72	天风证券	AA
13	大同证券	CCC	43	华宝证券	BBB	73	万和证券	BBB
14	德邦证券	BBB	44	华创证券	A	74	万联证券	BB
15	第一创业	BB	45	华福证券	BBB	75	网信证券	D
16	东北证券	A	46	华金证券	BBB	76	五矿证券	BBB
17	东方财富	A	47	华菁证券	BB	77	西部证券	B
18	东方证券	A	48	华林证券	A	78	西南证券	BB
19	东海证券	BB	49	华龙证券	BBB	79	湘财证券	A
20	东莞证券	B	50	华融证券	BBB	80	新时代证券	CC
21	东吴证券	A	51	华泰证券	AA	81	信达证券	A
22	东兴证券	A	52	华西证券	A	82	兴业证券	A
23	东亚前海	B	53	华鑫证券	BBB	83	银河证券	A
24	方正证券	A	54	华信证券	D	84	银泰证券	BB
25	光大证券	A	55	汇丰前海	B	85	英大证券	B
26	广发证券	BBB	56	江海证券	BBB	86	招商证券	AA
27	广州证券	BBB	57	金元证券	BBB	87	浙商证券	A
28	国都证券	BB	58	九州证券	CC	88	中航证券	B
29	国海证券	BBB	59	开源证券	BB	89	中金公司	AA
30	国金证券	A	60	联储证券	BB	90	中山证券	BBB

（续）

序号	公司名称	2019年级别	序号	公司名称	2019年级别	序号	公司名称	2019年级别
91	中泰证券	A	94	中信建投	AA	97	中邮证券	BBB
92	中天国富	A	95	中信证券	AA	98	中原证券	BBB
93	中天证券	BB	96	中银国际	A			

注：2019年参与分类评价的证券公司共131家。按照子公司与母公司合并评价的原则，有33家证券公司与其母公司合并评价，实际获得分类评价结果的证券公司有98家。具体合并情况为：高盛高华（母公司北京高华）、渤海汇金资产管理（母公司渤海证券）、长江承销保荐、长江资产管理（母公司长江证券）、财通证券资产管理（母公司财通证券）、第一创业承销保荐证券（母公司第一创业）、东证融汇资产管理（母公司东北证券）、东方证券资产管理、东方花旗证券（母公司东方证券）、瑞信方正、民族证券（母公司方正证券）、光大证券资产管理（母公司光大证券）、广发证券资产管理（母公司广发证券）、华英证券（母公司国联证券）、国盛证券资产管理（母公司国盛证券）、国泰君安证券资产管理、上海证券（母公司国泰君安证券）、海通证券资产管理（母公司海通证券）、恒泰长财（母公司恒泰证券）、华泰联合、华泰证券资产管理（母公司华泰证券）、摩根士丹利华鑫证券（母公司华鑫证券）、中泰证券资产管理（母公司中泰证券）、中德证券（母公司山西证券）、申万宏源承销保荐、申万宏源西部（母公司申万宏源）、兴证证券资产管理（母公司兴业证券）、银河金汇证券资产管理（母公司银河证券）、招商证券资产管理（母公司招商证券）、浙商证券资产管理（母公司浙商证券）、中投证券（母公司中金公司）、中信证券（山东）、金通证券（母公司中信证券）。

资料来源：中国证监会官网，http://www.csrc.gov.cn/pub/newsite/zjhxwfb/xwdd/201907/t20190726_359853.html，2020年1月31日访问。

最近三年（2017～2019年），我国内地证券公司分类评价的级别分布情况如表2-4所示。

表2-4 最近三年我国内地证券公司分类评价情况汇总表

	2017年		2018年		2019年	
	数量	比例（%）	数量	比例（%）	数量	比例（%）
AA	11	11	12	12	10	10
A	29	30	28	29	28	29
A类合计	40	41	40	41	38	39
BBB	28	29	29	30	28	29
BB	12	12	15	15	12	12
B	8	8	5	5	10	10
B类合计	48	49	49	50	50	51

(续)

	2017年		2018年		2019年	
	数量	比例（%）	数量	比例（%）	数量	比例（%）
CCC	4	4	3	3	5	5
CC	3	3	2	2	2	2
C	2	2	3	3	1	1
C类合计	9	9	8	8	8	8
D	—	—	1	1	2	2
D类合计	—	—	1	1	2	2

资料来源：中国证监会公告汇总。

中国内地证券公司的经营特点

目前，我国内地证券公司在经营上呈现出三个明显特点：资产规模偏小，经营呈现一定的同质化，集中化趋势初步出现。

第一个特点是资产规模偏小。数据显示，2019年年末我国内地证券公司总资产为7.26万亿元。2015～2018年，我国内地证券公司的总资产、净资产和净资本情况如图2-1所示。其中，总资产规模最大的中信证券的2019年年末总资产为7917亿元。

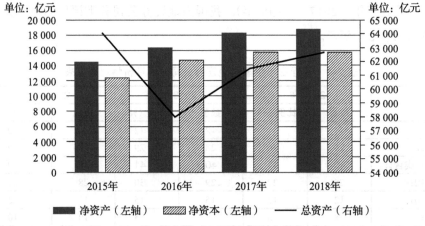

图2-1 我国内地证券公司资产情况

资料来源：中国证券业协会及行业数据。

从数据来看，我国内地证券公司的资产规模偏小。与国际同行相比，所有证券公司的资产总和不及美国高盛集团一家。数据显示，美国高盛集团 2018 年年末的总资产为 9317.96 亿美元，净资产为 917.53 亿美元；实现总营业收入 359.42 亿美元，净利润 104.59 亿美元。我国证券行业的龙头企业中信证券与高盛相比，总资产只有其约 1/10。

作为国内股份制商业银行龙头企业之一的招商银行 2018 年年底的总资产为 6.75 万亿元。所有证券公司的资产总和不及这一家股份制商业银行。

我国内地证券公司资产规模偏小的主要原因有两个，其一是资本规模偏小，其二是杠杆率过低。美国投资银行杠杆率过高是其在 2008 年金融危机时出现经营问题的重要原因。金融危机后，美国投资银行业的杠杆水平有大幅下降。但是，杠杆率过低、过分强调财务安全也不利于证券公司扩大经营规模和提升经营效率。图 2-2 是 2018 年我国内地部分券商与美国大型券商杠杆率的比较。

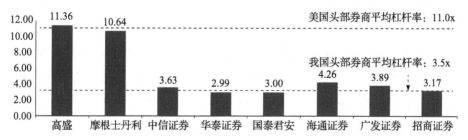

图 2-2　我国内地主要券商与美国优秀同行杠杆率比较
资料来源：中金公司根据万得资讯的数据及相关上市公司的公告整理而成。

第二个特点是经营呈现一定的同质化。过去，受限于政策监管制约、市场基础薄弱、创新动能不足等现实原因，除了个别公司一直在寻求突破外，我国内地多数证券公司总体上一直存在同质化发展的情况，主要表现在业务同质化、网点布局同质化、经营模式同质化、营销策略同质化等多个方面。

这导致我国证券公司的盈利模式较为单一，业务趋同性问题严重，竞争能力和抗风险能力较弱。随着市场环境变化、牌照红利弱化、行业双向开放竞争加剧等，证券公司必须加快探索转型发展，实现从牌照为王到资本为王、从业务导向到客户导向、从人力引擎到"人力+科技"双轮驱动。

第三个特点是集中化趋势初步出现。数据（见图2-3）显示，近年来排名前列的证券公司的营业收入和净利润集中度持续提升，中小券商的净资产收益率（ROE）低于行业平均值。2012～2018年，营业收入排名前10名的券商的收入占行业总收入的比重由52%提升至65%；排名前20名的券商的营业收入占比由71%提升至94%。净利润排名前10名的券商的净利润占行业总净利润的比重从66%提升至77%；排名前20名的券商的净利润占比从82%提升至92%。总资产规模排名靠前的头部券商的ROE表现稳定，高于行业平均值，而将行业净资产与净利润分别减去总资产排名前10名的券商的数据后，再计算加权平均ROE，得出的折线显著低于行业平均值（见图2-4）。⊖

从2019年的数据看，排名前10名的证券公司的营业收入占全行业的41.82%，净利润占全行业的52.95%。从各项业务来看，排名前10名的证券公司的经纪业务收入占比为44.43%，投行业务收入占比为44.45%，资管业务收入占比为50.56%，利息净收入占比为47.95%，投资业务收入占比为44.19%，均超过四成。

证券公司经营的集中化，或者说头部化趋势，既是自身加速发展的结果，也是当下金融业对外开放进程加速，面对外来竞争的客观需要。

⊖ 资料来源：中国证券业协会和广发证券的研究报告《非银金融行业：中小券商如何差异化发展》。

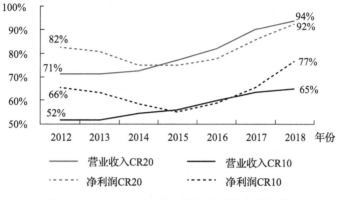

图 2-3　2012～2018 年证券行业集中度的变化

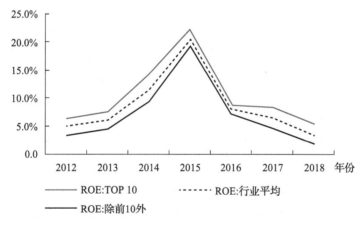

图 2-4　行业排名前 10 名的证券公司与行业净资产收益率的对比

证券业对外开放加速

我国内地资本市场对外开放的步伐进一步加快，也体现在我国内地证券业对外商持股证券公司的政策逐渐放宽上。从比例来看，可大致分为四个阶段：外资持股比例分别为 1/3、49%、51%、无限制。具体情况如表 2-5 所示。

表 2-5　我国内地证券公司外资准入放宽历程表

时间	开放政策	具体规定
2002 年 6 月	最初上限为 1/3	证监会颁布《外资参股证券公司设立规则》,允许境外股东持股比例不超过 1/3
2012 年 8 月	放宽上限至 49%	证监会修订《外资参股证券公司设立规则》,规定境外股东持股比例或者在外资参股证券公司中拥有的权益比例累计不得超过 49%
2015 年 8 月	放宽港资、澳资合并持股比例上限至 51%	根据内地与香港、澳门签署的"《关于建立更紧密经贸关系的安排》(CEPA)补充协议十",港资、澳资合并持股比例最高可达 51%
2018 年 4 月	放宽所有外资持股比例至 51%	中国人民银行行长易纲宣布将证券公司、基金管理公司、期货公司、人身险公司的外资持股比例的上限放宽到 51%,三年以后不再设限
2019 年 7 月	2020 年内取消证券公司等金融机构外资持股比例限制	国务院金融稳定发展委员会办公室对外发布《关于进一步扩大金融业对外开放的有关举措》,将原定于 2021 年取消证券公司、基金管理公司和期货公司外资持股比例限制的时点提前到 2020 年
2019 年 10 月	证监会进一步明确放宽外资持股比的安排	中国证监会宣布:自 2020 年 4 月 1 日起,在全国范围内取消基金管理公司外资持股比例限制;自 2020 年 12 月 1 日起,在全国范围内取消证券公司外资持股比例限制

资料来源:根据相关新闻报道整理而成。

随着以上政策的落实,自 2018 年以来,证券业对外开放的步伐明显加快。一方面体现为合资证券公司转为外资控股,券商由合资转为控股的步伐正在加快。例如,2018 年 11 月,瑞银集团通过受让股权实现对瑞银证券控股(持股 51%);2019 年 8 月,摩根士丹利通过受让股权实现对摩根士丹利华鑫证券控股(持股 51%)。另一方面体现为新的外资控股证券公司获准开业。例如,2019 年 3 月,证监会核准野村东方国际证券(野村控股株式会社控股 51%)和摩根大通证券(中国)(摩根大通控股 51%)两家外资控股券商成立,这两家证券公司已分别于 2019 年 11 月 22 日和 12 月 18 日获得经营证券业务许可证。

证券业的全面开放，是全面深化资本市场改革的关键一招。资本市场的内地对外开放有助于完善市场流动性机制，也是我国内地证券公司参与全球定价机制和国际金融治理的重要环节，有助于提升我国内地证券行业的核心竞争力。长期来看，加强对外开放将会使目前中国内地证券市场的市场环境、客户基础、竞争格局以及投资者结构发生变化，带来"鲇鱼效应"，激发市场新动能。

证券业是一个提供专业服务的竞争性行业，对外开放将形成新的竞争格局，国内证券公司唯有巩固现有优势业务，同时吸纳国际优秀人才，学习国际上成功的管理理念、业务模式以及风险治理体系，才能在与境外同行的竞争中获得生存空间。

重点提示

我国内地目前拥有证券公司 133 家，其中部分为全牌照证券公司从事专项业务的子公司。

目前，我国内地证券公司在经营上呈现出三个明显特点：资产规模偏小，经营呈现一定的同质化，集中化趋势初步出现。

资本市场对外开放的步伐进一步加快，2020 年 12 月 1 日起取消证券公司外资股比例限制，一批外商控股证券公司获批成立。

进一步阅读

中国证券业协会. 中国证券业发展报告（2019）[M]. 北京：中国财政经济出版社，2019.

第二节　中国证券公司的主要业务

主要业务概述

在这里,我将证券公司视为广义投行,来对其业务做简要分析。

证券公司的主要业务有不同的分类方式。其中,最常见的一种,也是中国证券业协会进行统计分析时采用,以及多数上市证券公司在年报中使用的,分为投资银行业务、经纪业务、资产管理业务、投资业务和信用业务。图2-5是国内证券公司历年来的收入结构分析。

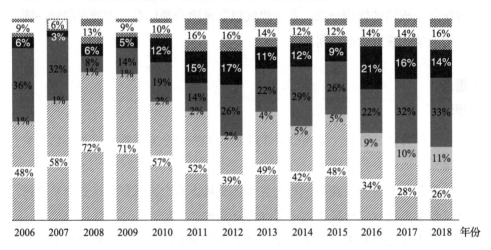

图2-5　国内证券公司历年收入结构分析

注:由于四舍五入,合计可能不得100%。
资料来源:毕马威《2019年中国证券业调查报告》。

本节后面在分述各项业务时仍然按照此传统分类方式进行。

也有证券公司根据其实际情况和经营战略,采用了不同的分类方式。例如,华泰证券将业务分成了财富管理业务、机构服务业务、投资管理业务和跨境业务四个部分。具体业务的详细情况如表 2-6 所示。

表 2-6　华泰证券业务分类表

业务大类	业务小类	业务分析	收入来源
财富管理业务（依托"涨乐财富通"移动App与PC端专业平台、分公司与证券期货营业部、华泰国际及其下属境外子公司，以线上线下和境内境外联动模式，向各类客户提供多元化的财富管理服务）	（1）证券期货期权经纪业务	代理客户买卖股票、基金、债券、期货及期权等，提供交易服务	手续费及佣金收入、利息收入
	（2）金融产品销售业务	向客户提供各种金融产品销售服务和资产配置服务	
	（3）资本中介业务	向客户提供融资融券、股票质押式回购等多样化的融资服务	
机构服务业务（整合投资银行、机构投资者服务和投资交易资源，同时通过机构销售进行有效衔接，为各类企业及金融机构客户提供全方位的综合金融服务）	（1）投资银行业务	（1）股权承销业务方面，为客户提供首次公开发行及股权再融资服务 （2）债券承销业务方面，为客户提供各类债券融资服务 （3）财务顾问业务方面，从产业布局和策略角度为客户提供以并购为主的财务顾问服务 （4）场外业务方面，为客户提供新三板挂牌及后续融资服务，以及江苏股权交易中心从事的相关场外业务	顾问费、承销及保荐费等
	（2）主经纪商（PB）业务	主要包括为私募基金、公募基金等各类资管机构提供资产托管和基金服务，包括结算、清算、报告和估值等。此外，向主经纪商客户提供融资融券、金融产品销售和其他增值服务	基金托管费及服务业务费

（续）

业务大类	业务小类	业务分析	收入来源
机构服务业务（整合投资银行、机构投资者服务和投资交易资源，同时通过机构销售进行有效衔接，为各类企业及金融机构客户提供全方位的综合金融服务）	（3）研究与机构销售业务	（1）研究业务方面，为客户提供各种专业化的研究服务 （2）机构销售业务方面，向客户推广和销售证券产品及服务	各类研究和金融产品的服务收入
	（4）投资交易业务	以自有资金开展权益类、FICC类及其他金融工具交易，通过各类交易策略和交易技术降低投资风险并提高回报。同时，为满足客户投融资与风险管理需求，亦从事做市业务和场外衍生品业务 （1）权益交易方面，以自有资金开展股票、ETF和衍生工具的投资与交易，并从事金融产品做市服务等 （2）FICC交易方面，以自有资金开展银行间及交易所债券市场各类FICC和衍生工具的投资与交易，并从事银行间债券市场做市服务等 （3）场外衍生品交易方面，为客户提供及交易OTC金融产品，主要包括权益类收益互换、场外期权和收益凭证等	权益、FICC产品和衍生产品等各类投资的收益等
投资管理业务（接受客户资金委托，依托专业化的投资研究平台和庞大的客户基础，创设和提供各类金融产品并管理客户资产，有效地满足客户投融资需求）	（1）证券公司资产管理业务	通过全资子公司华泰资管公司参与经营证券公司资产管理业务，包括集合资产管理业务、单一资产管理业务、专项资产管理业务和公募基金管理业务	管理费、业绩表现费及投资收益
	（2）私募股权基金管理业务	通过全资子公司华泰紫金投资开展私募股权基金业务，包括私募股权基金的投资与管理	
	（3）基金公司资产管理业务	持有两家公募基金管理公司南方基金和华泰柏瑞的非控股权益，通过其参与经营基金公司资产管理业务	

（续）

业务大类	业务小类	业务分析	收入来源
投资管理业务（接受客户资金委托，依托专业化的投资研究平台和庞大的客户基础，创设和提供各类金融产品并管理客户资产，有效地满足客户投融资需求）	（4）期货公司资产管理业务	通过控股子公司华泰期货开展期货公司资产管理业务	管理费、业绩表现费及投资收益
	（5）另类投资业务	通过全资子公司华泰创新投资开展另类投资业务	
跨境业务（全面加强跨境联动协同，更好地满足境内客户"走出去"和境外客户"走进来"的多元化金融需求，打造跨境金融综合服务平台）	（1）香港业务	由华泰国际全资子公司华泰金控（香港）经营 （1）投资银行业务方面，向中国及国际客户提供股权及债券承销服务、并购顾问服务 （2）私人财富管理和零售经纪业务方面，为客户提供涉及全球不同资产类别的客户经纪和财富管理服务 （3）研究和股票销售业务方面，为全球机构客户提供境内外一体化、覆盖各行业的研究与销售服务 （4）FICC业务方面，为各类机构客户提供销售、交易和做市服务等FICC解决方案 （5）跨境和结构性融资业务方面，提供满足客户杠杆收购、战略并购、上市前融资、业务扩张等需求的定制化解决方案 （6）股权衍生品业务方面，开展跨境股票衍生品交易、设计以及销售业务，为客户提供各类权益类资本中介服务 （7）资产管理业务方面，向国际投资者提供投资组合和基金管理服务	经纪佣金、承销保荐费、顾问费、利息收入及资产管理费等

（续）

业务大类	业务小类	业务分析	收入来源
跨境业务（全面加强跨境联动协同，更好地满足境内客户"走出去"和境外客户"走进来"的多元化金融需求，打造跨境金融综合服务平台）	（2）AssetMark	2016 年收购的 AssetMark，是美国领先的统包资产管理平台，作为第三方金融服务机构为投资顾问提供投资策略及资产组合管理、客户关系管理、资产托管等一系列服务和先进、便捷的技术平台	经纪佣金、承销保荐费、顾问费、利息收入及资产管理费等

资料来源：《华泰证券股份有限公司 2018 年年度报告》，http://www.cninfo.com.cn/new/disclosure/detail?plate=sse&orgId=qsgn0000161&stockCode=601688&announcementId=1205968161&announcementTime=2019-03-30#，2020 年 1 月 31 日访问。

有意思的是，除跨境业务外，华泰证券的三大业务板块"财富管理业务""机构服务业务"和"投资管理业务"分别聚焦零售业务、机构业务和资产管理业务，与招商银行设置的三大前台业务板块"零售金融总部""公司金融总部"和"投行与金融市场总部"⊖相似。

投资银行业务

根据中国证券业协会的数据（见图 2-6），2019 年度，证券公司实现投行业务净收入 482.65 亿元，同比增长 30.46%。其中，承销业务、财务顾问业务收入分别为 377.44 亿元、105.21 亿元，同比增长 46.04%、-5.64%。

从承销量来看，2019 年度募集资金总规模达到 11.61 万亿元，同比增长 24.20%。其中，承销股票业务额为 8174.64 亿元，同比增长 17.93%，占当期承销证券业务总额的 7.04%；承销债券业务额为 10.57 万亿元，同比增长 25.34%，占当期证券承销业务总额的 91.1%（见表 2-7）。

⊖ 资料来源：《招商银行股份有限公司 2018 年年度报告》，http://www.cninfo.com.cn/new/disclosure/detail?plate=sse&orgId=gssh0600036&stockCode=600036&announcementId=1205932064&announcementTime=2019-03-23#，2020 年 1 月 31 日访问。
招商银行的投行与金融市场总部下辖投资银行部、资产管理部等部门。

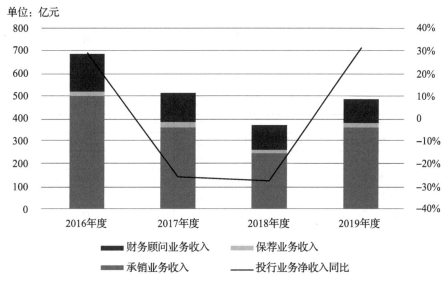

图 2-6 证券公司投行业务净收入情况

资料来源：中国证券业协会及行业统计数据。

表 2-7 承销业务金额明细 （金额单位：亿元）

承销规模指标	2019 年度	2018 年度	增减金额	增减幅度（%）
股票发行承销金额	8 174.64	6 931.82	1 242.82	17.93
债券发行承销金额	105 738.66	84 364.72	21 373.94	25.34
其他承销金额	2 157.94	2 157.57	0.37	0.02
承销金额合计	116 071.24	93 454.11	22 617.13	24.20

资料来源：中国证券业协会及行业统计数据。

关于投资银行业务的具体内容参见本书第五讲的详细阐述。

经纪业务

经纪业务，也称代理买卖证券业务，一直是我国证券公司的传统业务和主要盈利来源之一。最近三年，其在证券公司的收入结构中排名第二。

根据中国证券业协会的数据（见表 2-8），2019 年度，证券公司实现代理买卖证券业务净收入（含席位租赁收入）787.63 亿元，同比增长

26.34%。2019年度，证券经纪业务收入占比21.85%，较上年下降1.56个百分点。2019年度，行业平均净佣金率为3.49‰，较上年3.76‰的水平略有下降。

表2-8 证券公司经纪业务情况表 （金额单位：亿元）

经纪业务相关指标	2019年	2018年	2017年	2016年
代理买卖证券业务净收入（含席位租赁收入）	787.63	623.42	820.92	1 052.95
占营业收入比例（%）	21.85	23.41	26.37	32.10
沪深两市股票日均交易额	5 165.75	3 688.72	4 586.07	5 190.06
平均净佣金率（‰）	3.49	3.76	3.78	4.21
营业网点数量（个）	10 990.00	10 727.00	10 402.00	8 778.00

资料来源：中国证券业协会及行业统计数据。

经纪业务收入在证券公司全部收入中的占比在最高峰时曾经超过了70%，但2018年下滑到了22%。其原因在于，激烈的市场竞争使证券公司纷纷通过降低佣金费率的方式抢占市场份额。根据市场统计数据，行业平均佣金率从2014年第一季度的超过8‰，一路下滑到了2019年第四季度的略高于3‰。以2018年为例，全市场股票基金交易量较2008年已增加近4倍，但2018年代理买卖证券净收入较2008年反而下降了29.32%。

从国际经验来看，佣金率下滑趋势仍不可避免。2019年10月，美国最大的在线券商嘉信理财宣布，将美国股票、ETF和期权的在线交易佣金从4.95美元降至零。之后，多家美国券商跟进。显然，低佣金甚至零佣金不可避免，经纪业务必须依靠转型才能发展。

在中国本土财富管理服务需求旺盛增长的大背景下，多家券商已经明确向财富管理方向转型。例如，华泰证券于2017年将经纪业务总部更名为经纪及财富管理部；中信证券于2018年12月将经纪业务发展与管理委员会更名为财富管理委员会；银河证券、兴业证券均在2019年1月将经纪业务总部更名为财富管理总部。

目前，我国证券公司在财富管理业务上发力也面临一些现实困难。第一，在财富管理市场上面对商业银行、私人银行、公募基金等的严酷竞争，券商在中高净值客户财富管理服务上起步较晚。

第二，券商财富管理尚无法实现"代客理财"。因国内券商缺失客户账户管理功能，无法进行"代客理财"。海外成熟的财富管理模式则以收取管理费为主。例如，嘉信理财年报显示，其收入六成来自管理费收入。2019年10月，中国证监会下发《关于做好公开募集证券投资基金投资顾问业务试点工作的通知》，开始基金投顾业务试点，允许以买方投顾模式"代客理财"并收取管理费。这从制度设计上有利于推动财富管理行业从卖方代理向买方代理转型，收费模式从交易佣金向账户管理费转型。截至2020年3月，已经有3批共18家机构（包括5家基金管理公司、3家基金销售公司、3家商业银行和7家证券公司）取得了试点资格。

第三，券商各部门按照业务条线设立，彼此之间协同不够，对于客户的一体化需求，难以提供快速、精准的服务。

第四，券商财富管理习惯产品驱动的销售模式，在资产配置上并未向客户提供相应的产品，这还要依托于其基础设施如运营后台的建设情况等。

第五，券商产品供给体系不完善，自有主动管理产品数量和规模较小，产品创设能力有待提升，同时也受制于券商投顾培养体系尚未完善，缺乏合格的理财经理。

但券商开展财富管理业务也具备一定的优势。其一，资本市场的发展面临重大机遇，券商拥有更加丰富的资本市场投资经验、更强大的研究团队和可以相互协作配合的完整的资本市场业务资源。

其二，高净值个人客户及机构客户在发展生命周期中的战略投资者引入、上市融资、并购重组、减持、市值管理等环节都是财富管理服务的切入点，券商可充分发挥其投行、资产管理等业务和财富管理业务之间的协同作用。面向未来，企业家仍将是中国高净值客户群体的中坚力量，新一代企业家在崛起，老一辈企业家对资产结构的调整，尤其是对金融资产的多元分散配置，都将给券商开展财富管理业务带来机会。

尽管多数券商已经开始向财富管理转型的战略布局，但如果不转变思维，不以业务重塑的方式发展财富管理业务，转型就会很难成功。经纪业务的核心在于业务通道和获客能力，而财富管理业务的核心在于主动投资能力。发展财富管理业务需要摒弃牌照红利时代的固有思维，以客户需求为中心、以资产配置为核心打造全新的财富管理服务体系，实现推动"以交易及销售为主"的模式向"以资产驱动为主"的模式转变。

具体来说，证券公司有两个方面要特别注意。其一，证券公司必须发挥在资本市场经验、投资研究、综合业务服务等方面的比较优势，构筑线上线下一体化的财富管理模式，而不能仅是将传统手续费通道业务移至线上。其二，对于客户在资产配置、负债管理、风险规避等方面的需求，必须突破原有组织架构提供一体化服务，充分发挥投行业务、资产管理业务、财富管理业务之间的协同作用，并借力金融科技，形成资产端、客户需求端以及平台端的业务价值链。

资产管理业务

2001年，中国证监会下发《关于规范证券公司受托投资管理业务的通知》，首次界定了证券公司受托投资管理业务，证券公司资产管理业务由此起步。2003年，中国证监会颁布《证券公司客户资产管理业务试行办法》（以下简称《办法》），券商资产管理业务正式登上历史舞台。该《办法》将证券公司资产管理业务范围划分为集合资产管理业务、定向资产管理业务和专项资产管理业务。

根据中国证券业协会的数据（见表2-9），2019年度资产管理业务净收入为274.56亿元，与上年几乎持平，在营业收入中占比7.63%，较上年下降了2.69个百分点。其中，公募基金管理业务收入首次超越定向资产管理业务收入成为资产管理业务中最大的部分，占比为37.26%。

表2-9 证券公司资产管理业务收入明细

（金额单位：亿元）

项目	2019年度	占比（%）	2018年度	占比（%）	同比增幅（%）
公募基金管理业务（含大集合）	102.51	37.26	101.77	37.01	0.73
集合资产管理业务	61.44	22.33	53.51	19.46	14.82
定向资产管理业务	100.34	36.47	106.53	38.74	-5.81
专项资产管理业务	10.27	3.73	12.75	4.64	-19.45

资料来源：中国证券业协会及行业统计数据。

2018年，监管层正式下发《关于规范金融机构资产管理业务的指导意见》（以下简称资管新规），旨在规范资产管理行业的乱象，未来资产管理行业即将迎来统一监管的时代。在资管新规的指导下，证券公司的资产管理业务也将重塑格局。

在监管层对资产管理行业"去通道、降杠杆"的政策指导下，证券公司通道类资产管理业务规模持续收缩。截至2019年年末，证券公司受托资金为12.29万亿元，比上年年末下降12.91%，主要是因为定向资产管理受托资金规模大幅下降21.23%。从资产管理业务规模占比来看，以通道为主的定向资产管理规模仍占69%，体现证券公司主动管理能力的产品的规模仍然亟待提升。

在出台资管新规的背景下，券商资产管理业务的发展需要注意以下四个方面。其一，完善产品线，探索新的发展模式。在此前的非净值化时代，资产管理产品以通道业务为主，净值化产品发展缓慢。如今监管套利被打破，大部分通道业务会濒临灭绝，净值化资产管理产品将成为资产管理业务的主流产品。

其二，打造资产证券化业务为资产管理业务的重要发力点。ABS业务是在去通道背景下向主动管理转型，发挥券商"全业务链"优势的重要推手。在出台资管新规的背景下,银行理财不得投资非标,在交易所上市的 ABS 很有可能成为体量庞大的银行理财资金的新宠;限制非标资金池业务,同样会刺激作为非标转标重要工具的 ABS 的发展。

其三,公募化,布局财富管理。在金融体系去通道的大环境下,券商资产管理应逐渐将重点由通道业务转移到主动管理,会使公募牌照的价值越发凸显。自 2013 年东证资管拿到第一张公募牌照起,目前已有 13 家证券公司获准开展公募业务。

其四,随着获得合格境内业务投资者(QDII)、人民币合格境外机构投资者(RQFII)、合格境外机构投资者(QFII)投资顾问业务资格的证券公司的增加,跨境金融服务需求也将为资产管理业务带来新的利润来源。

自营投资业务

根据中国证券业协会的数据(见表 2-10),2019 年度,证券公司投资业务收入(证券投资收益及公允价值变动损益)为 1221.6 亿元,同比大幅增长 52.65%,收入占比为 33.89%。证券投资业务已连续三年成为行业收入占比最高的业务,表明重资本业务能力逐渐成为证券公司的核心竞争能力。同时,这也对证券公司的资产获取、风险定价和主动管理等能力提出了更高的要求。

表 2-10 证券投资业务收入明细 (金额单位:亿元)

项目	2019 年度	2018 年度	增减金额	增减幅度(%)
证券投资收益	862.79	820.82	41.97	5.11
公允价值变动损益	358.81	−20.55	379.36	—
证券投资业务收入	1 221.60	800.27	421.33	52.65

资料来源:《传导》(2019 年第 6 期,总第 483 期,中国证券业协会 2019 年 1 月 29 日)。

2019 年度,股、债市场主要指数均有所上涨,行业股票、债券及基金投资规模均有明显提升。按期末账面价值统计,2019 年证券行业证券投资规模为 32 238.33 亿元，与上年年末相比增加 23.51%；其中权益类账面价值相比上年年末大幅增长 56.02%，基金类账面价值同比增长 27.30%，固定收益类账面价值同比增长 22.38%（见表 2-11）。

表 2-11 证券投资产品市值明细　（金额单位：亿元）

项目	账面成本		账面价值	
	2019 年年末	2018 年年末	2019 年年末	2018 年年末
股票投资	2 651.16	1 965.79	2 711.99	1 738.24
基金投资	2 913.70	2 343.97	2 983.44	2 343.70
债券投资	21 370.54	18 208.78	21 786.50	17 802.54
其他证券产品	4 643.49	4 321.08	4 756.40	4 217.56
证券投资市值合计	31 578.89	26 839.62	32 238.33	26 102.04

资料来源：中国证券业协会及行业统计数据。

证券公司投资业务的发展需要在以下四个方面着力。

其一，二级市场权益类投资探索可持续发展的业务体系。二级市场权益类投资受市场方向性波动的影响较大，且中国缺乏对冲避险工具，而且新会计准则全面实施后会进一步放大自营业务波动。从国际经验来看，高盛的权益类投资长期保持较好的正收益，究其原因，多元化全球配置、发挥企业机构客户优势推荐优质项目、注重长期投资执行风险分散等投资特征是重要原因。

券商在二级市场上投资需要从模式、策略与研究、基础平台和风控体系等多方面入手进行强化，包括：第一，大力推进业务模式向交易转型，确立以交易为核心的全新业务模式和流程；第二，完善跨市场、多维度的大数据监测体系，深化产业链研究与跟踪，打造多层次股票池体系；第三，全面推进大数据系统平台建设，扎实地完成框架搭建和底层建设，特别是需要打造专业的大数据投研团队，加强大数据和人工智能技术的研究应用；第四，健全全方位市场监控体系。

其二，一级市场股权投资向两类独立的专业规范经营方向发展（私募股权投资基金对外募资投资,另类投资子公司以券商自有资本金投资),充分利用券商自身优势加速发展。其中尤其重要的是,需要发挥券商综合金融业务的协同优势,借助全产业链大投行模式,加强与研究、投行、资产管理、资本中介、销售交易等业务的协同。

其三,FICC业务想象空间广阔。FICC业务,即固定收益(fixed income)、外汇(currency)和大宗商品(commodities)业务。作为固定收益的全产业链业务,涵盖范围相当广泛。从成熟市场的经验看,FICC业务是证券公司最为重要的一块业务。根据Coalition统计数据,2013年至2019上半年,美国FICC业务收入占收入比例为40%~50%。其中,固定收益类及衍生品是FICC业务的主要收入来源,2019上半年在FICC条线收入中所占比例为82%。外汇及衍生品、大宗商品收入占比分别为12%、6%。

国际大投行FICC业务的发展由供需两方共同驱动。在需求方面,利率、汇率、商品价格的波动以及企业、金融机构国际化的进程增加了FICC业务的需求,而国际投行在供给方面的适时匹配,包括提供完整的产品线,通过做市制度提供流动性,构建根据需求定制化的产品咨询与交易策略等,进一步推动了国外FICC业务的发展。

随着利率、汇率、信用市场化的加速,企业直接融资比例的提高和国际化进程的推进,我国证券公司的FICC业务面临前所未有的良好市场前景。从目前开展业务的实际情况看,FICC业务主要聚焦固定收益类业务。商品类业务的发展已经有了一定起色,而外汇业务发展相对缓慢。当前布局FICC业务的证券公司主要涵盖销售、交易(代客交易和自营交易)、产品设计、做市、研究服务等种类。部分公司利用境外子公司平台搭建境外FICC投资交易及产品平台。业务以固定收益为主,包括以客户需求为导向的跨境及海外投资服务,资产配置覆盖诸多国家和地区,涵盖现货及结构化产品等多元化金融产品领域。

FICC业务种类复杂,对资本实力、业务资质、研究、风险定价、产品创设、销售能力、信息技术、风险控制等多方面的综合实力要求高。券商未来需要完善交易策略库、拓展做市品种、丰富做市手段、完善数据库及模型，提供聚焦头部客户风险管理需求的综合服务。

其四，稳健开展衍生品业务。衍生品投资也是成熟市场上券商的重要业务。从成熟市场的经验来看，2018年度，高盛衍生品资产规模按公允价值计算为4078亿美元，占总资产比重达47.4%；摩根士丹利衍生品资产规模按公允价值计算为2886亿美元，占总资产的比重33.8%。

从交易规模来看，我国衍生品市场规模发展迅猛，但和发达国家仍然有较大差距。我国衍生品名义本金占境内上市公司市值比重的均值不足1%，美国则达到10%。从交易品种看，我国衍生品品种依然较为单一，目前场内衍生品仅有股指期货和ETF期权两种。场外衍生品品种多于场内，主要包括收益互换和个股期权，此外还存在一些嵌入金融结构化产品。发展衍生品业务，将为券商开辟重要的盈利增长点，还可以帮助券商利用衍生产品开拓多元化投资策略和进行风险对冲，从而获得稳定、可持续的业绩回报。券商未来需要通过加强市场研判、优化策略、发挥交易系统优势、利用境内外资源，构筑产品设计、产品定价和风险对冲能力，最终实现深度对接机构服务体系，在机构客户一揽子综合金融需求解决方案上实现创新。

信用业务

信用业务是一种资本中介业务，主要包括股票融资、融券业务和股票质押式回购业务。

根据中国证券业协会的数据，2019年度共有94家证券公司开展融资融券业务，利息及佣金收入合计732.44亿元，其中利息收入为651.68亿元，佣金收入为80.76亿元（见表2-12）。2019年度客户累计融资买入10.87万亿元，同比增长42.88%，占同期两市股票成交额的8.62%；累计融券卖出 2800.32 亿元,同比增长 46.7%。

表 2-12　融资融券业务明细　（金额单位：亿元）

项目	2019 年度	2018 年度	增减变化	增减幅度（%）
因融资融券业务产生的证券交易金额	256 475.96	174 644.85	81 831.11	46.86
融资融券利息收入	651.68	672.12	−20.44	−3.04
与融资融券业务相关的佣金收入	80.76	60.78	19.98	32.87

资料来源：中国证券业协会及行业统计数据。

根据中国证券业协会数据，2019 年度共有 93 家证券公司开展此项业务，实现利息收入 351.88 亿元，同比下降 24.07%。这是股市走势波动和一些上市公司经营业绩"爆雷"造成的影响，证券公司对股票质押式回购业务风险重视程度逐渐提高。2019 年年末待回购金额为 8630.33 亿元，较上年年末减少 25.98%。其中 2019 年年末证券公司自有资金融出规模为 4311.46 亿元，较上年年末减少 30.25%，占比为 49.96%；以资管计划作为融资工具的表外业务规模为 4318.86 亿元，较 2018 年年末减少 21.16%，占比 50.04%（见表 2-13）。

表 2-13　股票质押式回购业务规模情况（金额单位：亿元）

项目	2019 年 12 月 31 日	2018 年 12 月 31 日	增减变化	增减幅度（%）
待回购金额	8 630.33	11 659.13	−3 028.80	−25.98
自有资金融出规模	4 311.46	6 181.07	−1 869.61	−30.25
质押标的市值	17 922.19	19 962.56	−2 040.37	−10.22
平均维持担保比率（%）	207.67	171.22	36.45	—

资料来源：中国证券业协会及行业统计数据。

> **重点提示**
>
> 证券公司的主要业务一般分类为投资银行业务、经纪业务、资产管理业务、投资业务和信用业务，也有公司将其分类为财富管理业务、机构服务业务、投资管理业务。

因为市场竞争导致的佣金费率大幅下降，以及中国本土财富管理服务的旺盛需求，多家证券公司的经纪业务已经明确向财富管理方向转型。

受资管新规的影响，资产管理通道类业务濒临灭绝，必须探索新的发展模式，包括重点打造资产证券化业务、公募化转型等。

证券公司投资业务需要在探索二级市场权益类投资可持续发展的业务体系的同时，大力发展 FICC 业务，稳健开展衍生品业务。

| 进一步
| 阅　读

中国证券业协会. 创新与发展：中国证券业 2018 年论文集（下）[M]. 北京：中国财政经济出版社，2019.

第三节　中国资本市场的新机遇

资本市场的新定位

党的十八大以来，习近平总书记对资本市场改革发展做出了一系列重要指示批示，明确提出"发展资本市场是中国改革的方向"[一]；在第五次全国金融工作会上进一步强调"资本市场是我国金融体系的短板，直接影响去杠杆的进程"，要求"要把直接融资放在重要位置，形成融资功能完备、基础制度扎实、市场监管有效、投资者合法权益得到有效保护的多层次资本市场体系"[二]。

在经历了中美贸易摩擦的碰撞之后，2018 年中央经济工作会议提出："资本市场在金融运行中具有牵一发动全身的作用，要通过深化改革，按

[一]　资料来源：董少鹏. 为什么说发展资本市场是中国的改革方向 [EB/OL]. （2015-09-23）[2020-03-24]. http://finance.people.com.cn/n/2015/0923/c1004-27622068.html.

[二]　资料来源：中国证券报. 安青松：中国证券业发展新机遇 [EB/OL]. （2020-01-27）[2020-03-24]. https://wxn.qq.com/cmsid/20200127A0E7H600.

照市场化、法治化要求，打造一个规范、透明、开放、有活力、有韧性的资本市场。"国务院金融发展稳定委员会第八次会议指出："资本市场关联度高，对市场预期影响大，资本市场对稳经济、稳金融、稳预期发挥着关键作用。要坚持市场化取向，加快完善资本市场基本制度，发挥好资本市场枢纽功能。"中央政治局第十三次集体学习时进一步强调"资本市场的市场属性极强，规范要求极高，必须以规则为基础，减少行政干预，充分发挥市场在资源配置中的决定性作用"。

党的十九届四中全会在《中共中央关于坚持和完善中国特色社会主义制度、推进国家治理体系和治理能力现代化若干重大问题的决定》中明确提出，"加强资本市场基础制度建设，健全具有高度适应性、竞争力、普惠性的现代金融体系，有效防范化解金融风险"，进一步确立了资本市场在国家治理体系现代化、建设现代化经济体系中的地位和作用。

通过这些论述可以看出，党中央对资本市场提出了前所未有的高定位。打造一个规范、透明、开放、有活力、有韧性的资本市场，是完善社会主义市场经济体制、推进国家治理体系和治理能力现代化的重要内容。

资本市场的新定位、新使命，对证券行业发展的生态提出了更高的要求。证券公司作为资本市场的重要主体，是打造规范、透明、开放、有活力、有韧性的资本市场的重要引擎，证券行业发展必将迎来重要的历史机遇。

金融供给侧结构性改革需要强大的资本市场

当前我国经济发展面临着结构调整的重大任务，需要转变发展方式、优化经济结构、转换增长动力。资本市场高定位的提出，一个重要原因就在于供给侧结构性改革中很重要的一部分需要通过深化金融的供给侧结构性改革来完成，这迫切需要资本市场的参与。

改革开放以来，我国资本形成的引擎是以商业银行为主体的间接融资。在快速工业化、城镇化的过程中，银行可以高效率地把储蓄动员起来，使之快速转化为长期资本，迅速提升经济的资本密度。但是随着传统经济模式下资本投入的边际产出率快速下滑、经济转向高质量发展的诉求越发迫切，高度依赖银行和"影子银行"进行信用创造的金融体系逐渐暴露出诸多弊端。其中最核心的问题是两个。

第一，直接融资比重较低，融资体系结构失衡，推升了社会债务的水平和杠杆率。

在我国金融体系中，直接融资占比较低，且发展不平衡、不充分（见图2-7）。一方面，目前我国直接融资占比仅为约15%，与发达国家直接融资比重普遍已经超过60%相比差距甚远。

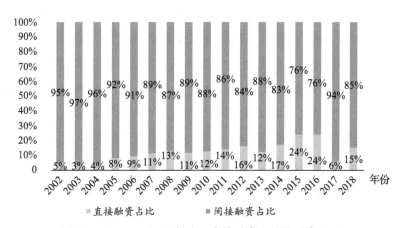

图2-7 2002～2018年我国直接融资和间接融资比重

注：把社会融资规模中企业债券融资和非金融企业境内股票融资界定为直接融资，社会融资规模中其余项为间接融资。

资料来源：由国信证券经济研究所根据央行公布的社会融资规模数据整理而成。

另一方面，直接融资的内部构成发生变化，股票融资占比不升反降。2002年，企业信用债券占社会融资规模存量的比重仅为0.41%，境内股票存量占比为4.52%。但到了2019年10月，企业信用债券占社会融资规模存量的比重提升至11.13%，境内股票存量的占比下降至3.54%。显然，当前我国资本市场特别是股权融资市场，对于实体经济的融资功能是明显欠缺的。

企业融资筹集的资金大部分以债务形式计入，用于支持既有债务体系循环的比例越来越高，因此相同规模的间接融资对经济增长的边际拉动逐渐下滑，进而不断推升全社会的债务水平和杠杆率。

因此，要解决中国经济发展过程中的高债务、信用创造机制不畅等问题，改变金融体系的脆弱性，创造足够的信用增长推动经济高质量发展，亟须改变以间接融资为主的融资结构，建立强大的资本市场，通过直接融资提高要素的配置效率。

第二，服务实体经济效率不高、服务新兴产业的能力不足。

2020年2月28日，国家统计局发布公报，中国人均GDP按年平均汇率折算达到10 276美元，首次突破1万美元大关。我国人均GDP突破1万美元，超越了世界上绝大多数发展中国家。根据世界银行的定义，"中等收入国家"是指人均国民收入处于4000～18 900美元的国家，该指标处于这一区间之上的国家就可以被认定为"富裕国家"。根据中国当前人均GDP换算，我国刚好在"中等收入国家"的正中央。在这种情况下，必须做的一件事就是避免"中等收入陷阱"。中等收入陷阱是指达到中等收入的经济体，既无法在工资方面与低收入国家竞争，又无法在尖端技术研制方面与富裕国家竞争，无法攀升到全球产业分工价值链的上游，进而增长停滞。要想迈过"中等收入陷阱"，继续保持中高速增长，就必须依靠科技进步和发展新兴产业。

因此，当前迫切需要大量创造技术资本、人力资本、智力资本、信息资本、知识资本，形成一批以科技、知识、技术、数据等要素为核心的新经济产业。但银行主导下的间接融资模式不能形成风险共担、收益共享的市场化融资机制，且偏好重资产、周转快的传统工业，导致一些具有成长潜力而尚未进入成熟期的创新型企业经常面临融资困境。近些年很多改变我们生活方式的新兴企业大多是依靠风险资本，而非银行融资发展起来的。

在这种情况下，建设强大资本市场的需求迫切，这样才能解决以银行贷款为主导的间接融资体系难以完成的任务，以提升金融市场服务实体经济的效率和金融市场服务新兴行业的动能。2019年1月，中央全面深化改革委员会第六次会议也明确提出："要增强资本市场对科技创新企业的包容性，着力支持关键核心技术创新，提高服务实体经济能力。"

除了支持科技进步外，资本市场也将成为建设制造业强国和发展现代服务业的重要支撑。

着力于资本市场基础制度建设

中央对资本市场定位的新变化也让2012年以来的中国资本市场进入了第三个发展时期。

第一个发展时期是2012～2015年的金融创新时期。以2012年5月证监会召开的券商创新大会为起点，资本市场开启金融创新时代，在此期间最为关键的制度变革有两个方面。一是资产管理业务全面放开，银行、信托和证券的合作兴起打通了杠杆资金的入市渠道；二是证券公司被允许开展上市公司股权质押式回购业务。制度创新催化了证券市场牛市，但缺乏规范的杠杆资金和股权质押也积累了大量风险，最终在2015年清理场外配资的契机下引发股市剧烈震荡。

第二个发展时期是2016～2018年的防范金融风险时期。以2015年股市剧烈震荡为转折点，监管开始全面收紧。监管层针对保险、私募、期货等资产管理领域去杠杆，资管新规打破刚兑并禁止通道业务，杠杆资金开始退出市场。同时，上市公司股东股权质押新规和减持新规大幅压缩了上市公司股东的资本运作空间。

2018年中央给予资本市场新的高定位，资本市场可以被认为是进入了金融供给侧改革的新时期。资本市场要完成担负的使命，首先需要顶层设计，着力于资本市场的基础制度建设。《中共中央关于坚持和完善中国特色社会主义制度、推进国家治理体系和治理能力现代化若干重大问题的决定》也明确提出"加强资本市场基础制度建设"。

2019年9月，证监会召开了全面深化资本市场改革工作座谈会，提出了当前及今后一个时期全面深化资本市场改革的12个方面重点任务（业界一般称之为"深改12条"，如表2-14所示），这标志着资本市场改革总体方案的成型。

表2-14 全面深化资本市场改革12个方面重要任务

序号	内容
1	优化审核与注册衔接机制，保持改革定力，稳步实施注册制，完善市场基础制度
2	严把IPO审核质量关，畅通多元化退出渠道，优化重组上市、再融资等制度，支持分拆上市试点。加强上市公司持续监管、分类监管、精准监管
3	补齐多层次资本市场体系的短板。推进创业板改革，加快新三板改革，选择若干区域性股权市场开展制度和业务创新试点。允许优质券商拓展柜台业务。大力发展私募股权投资。推进交易所市场债券和资产支持证券品种创新。丰富期货期权产品
4	狠抓中介机构能力建设。加快建设高质量投资银行，完善差异化监管举措，支持优质券商创新提质，鼓励中小券商特色化、精品化发展。推动公募机构大力发展权益类基金。压实中介机构责任，推进行业文化建设
5	加快推进资本市场高水平开放。抓紧落实已公布的对外开放举措，维护开放环境下的金融安全
6	推动更多中长期资金入市。强化证券基金经营机构长期业绩导向，推进公募基金管理人分类监管。推动放宽各类中长期资金入市的比例和范围。推动公募基金纳入个人税收递延型商业养老金投资范围
7	切实化解股票质押、债券违约、私募基金等重点领域的风险
8	进一步加大法治供给。加快推动《证券法》《刑法》修改，大幅提高欺诈发行、上市公司虚假信息披露和中介机构提供虚假证明文件等违法行为的违法成本。用好、用足现有法律制度，坚持严格执法，提升监管威慑力
9	加强投资者保护。推动建立具有中国特色的证券集体诉讼制度。探索建立行政处罚没款优先用于投资者救济的制度机制。推动修改或制定虚假陈述和内幕交易、操纵市场相关民事赔偿司法解释
10	提升稽查执法效能。强化案件分层分类分级管理，集中力量查办欺诈造假等大要案，提升案件查办效率
11	大力推进简政放权。大幅精简审批备案事项，优化审批备案流程，提高监管透明度。加强事中事后监管
12	加快提升科技监管能力。推进科技与业务深度融合，提升监管的科技化智能化水平

资料来源：中国证监会官网 http://www.csrc.gov.cn/pub/newsite/zjhxwfb/xwdd/201909/t20190910_361744.html 2019，2019年12月11日访问。

"深改12条"颁布后,在投行业务和促进直接融资方面,中国证监会迅速出台了一系列政策(见表2-15)。

表2-15 "深改12条"颁布后对投行领域的主要改革措施

发布时间	内容
2019年10月25日	证监会宣布启动全面深化新三板改革,推出一系列改革措施,包括优化发行融资制度,完善市场分层,设立精选层,建立挂牌公司转板上市机制等
2019年11月8日	证监会拟对《上市公司证券发行管理办法》《创业板上市公司证券发行管理暂行办法》《上市公司非公开发行股票实施细则》等再融资规则进行修订,向社会公开征求意见 证监会起草了《科创板上市公司证券发行注册管理办法(试行)》(征求意见稿),向社会公开征求意见
2019年12月13日	证监会发布《H股公司境内未上市股份申请"全流通"业务指引》(证监会公告〔2019〕22号)、H股"全流通"申请材料目录及审核关注要点,全面推开H股"全流通"改革
2019年12月13日	证监会发布《上市公司分拆所属子公司境内上市试点若干规定》
2020年2月14日	证监会正式发布修订后《上市公司证券发行管理办法》《创业板上市公司证券发行管理暂行办法》《上市公司非公开发行股票实施细则》等再融资规则,大幅放宽对再融资的限制性规定
2020年4月27日	中央全面深化改革委员会审议通过《创业板改革并试点注册制总体实施方案》。当日晚间,证监会和深交所陆续发布了创业板注册制改革的主要制度文件征求意见稿。与科创板试行注册制完全是"增量"改革不同,创业板注册制是"增量+存量"改革

2020年1月16~17日,证监会系统工作会议在北京召开。中国证监会在其官网发布的新闻稿指出,当前资本市场正面临难得的发展机遇,大力发展直接融资、实体经济潜能持续释放、居民财富管理需求迅速增长、金融供给侧结构性改革深入推进,都为资本市场发展提供支撑、注入活力。⊖会议强调,2020年是全面建成小康社会和"十三五"规划的收官之年,也是资本市场建立三十周年。证监会系统要加强基础制度建设,推进全面深化改革落实落地。

对此,证监会提出了六个方面的具体措施(见表2-16)。

⊖ 资料来源:中国证监会官网 http://www.csrc.gov.cn/pub/newsite/zjhxwfb/xwdd/202001/t20200117_369989.html,2020年1月20日访问。

表 2-16　2020 年中国证监会主要工作任务

序号	要求	内容
1	以防风险强监管为抓手，持续优化市场生态	加强对杠杆资金和输入性、交叉性风险的监测研判，强化预期引导，积极防范和化解市场运行风险。坚持分类施策、精准拆弹，遏制增量与化解存量并举，继续稳妥做好股票质押、债券违约、私募基金、行业机构及各类交易场所等重点风险的防控处置。进一步加强日常监管，压实监管责任，提升监管效能。积极发挥稽查处罚最后防线作用，加大对欺诈发行、财务造假、内幕交易、操纵市场等严重违法、违规行为的打击力度
2	以注册制改革为龙头，全力抓好重大改革攻坚	稳步推进以信息披露为核心的注册制改革。努力办好科创板，支持和鼓励更多"硬科技"企业上市。平稳推出创业板改革并试点注册制。推动新三板改革平稳落地。持续推动提升权益类基金占比，多方拓展中长期资金来源，促进投资端和融资端平衡发展。推动行业机构高质量发展，建设合规、诚信、专业、稳健的行业文化。稳步推进资本市场制度型对外开放。大力推进简政放权，让监管更有温度、更受欢迎
3	以贯彻新证券法为契机，全面加强市场法治建设	认真抓好新证券法的学习宣传贯彻，抓紧制定和修改配套规章制度，优化资本市场治理体系。用好、用足相关法律规定，显著提升违法、违规成本。推动刑法修改、期货法立法，推动出台私募基金条例和新三板条例。推动建立证券代表人诉讼制度，完善投资者保护制度体系
4	以促进优胜劣汰为目标，推动提高上市公司质量	优化退市标准，进一步畅通市场化、法治化退出渠道。以提高透明度为目标，提升信息披露质量。启动公司治理专项行动，以实际控制人等"关键少数"为重点，对资金占用、违规担保、内幕交易、财务造假等违法、违规行为及时发现、及时制止、及时查处。稳妥推进基础性制度改革，推动上市公司做优、做强
5	以科技监管为支撑，进一步增强监管效能	推进监管科技基础能力建设，加快构建新型监管模式。加强对证券期货行业科技的监管，推动提升行业科技发展水平。积极探索区块链等创新金融科技的应用
6	以新发展理念为指引，提升服务实体经济质效	科学、合理保持 IPO 常态化发行，推动再融资改革落地。稳妥推动基础设施 REITs 试点。加大商品和金融期货期权产品供给。有序推进私募基金市场风险出清和行业重整。开展区域性股权市场制度和业务创新试点，更好地服务中小微企业发展

六条措施中，两条与投行业务直接相关。一是从"增量"改革来看，稳步推进以信息披露为核心的注册制改革。具体包括努力办好科创板、平稳推出创业板改革和推动新三板改革三个方面。二是从"存量"改革来

看，保持 IPO 常态化发行，推动再融资改革落地。

改革措施中，值得重视的还有两点。其一是提出大力推进简政放权，让监管更有温度、更受欢迎。其二是提出要促进投资端和融资端平衡发展，方法是持续推动提升权益类基金占比，多方拓展中长期资金来源。

2020 年 2 月 14 日，中国证监会推出上市公司再融资新规则，其在官方新闻稿中明确指出目的是"深化金融供给侧结构性改革，完善再融资市场化约束机制，增强资本市场服务实体经济的能力"⊖。

从证券公司到现代投资银行

资本市场的新定位、高定位已经明确，基础制度建设的具体措施也已经明确，这就为证券公司的发展提供了前所未有的新机遇。

从这些要求和政策目标可以看出，处于重要战略机遇期的证券公司需要全面转型，真正具备现代投资银行核心能力的证券公司才能赢得未来发展转型的主动权。以价值发现为本质功能的投资银行核心能力是证券公司包括投资银行业务在内的各个业务板块都需要具备的能力。

资本的扩张和运用能力的发展是"证券公司"向"现代投资银行"转型的关键。证券公司的重资产化发展不能离开作为投资银行核心能力的价值发现、创设产品和估值定价能力。随着证券公司资本实力的进一步增强，其资产端的扩张水平比负债端的限制更为重要和关键。能够更好地运用其资产端的证券公司一定不能缺乏投资银行核心能力。

证券公司之所以在美国被称为"投资银行"，其核心应该是在于投资银行核心能力的本源作用。需要注意的是，这里强调的是投资银行的核心

⊖ 资料来源：《证监会发布上市公司再融资制度部分条款调整涉及的相关规则》，中国证监会官网 http://www.csrc.gov.cn/pub/newsite/zjhxwfb/xwdd/202002/t20200214_370777.html，2020 年 2 月 14 日访问。

能力,并非专指投资银行业务所需的能力,而是指投行所代表的深度参与资本市场的估值定价和价值发现能力。可以说,只有具备这个核心能力,我国证券公司才能实现从"通道类中介"向"专业型金融机构"的根本转型。

在此基础上,投资银行业务本身也会成为证券公司的核心业务之一。作为轻资产的中介型业务和重人力资本的业务,其本身不可能在证券公司的整个收入与利润结构中占据重要位置,却有可能成为证券公司转型升级的重要突破口和发力点。

投资银行业务通过串联证券公司轻、重资产业务,有可能发挥驱动各业务转型升级的引擎作用,激活证券公司的各项业务资源,催化业绩收入增长。资本市场的核心引擎还是优质企业与优质资产。如果投行能够把握住优质资产,就能够为公司的资产运用提供渠道。另外,投资银行业务想要获得进一步的发展,越来越需要依靠证券公司整体平台和其他各项业务的全面支持。

正如本书第一讲的分析,广义的投资银行是指整个证券公司,也是目前美国等成熟市场国家对"证券公司"的叫法。当前中国资本市场的历史性机遇,将推动中国的证券公司成为具备投资银行核心能力的现代金融企业,实现从证券公司到现代投资银行的转变。

| 重点
| 提示

党中央对资本市场提出了前所未有的高定位,要求打造一个规范、透明、开放、有活力、有韧性的资本市场,发挥好资本市场枢纽功能。

深化金融的供给侧结构性改革需要强大的资本市场,资本市场基础制度建设已经启动。

中国资本市场的历史性机遇,将推动中国的证券公司成为具备投资银行核心能力的现代金融企业,实现从证券公司到现代投资银行的转变。

| 进一步 |
| 阅　读 |

约翰 S 戈登. 伟大的博弈:华尔街金融帝国的崛起(1653—2019 年)(原书第 3 版)[M]. 祁斌,译. 北京:中信出版社,2019.

第四节　中国内地证券公司的发展趋势

重资本化

无论是从业务收入占比,还是从证券公司提升自身资本和资产规模的迫切举措来看,重资本化已经成为多数证券公司的选择。

从证券公司的收入结构看,行业重资产驱动业务占比显著提升。在证券公司的业务中,业务增长依赖资本金投入的投资(自营)、信用(资本中介)业务为重资产业务;基本不依赖资本金投入的经纪、投资银行及资产管理业务为轻资产业务。2011～2018 年,在证券行业收入中,轻资产业务收入占比明显下滑,重资产业务收入占比从 30% 提升至 51%。也就是说,证券行业的盈利模式已经发生根本转变,从过去主要依赖通道佣金的轻资产业务模式逐渐向以资本中介业务、投资业务为代表的资本依赖性收入模式转变,重资本业务能力成为证券公司的核心竞争力之一,这也要求其具有更强的资本获取、风险定价和主动管理能力。

行业总资产规模排名前 10 的证券公司,除总资产 CR10 从 2011 年的 50% 提升至 2018 年的 61% 外,其杠杆率亦显著高于行业平均水平(见图 2-8)。这显示行业领先的证券公司通过提升杠杆率来扩大资产规模,以支持重资产业务发展。

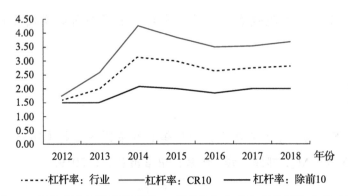

图 2-8　证券行业总资产规模前 10 的券商杠杆率与行业平均水平对比

除了提升杠杆率外，证券公司也通过增资扩股的方式来直接补充资本金。2019 年以来，多家上市券商发布预案，计划通过配股、定向增发（非公开发行）等方式增资扩股和补充资本金。数据显示，仅 2019 年 1～10 月，就有 10 家上市券商公布了股权融资计划，计划融资总额为 785 亿元，其中 375 亿元为定增融资，410 亿元为配股融资。

上市券商通过股权融资募集的资金主要计划用于发展重资本业务。例如，中信建投证券公告拟非公开发行股票不超过 12.77 亿股，募集资金总额不超过 130 亿元，其中计划将不超过 55 亿元资金用于发展资本中介业务，将不超过 45 亿元资金用于发展投资交易业务，其余不超过 30 亿元资金将用于信息系统建设、增资子公司及其他运营资金安排。南京证券拟将不超过 50 亿元募集资金用于扩大资本中介业务规模及自营业务投资规模，占募资总额的比例为 83.33%；中原证券拟将不超过 40 亿元募集资金用于资本中介业务及投资与交易业务，占募资总额的比例为 72.73%；第一创业证券拟将不超过 45 亿元募集资金用于扩大投资与交易业务规模以及信用业务规模，占募资总额的比例为 75%。

2019 年 11 月 29 日，证监会对由全国政协委员在政协十三届全国委员会第二次会议上提出的《关于做强做优做大打造航母级头部券商，构建资本市场四梁八柱确保金融安全的提案》进行答复。证监会在答复函中提出了六大政策措施，其中第一条就是多渠道充实证券公司资本，明确支持证券公司在境内外多渠道、多形式融资，优化融资结构，增强资本实力。

数字化（金融科技）

在新一轮科技革命和产业变革的背景下，金融科技蓬勃发展，信息技术与金融业务深度融合，为金融发展提供源源不断的创新活力。云计算、大数据、人工智能、区块链等新兴技术逐渐成为金融行业发展的核心驱动因素。其中，云计算作为底层设施，可以降低运营成本，满足复杂的运算分析需求。大数据技术能帮助金融机构提供差异化服务，实现精准营销，加强风险控制。人工智能可以代替人的程序化工作，降低成本并提升工作效率和用户体验。区块链推动了"去中心化"的模式重构，提高了安全性。四种技术呈现出相互依赖、相互促进的态势。

在这个背景下，金融科技也开始成为证券行业的核心竞争力之一。大力发展金融科技已成为证券公司实现数字化转型，构建面向未来的全新商业模式的必然选择。金融科技的飞速发展，延伸了证券公司与客户的接触点和接触方式，前瞻性地布局先进的科技平台能够有效降低运营成本、提升运营效率、控制风险并保障信息安全，助力证券公司提供更加智能化、数字化、精准化和专业化的服务。深入挖掘和盘活大数据资产的价值，以此不断创新金融产品和金融服务的新模式是证券行业未来发展的重要趋势。

具体来说，主要体现在两个方面。

第一方面，金融科技在证券业务中的前端应用不断深化和拓展，尤其是在人工智能领域，随着大数据、云计算、生物识别、神经网络和智能硬件等技术的快速发展，金融科技驱动证券业务从早期的线上导流向精准营销、智能客服和智能投研等领域纵深发展。证券公司在与外部技术运营商合作的同时，利用金融科技进行自主开发的能力也逐步增强。

例如，新技术的运用改变了投资交易模式。新技术支持的交易系统可以完全自主识别和执行交易，分析包含市场价格、交易量、宏观数据、企业财务报表等大量数据并自主做出市场预测，选择最佳交易策略。随着新技术的应用，投资经理和对冲基金经理转型为数据科学家或者工程师角色，主要工作变为监视模型、防控风险、维护系统或者对机器无法应对的新情况施加干预。

又如，新技术可以健全智能投资顾问服务体系，为客户提供差别化的财富管理。随着人工智能和云计算的快速发展和运用，智能投资顾问领域的数据聚集和挖掘、机器学习、模型分析、客户风险特征的精准刻画都将得到明显加强。另外，行为科学也将被嵌入到金融科技中来，以全面地评估客户风险。同时，通过金融科技平台对市场状态进行不间断监测，使投资组合与投资者的风险状况尽可能一致，为客户提供更快速、更有效的财富管理咨询、顾问等服务。

第二方面，证券公司深化运用金融科技还从前端向中后台延展，其对证券公司组织构建和运营模式的影响正在逐渐凸显。

首先，越来越多的证券公司开始利用金融科技来实现向智慧运营的转型，通过云计算技术来搭建计算、存储、服务器和网络资源池，实现集团内基础资源共享和自动化管理，提高开发、测试、部署、应用及运维的管理效率。

其次，通过大数据技术，证券公司能够高效地收集和分析公司内外部各类数据及其来源、特征、演变趋势和潜在影响，加强它在管理决策、业务办理、营销服务、风控合规等各领域中的深化应用，充分发挥数据的价值并驱动运营。

再次，通过人工智能技术，证券公司建设公司级统一的人工智能云平台，依托大数据优化算法交易，持续推出多领域人工智能产品，权衡满足客户在各场景的个性化需求，同时为公司各类业务提供智能化应用服务。

最后，区块链技术正以其公开透明、不可篡改、易于追踪等特点，为证券行业的数据安全、信用验证等痛点提供了新的解决问题的思路，部分证券公司已开始探索研究。

目前，我国内地多数证券公司都开始将金融科技融入公司的发展战略中，开始加大科技投入，以借助科技赋能和数字化带动证券业各个领域的变革和创新。2019年11月29日，证监会在对由政协委员提出的《关于做强做优做大打造航母级头部券商，构建资本市场四梁八柱确保金融安全的提案》议案进行答复时提出：鼓励证券公司加大信息技术和科技创新投入，在确保信息系统安全可靠的基础上，加强对金融科技领域的研究，探索人工智能、大数据、云计算等技术的应用，提高金融科技开发和应用的水平。

根据中国证券业协会2019年6月公布的《2018年度证券公司经营业绩指标排名情况》，2018年内地98家证券公司对信息系统的投入之和已达130.67亿元，同比增长16.43%，较上一年投入力度明显加强。

行业内的领先券商高度重视金融科技和数字化转型。以华泰证券为例，其在2018年年报中用超过2000字的篇幅讲述与金融科技相关的内容，金融科技渗透到了各业务的发展中。其董事长在致辞中表示："10年前，我们提出互联网战略并在移动金融大发展中赢得先机。10年后，当科技成为重塑行业发展模式的最关键变量时，我们更加坚定地深入金融本质，不断用科技的手段激发业务和管理潜能。" 2019年，华泰证券在信息技术方面的投入进一步达到14.25亿元，较2018年增长31.34%。

2019年9月24日，中金公司发布公告称拟与腾讯数码成立合资技术公司，注册资本为5亿元，其中中金公司持股51%，腾讯数码持股49%。中金公司表示，双方股东将提供合资技术公司正常运营所需的资源，并发挥自身优势支持合资技术公司的发展。中金公司表示，合资技术公司拟通过提供技术平台开发及数字化运营支持，助力财富管理和零售经纪等业务提供更加便利化、智能化、差异化的财富管理解决方案，提升投资顾问服务效率，优化精准营销，强化合规风控，以数字化和金融科技能力推动中金财富管理业务加快转型及实现规模化发展。未来在可行的情况下，合资技术公司可向其他金融机构开放服务。

2017年9月，腾讯控股已经通过认购新发行的H股的方式持有中金公司4.95%的股份，成为中金公司第三大股东。公司公告此举的目的是以金融科技加速财富管理转型。2019年2月，阿里巴巴以受让H股的方式持有中金公司4.84%的股份。根据相关公告，此举志在探索信息科技在金融领域中的应用。

国际化

A股先后纳入MSCI、富时罗素和道琼斯指数，国际顶尖金融机构跑步入场，资本市场和金融行业双向开放的节奏之快前所未有。证券公司的国际业务是客户国际化和客户需求国际化的自然延伸，"走出去"也是通过与国际市场接轨和参与竞争，提升资本市场服务能力的必由之路。

2019年11月29日，证监会在对由全国政协委员提出的《关于做强做优做大打造航母级头部券商，构建资本市场四梁八柱确保金融安全的提案》议案进行答复时表示：支持证券公司完善国际化布局，按照2018年9月发布的《证券公司和证券投资基金管理公司境外设立、收购、参股经营机构管理办法》，依法设立、收购境外证券经营机构，提升为实体企业"走出去、引进来"提供配套金融服务的能力。

我国内地证券公司的国际化大多采取"立足香港—布局亚太—辐射全球"的总体发展路径。在香港开启国际化之路是普遍的选择。很多内地证券公司在香港市场成立了机构，主要服务于内地企业的跨境业务。随着《内地与香港关于建立更紧密经贸关系的安排》(CEPA)补充协议三的签订，监管部门自2006年起允许符合条件的内地证券和期货公司根据相关要求在香港设立分支机构。截至2017年6月，已有31家证券公司获批在香港设立网点。在香港设立网点并逐渐了解当地市场后，部分证券公司开始寻求在香港市场上市。除了证券公司整体同时在A股和H股上市外，还有一些证券公司选择把香港业务单独在香港上市。例如，早在1996年8月，海通证券下属的"海通国际"即在香港上市，之后还有"国泰君安国际""兴证国际"等内地证券公司的香港子公司直接在香港上市。

证券公司国际化已取得阶段性成果。从2018年证券公司境外子公司证券业务收入占营业收入比例排名来看，海通证券（27.74%）、中金公司（20.65%）、山西证券（17.56%）排名居前。其中，海通证券2019年跨境业务实现收入约91亿元，应收贡献占比为26.55%，仍然保持较高比例。其中，以股票承销与发行业务来看，2019年在港交所IPO市场上，承销额排名前50名中有16家为内地证券公司，总市场份额为24.7%。海通证券主要依靠"海通国际"开展跨境业务，旗下包括海通国际证券、海通恒信租赁和海通银行。华泰证券近年来也开始发力跨境业务。其在2015年实现了H股香港上市后，于2019年发行全球存托凭证（GDR），成为第一家在沪伦通机制下登陆英国伦交所的中国公司。此外，华泰证券于2016年收购美国排名前三的统包资产管理平台AssetMark，并于2019年实现该公司在纽交所IPO上市。从目前的情况来看，这是一次比较成功的境外战略并购，为中国证券公司的国际化进程提供了新的途径。

同时，中国证券公司跨境业务的渗透率仍有待提高。目前，证券公司的跨境业务模式主要是境内外联动，协助内地公司在香港市场上市、跨境并购、债券融资等，但跨境业务规模和一流国际投行差距较大。此外，财富管理、衍生品等高端业务涉足不够。多数中资券商仍无法向客户提供区域协同乃至全球协同服务，跨境业务影响力和渗透力不足。

集中化（兼并重组）

同行业的兼并重组是成熟市场竞争的必然产物。从中国一些优秀证券公司的发展历史来看，多次的并购重组发挥了很大的作用。

除了市场原因外，政策因素也是中国证券公司兼并重组进一步加速的重要原因。中国证监会于 2019 年 7 月 5 日发布《证券公司股权管理规定》（以下简称《股权规定》）。其对证券公司的股东进行分类监管（区分为控股股东、主要股东、持有证券公司 5% 以上股权的股东和 5% 以下股权的股东）。该规定对综合类券商的主要股东和控股股东设置了较高的门槛要求（见表 2-17）。

表 2-17 《股权规定》对综合类券商主要股东和控股股东的要求

股东类型	持股要求	股东条件
主要股东	持有证券公司 25% 以上股权的股东或者持有 5% 以上股权的第一大股东	（1）最近 3 年持续盈利，不存在未弥补亏损 （2）最近 3 年长期信用均保持在高水平上，最近 3 年规模、收入、利润、市场占有率等指标居于行业前列
控股股东	持有证券公司 50% 以上股权的股东或者虽然持股比例不足 50%，但其所享有的表决权足以对证券公司股东会的决议产生重大影响的股东	除主要股东需满足的要求外，还要求： （1）总资产不低于 500 亿元人民币，净资产不低于 200 亿元人民币 （2）核心主业突出，主营业务最近 5 年持续盈利

上述规定不仅影响新设立的证券公司，对证券公司的存量股东也有影响。中国证监会同时发布的《关于实施〈证券公司股权管理规定〉有关问题的规定》要求：《股权规定》施行前已经入股证券公司的股东，不符合《股权规定》的要求，应当自《股权规定》施行之日起 5 年内达到要求。

经分析，部分券商的控股股东资质达不到《股权规定》的要求。如果在规定时限内达不到股东资质条件，那么这些控股股东面临两种选择：要么降低持股比例或者转让持股，放弃对该证券公司的控股权，要么将该综合类证券公司转型为专业类证券公司。政策客观条件的要求将迫使部分达不到资质要求的股东放弃持股，从而刺激证券公司间的并购重组活动。

此外，中国证券会也鼓励证券公司间的市场化并购重组。2019年11月29日，证监会在对全国政协委员《关于做强做优做大打造航母级头部券商，构建资本市场四梁八柱确保金融安全的提案》的答复中提出：鼓励市场化并购重组，支持行业做优做强。支持行业内市场化的并购重组活动，促进行业结构优化及整合。

2019年以来，证券公司之间的兼并重组开始频繁起来。

2018年12月24日，中信证券发布公告称，拟发行股份收购广州证券100%股权，并将其重组为旗下的全资子公司。2019年12月27日，中信证券发行股份购买广州证券事项获得中国证监会核准。2020年1月14日，中信证券公告：广州证券资产过户手续及相关工商变更登记已完成，广州证券更名为中信证券华南股份有限公司。

2019年6月17日，天风证券发布公告，拟斥资45亿元收购恒泰证券29.99%股权，成为恒泰证券第一大股东。

2019年11月5日，太平洋证券发布公告，华创证券拟通过协议转让方式，以5.5元/股的价格现金收购北京嘉裕持有的4亿股股份，成为公司第一大股东。

可以预期，受政策和市场竞争的双重驱动，我国证券公司通过兼并重组实现集中化做大、做强，将成为趋势。

重点提示

证券公司重资本化趋势明显。重资产驱动业务占比显著提升，证券公司通过增资扩股直接扩充资本金和提升杠杆率等方式扩大自身的资产规模。

大力发展大数据、人工智能、云计算、区块链等金融科技已成为证券公司实现数字化转型，构建面向未来的全新商业模式的必然选择。

内地证券公司大多采取"立足香港—布局亚太—辐射全球"的总体发展路径开展国际化，在境外设立分支机构和在境外上市成为普遍选择。

受政策和市场竞争的双重驱动，证券公司通过兼并重组实现集中化做大、做强，将成为趋势。

| 进一步 |
| 阅　读 |

［1］中国证券业协会. 创新与发展：中国证券业 2018 年论文集（上）［M］. 北京：中国财政经济出版社，2019.

［2］中国证券业协会. 中国证券业发展报告（2019）［M］. 北京：中国财政经济出版社，2019.

投行的主要业务（一）:
融资业务

第一节 投行业务与融资业务概述

投行业务概述

本节分析的投行业务，是指狭义的投资银行业务，也就是我们经常说的证券公司从事的牌照类的投资银行业务。狭义的投行业务主要有两大类，一类是融资业务，指投资银行帮助企业融资，担任企业进行股、债权融资的主承销商；另一类是并购重组财务顾问业务，指投资银行帮助企业进行并购重组，担任企业并购重组活动的财务顾问。狭义的投行业务如图3-1所示。

融资业务概述

严格来讲，企业的融资业务应该包括标准化产品和非标准化产品两类。企业私募股权融资 FA 业务就是典型的非标准化产品。这里分析的融资产品均指标准化产品。

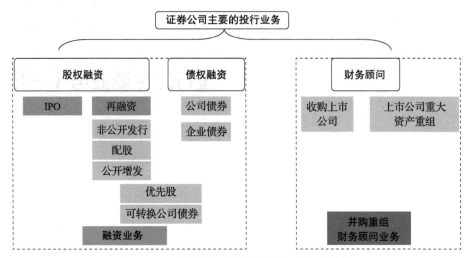

图 3-1　证券公司主要的投资银行业务示意图

企业如果希望使用这些标准化产品融资，就需要聘请证券公司作为主承销商来承做与发行。

其中，涉及保荐业务的，还需要聘请证券公司作为保荐机构。《证券法》（2019 年修订）第十条明确规定："发行人申请公开发行股票、可转换为股票的公司债券，依法采取承销方式的，或者公开发行法律、行政法规规定实行保荐制度的其他证券的，应当聘请证券公司担任保荐人。"

目前，证券公司担任保荐机构的，均同时担任主承销商。中国证监会发行监管部颁布的《发行监管问答——关于发行规模达到一定数量实行联合保荐的相关标准》明确规定：融资金额超过 100 亿元的 IPO 项目、融资金额超过 200 亿元的再融资项目可以按照《证券发行上市保荐业务管理办法》的相关规定实行联合保荐。也就是说，对于一些融资规模较大的股票发行项目，可以由不止一家证券公司联合保荐。除了担任保荐机构的主承销商外，发行人还可以聘请多家联合主承销商，不受发行金额多少的限制。

标准化的融资产品，根据其性质的不同可以分为股权融资品种、债权融资品种和混合融资品种。

股权融资品种包括未上市企业首次公开发行并上市，已上市企业公开增发、配股和非公开发行股票（又被称为定向增发）。债权融资品种包括发行公司债券、企业债券等。混合融资品种是指既具有股权特性，又具有债权特性的产品，它有助于平衡发行人与投资者之间的多重需求。典型的混合融资品种包括可转换公司债券（简称可转债）、优先股、上市公司股东发行的可交换公司债券（简称可交换债）等。

在上述产品中，公开增发、配股、非公开发行股票、可转债、优先股是公司上市后进行持续股权或者混合融资的产品，一般被称为上市公司再融资。三类融资品种的关系如图3-2所示。

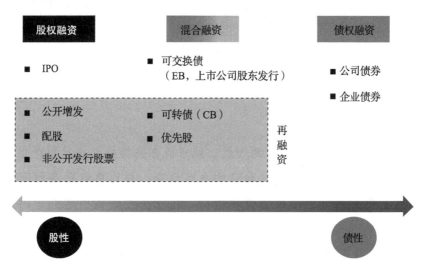

图 3-2 融资产品种类示意图

上述融资产品可以按照发行主体的不同分成三类：非上市公司、上市公司、上市公司的法人股东。上市公司的非法人股东（例如自然人）不能发行这些融资产品。上述三类股东可以发行的融资产品如图3-3所示。

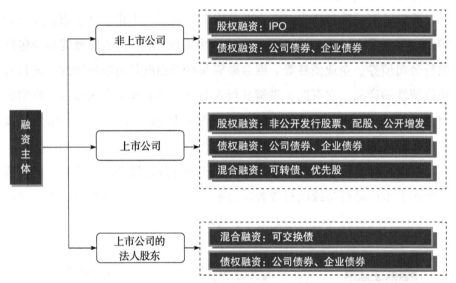

图 3-3　按照发行主体分类的融资产品示意图

> **重点提示**
>
> 狭义的投行业务主要有两大类：融资业务是指投资银行帮助企业融资，担任企业进行股、债权融资的主承销商；并购重组财务顾问业务是指投资银行帮助企业进行并购重组，担任企业并购重组活动的财务顾问。
>
> 企业的融资业务包括标准化产品和非标准化产品两类。标准化产品是以证券形式呈现的股权融资、债权融资、混合融资等产品。

> **进一步阅读**
>
> 中国银行间市场交易商协会教材编写组. 投资银行：理论与实务 [M]. 北京：北京大学出版社，2019.

第二节　融资品种

股权融资品种

股权融资品种主要包括未上市企业首次公开发行并上市，已上市企业公开增发、配股和非公开发行股票。

IPO 是指企业通过股份制改造成为股份有限公司，在满足公开发行上市要求后，直接向监管机关和证券交易所申请发行股票并成为上市公司。目前，企业可以选择在上海证券交易所（简称上交所）主板、深圳证券交易所（简称深交所）中小企业板、深圳证券交易所创业板和上海证券交易所科创板上市。选择在上交所主板、深交所中小企业板上市，需要直接向中国证监会递交审核申请，由证监会核准。选择在上交所科创板上市的企业，需要向上交所递交申请，上交所审核通过后由证监会同意注册。上述不同的上市选择需要满足的主要发行条件如表 3-1 所示。创业板注册制改革启动后，与科创板类似，企业需要向深交所递交申请，深交所审核通过后由证监会同意注册。

配股是指上市公司向原股东配售股份的股票发行行为。其特点是仅向股权登记日在册的原股东发行。

配股的主要优势在于：①不会摊薄原股东的持股比例，也不会因为折价发行影响原股东的利益。这是因为配股仅向原股东发行，如果原股东全额参与配股，折价发股就不会影响原股东利益，而且持股比例也不会被摊薄。②发行价格灵活度大。配股价格可以自行定价。从市场实践来看，通常发行价格为市价的 50%～80%。③募集资金投向灵活。除用于具体募

表 3-1 上市各板块之间的财务指标要求比较

项目	主板、中小板	创业板 标准一	创业板 标准二	创业板 标准三	科创板 标准一	科创板 标准二	科创板 标准三	科创板 标准四	科创板 标准五
净利润	最近三年连续盈利且累计净利润超过3000万元（净利润以扣除非经常性损益前后较低者为计算依据）	最近两年净利润均为正，且累计净利润不低于5000万元	预计市值不低于10亿元+最近一年营业收入不低于1亿元	预计市值不低于50亿元+最近一年营业收入不低于3亿元	市值不低于10亿元，同时符合以下两者之一：①最近两年盈利且累计净利润5000万元；②最近一年盈利且营业收入不低于1亿元	市值不低于15亿元+最近一年营业收入不低于2亿元+最近三年累计研发投入占比不低于15%	市值不低于20亿元+最近一年营业收入不低于3亿元+最近三年经营活动产生的现金流量净额不低于1亿元	市值不低于30亿元+最近一年营业收入不低于3亿元	市值不低于40亿元+主要业务或产品需经国家有关部门批准，市场空间大，目前已取得阶段性成果+医药行业企业需至少有一项核心产品获准开展二期临床试验，其他符合科创板定位的企业需具备明显的技术优势并满足相应条件
营业收入或现金流	最近三年经营活动产生的现金流量累计超过5000万元；或者最近三年营业收入累计超过3亿元								
发行后股本	不低于5000万股	不低于3000万股			不低于3000万股				
发行前股本或净资产或股本	发行前股本总额不少于3000万元。最近一期期末无形资产占净资产比例不高于20%								
其他	最近一期不存在未弥补亏损								
主要规范	《首次公开发行并上市管理办法》	《深圳证券交易所创业板股票发行上市审核规则》			《上海证券交易所科创板股票发行上市审核规则》				

投项目外，可以百分之百用于补充流动资金或偿还贷款。④没有锁定期。除受短线交易限制（六个月）[○]的股东之外，其他股东配股获得的股票没有锁定期限制。⑤能够在一定程度上提升控股股东的持股比例。因为无论配股方案如何设置，总会有股东因为各种原因放弃配售，控股股东按比例参与配股后可提升其持股比例。

配股的主要劣势在于：①发行条件相对较高。主板中小板上市公司实施配股要求最近三个会计年度连续盈利。②融资规模受限制。拟配售股份数量不超过本次配售股份前股本总额的30%。由于配股规模受到限制，大多数方案都顶格按照十配三的比例配股。也有少数规模较大的企业选择较低的比例配股。③存在发行失败的风险。根据相关规范，配股只能采用代销方式发行。认配股权总数不到七成，或者控股股东不履行认配承诺会导致配股发行失败。④大股东资金压力较大。为了保证发行成功，大股东一般必须全额参与配股。由于配股只能采用现金方式认配，因此大股东面临一定的资金压力。⑤配股价格折扣大，对每股收益等盈利能力指标摊薄效应较大。为了保证发行成功，吸引中小股东踊跃参与配股，同时给予大股东低价增持的机会，配股一般会选择较高折扣的低价配股方式。在这种情况下，在募集资金投资项目产生效益前，净资产收益率、每股收益等盈利

○ 《证券法》（2019年修订）第四十四条规定：

上市公司、股票在国务院批准的其他全国性证券交易场所交易的公司持有百分之五以上股份的股东、董事、监事、高级管理人员，将其持有的该公司的股票或者其他具有股权性质的证券在买入后六个月内卖出，或者在卖出后六个月内又买入，由此所得收益归该公司所有，公司董事会应当收回其所得收益。但是，证券公司因购入包销售后剩余股票而持有百分之五以上股份，以及有国务院证券监督管理机构规定的其他情形的除外。

前款所称董事、监事、高级管理人员、自然人股东持有的股票或者其他具有股权性质的证券，包括其配偶、父母、子女持有的及利用他人账户持有的股票或者其他具有股权性质的证券。

公司董事会不按照第一款规定执行的，股东有权要求董事会在三十日内执行。公司董事会未在上述期限内执行的，股东有权为了公司的利益以自己的名义直接向人民法院提起诉讼。

公司董事会不按照第一款的规定执行的，负有责任的董事依法承担连带责任。

能力指标将面临较大的摊薄效应。⑥在市场整体环境较差的情况下启动配股，可能不受老股东欢迎，从而影响公司股价。由于配股一般均有较大的折扣，如果老股东不参与，公司就将可能面临除权损失。因此，股东就可能会选择提前"离场"（出售股票），从而给公司股价带来较大压力。

非公开发行，指上市公司采用非公开方式，向特定对象发行股票的行为。非公开发行有锁价发行与询价发行两种方式。两种方式的区别如表 3-2 所示。

表 3-2　锁价发行与询价发行比较表

	锁价发行	询价发行
发行方式	向事先确定的投资者发行（董事会决议确定具体发行对象）	事先确定发行底价，通过对投资者有效申购报价进行累计统计，按照价格优先的原则确定发行对象、发行价格（董事会决议未确定具体发行对象）
发行对象	控股股东、实际控制人及其控制的企业；通过认购本次发行的股份取得上市公司实际控制权的投资者；董事会拟引入的境内外战略投资者	—
	不超过 35 名（证券投资基金管理公司、证券公司、合格境外机构投资者、人民币合格境外机构投资者以其管理的两只以上产品认购的，视为一个发行对象）	
锁定期	18 个月	6 个月（如果大股东及关联方参与认购，锁定 18 个月）
募投资金使用	可全部用于补充流动资金或偿还贷款	可有不超过 30% 的部分用于补充流动资金或偿还贷款
发行价格	不低于定价基准日（董事会决议公告日、股东大会决议公告日或者发行期首日）前 20 个交易日公司股票均价的 80%	不低于发行期首日前 20 个交易日公司股票均价的 80%
对上市公司的意义	引入长期战略投资者，有利于完善公司治理结构、获得更多外部支持；由大股东或员工持股计划参与认购，有助于增强市场对公司的信心	一般由财务投资者参与认购，有利于扩大投资者参与范围，增强公司股票的流动性与活跃度

上市公司非公开发行的主要优势在于：①发行条件最低。没有盈利条件要求。②募集资金使用相对灵活。除用于具体募投项目外，以询价方式进行的非公开发行可有不超过 30% 的部分用于补充流动资金或偿还贷款；

以锁价方式进行的可百分之百用于补充流动资金或偿还贷款。③在发行对象选择与条款设计等方面有一定的灵活性。就锁价发行而言，上市公司可以自由双向选择发行对象，发行对象确实符合战略投资的特征即可。就询价发行而言，虽然发行对象由询价结果确定，但上市公司仍然可以通过一定的条款设计实现差异化的目的。例如，大股东持股比例较低的上市公司进行询价非公开发行，出于反收购的考虑，可以对发行对象认购数量上限进行规定，明确单个投资者及其关联方认购股票数量的上限，以维持原大股东的控股地位。④通过非公开发行股票取得的上市公司股份，其减持不适用《上市公司股东、董监高减持股份的若干规定》的有关规定。

上市公司非公开发行的主要劣势在于：①募集资金受限，拟发行的股份数量不得超过本次发行前总股本的30%。②发行价格为准市价发行，面临发行风险。但再融资新规在2020年实施后，发行风险已经大为降低。③锁定期。根据发行类型及认购对象类型需要锁定一定时间，可能导致价格和流动性风险。④发行后股本扩大会摊薄每股收益，总体上存在短期摊薄压力。在募集资金投资项目产生效益前，净资产收益率、每股收益等盈利能力指标将面临摊薄效应。

公开增发是指上市公司向不特定对象公开募集股份的股票发行行为。

上市公司公开增发的主要优势在于：①融资规模不受限制；②除受短线交易限制（六个月）的股东之外，其他认购者没有锁定期限制。

上市公司公开增发的主要劣势在于：①市价发行且发行风险极大。公开增发要求发行价不低于发行期首日前20个交易日均价或前1个交易日均价，属于市价发行。这就需要找到一个股票连续上涨的时间窗口，使得发行价按前20日均价来定价，相较最后1个交易日的价格有一定的折价。但是，按照公开增发的发行规则，确定发行价之后股票还要交易两个交易日。如果在这两个交易日中，因为个股或者系统性风险，股价大跌，使最后1个交易日的收盘价低于发行价，就将面临极大的包销风险。②发行条件要求高。主板中小板上市公司要求最近3个会计年度加权平均净资产收益率平均不低于6%（均以扣除非经常性损益后孰低原则确定）。③募集资金投向限制。募集资金必须用于具体项目，不能用于补充流动资金和偿还银行贷款。

债权融资品种

这里的债权融资品种针对的是由企业发行的信用债券。目前，中国内地企业信用债券的发行按业务监管部门的不同分为三类。其中，国家发改委监管企业债及其他类似产品；中国证监会监管公司债及其他类似产品。企业债券和公司债券均只能由证券公司承做，只有具备主承销商资格的证券公司才能够作为这两类债券的主承销商。由中国人民银行主管的银行间市场交易商协会负责管理的银行间债券市场则是商业银行承销信用债券的主要场所。这个市场的承销商主要是商业银行，只有少部分大型证券公司也可以参与承销。三类债券的主要品种如图3-4所示。本书主要介绍公司债和企业债券产品。

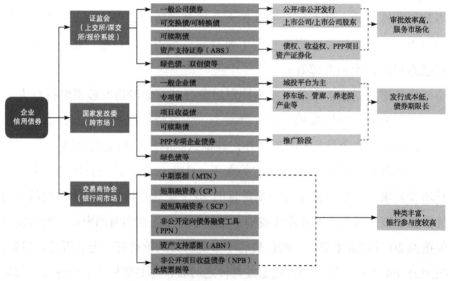

图3-4 企业信用债券品种示意图

与中国证监会监管的公司债券相关的法律规范由三个主体颁布，具体如表3-3所示。

表3-3 公司债券法律规范列表

颁布主体	法规名称
中国证监会	《公司债券发行试点办法》 《公司债券发行与交易管理办法》 《公开发行公司债券审核工作流程》
上海证券交易所、深圳证券交易所	《公司债券上市规则（2015年修订）》 《关于公开发行公司债券投资者适当性管理相关事项的通知》 《公司债券上市预审核工作流程》 《非公开发行公司债券业务管理暂行办法》 《债券业务办理指南第1号》《债券业务办理指南第2号》等
中国证券业协会	《非公开发行公司债券备案管理办法》 《非公开发行公司债券负面清单指引》 《公司债券受托管理人执业行为准则》 《公司债券承销业务规范》

公司债券分为面向公众投资者公开发行（一般称为"大公募"）、面向合格投资者公开发行（"小公募"）和面向合格投资者㊀非公开发

㊀ 合格投资者是指具有以下情况之一的投资者：
（1）经有关金融监管部门批准设立的金融机构，包括证券公司、期货公司、基金管理公司及其子公司、商业银行、保险公司、信托公司、财务公司等；经行业协会备案或者登记的证券公司子公司、期货公司子公司、私募基金管理人。
（2）上述机构面向投资者发行的理财产品，包括但不限于证券公司资产管理产品、基金管理公司及其子公司产品、期货公司资产管理产品、银行理财产品、保险产品、信托产品、经行业协会备案的私募基金。
（3）社会保障基金、企业年金等养老基金，慈善基金等社会公益基金，合格境外机构投资者（QFII）、人民币合格境外机构投资者（RQFII）。
（4）同时符合下列条件的法人或者其他组织：①最近1年年末净资产不低于2000万元；②最近1年年末金融资产不低于1000万元；③具有两年以上证券、基金、期货、黄金、外汇等投资经历。
（5）同时符合下列条件的个人：①申请资格认定前20个交易日名下金融资产日均不低于500万元，或者最近3年个人年均收入不低于50万元；②具有两年以上证券、基金、期货、黄金、外汇等投资经历，或者具有两年以上金融产品设计、投资、风险管理及相关工作经历，或者属于第（1）条规定的合格投资者的高级管理人员、获得职业资格认证的从事金融相关业务的注册会计师和律师。
（6）中国证监会和本所认可的其他投资者。
合格投资者之外的投资者为公众投资者。

行("私募")三种形式。在这三种情况下发行的债券品种分别被称为"大公募债""小公募债"和"私募债"。它们的主要区别如表 3-4 所示。

表 3-4 "大公募债""小公募债"和"私募债"比较表

	面向公众投资者公开发行（大公募债）	面向合格投资者公开发行（小公募债）	面向合格投资者非公开发行（私募债）
发行主体	所有公司制法人，包括上市公司、非上市公众公司及非上市的公司制法人		
发行条件	不得公开发行公司债券的情况：最近 36 个月内公司财务会计文件存在虚假记载，或公司存在其他重大违法行为；本次发行申请文件存在虚假记载、误导性陈述或者重大遗漏；对已发行的公司债券或者其他债务有违约或者迟延支付本息的事实，仍处于继续状态；严重损害投资者合法权益和社会公共利益的其他情形		非公开发行公司债券项目承接实行负面清单管理。① 承销机构项目承接不得涉及负面清单限制的范围
	发行人最近三个会计年度实现的年均可分配利润不少于债券一年利息的 1.5 倍 累计发行债券余额不超过净资产的 40%②		无财务要求
	发行人最近三年无债务违约或者迟延支付本息的事实 债券信用评级达到 AAA 级	—	—
审核备案机构	公开发行公司债券，应当符合《证券法》《公司法》的相关规定，经中国证监会核准		由交易所"实际审核"，程序简单
	由证监会债券部审核，自受理申请文件三个月内做出是否核准的决定	由交易所实质审核，大幅简化核准程序，审核周期一般为 1～2 个月	每次发行完成后五个工作日内向中国证券业协会备案
评级	公开发行公司债券，应当委托具有从事证券服务业务资格的资信评级机构进行信用评级		是否进行信用评级由发行人确定，并在债券募集说明书中披露

（续）

	面向公众投资者公开发行 （大公募债）	面向合格投资者公开发行 （小公募债）	面向合格投资者非 公开发行（私募债）
募集资金管理	除金融类企业外，募集资金不得转借他人，发行人应当指定专项账户，用于公司债券募集资金的接收、存储、划转与本息偿付		
	须用于核准约定的用途		

① 根据2019年的负面清单的规定，不得发行私募债的发行人情况包括：
a. 最近24个月内公司财务会计文件存在虚假记载，或公司存在其他重大违法行为。
b. 对已发行的公司债券或者其他债务有违约或迟延支付本息的事实，仍处于继续状态。
c. 存在违规对外担保或者资金被关联方或第三方以借款、代偿债务、代垫款项等方式违规占用的情形，仍处于继续状态。
d. 最近12个月内因违反公司债券相关规定被中国证监会采取行政监管措施；或最近6个月内因违反公司债券相关规定被证券交易所等自律组织采取纪律处分，尚未完成整改的。
e. 最近两年内财务报表曾被注册会计师出具保留意见且保留意见所涉及事项的重大影响尚未消除，或被注册会计师出具否定意见或者无法表示意见的审计报告。
f. 因严重违法失信行为，被有权部门认定为失信被执行人、失信生产经营单位或者其他失信单位，并被暂停或限制发行公司债券。
g. 擅自改变前次发行公司债券募集资金的用途而未做纠正。
h. 本次发行募集资金用途违反相关法律法规或募集资金投向不符合国家产业政策。
i. 除金融类企业外，本次发行债券募集资金用途为持有以交易为目的的金融资产、委托理财等财务性投资，或本次发行债券募集资金用途为直接或间接投资于以买卖有价证券为主要业务的公司。
j. 本次发行文件存在虚假记载、误导性陈述或重大遗漏。
k. 存在严重损害投资者合法权益和社会公共利益的情形。
l. 地方融资平台公司。地方融资平台公司是指根据国务院相关文件规定，由地方政府及其部门和机构等通过财政拨款或注入土地、股权等资产设立，承担政府投资项目融资功能，并拥有独立法人资格的经济实体。
m. 主管部门认定的存在"闲置土地""炒地""捂盘惜售""哄抬房价"等违法违规行为的房地产公司。
n. 典当行。
o. 未能同时满足以下条件的担保公司：i. 经营融资担保业务满3年；ii. 注册资本不低于人民币6亿元；iii. 主体信用评级AA级（含）以上；iv. 近三年无重大违法违规行为。
p. 未能同时满足以下条件的小贷公司：i. 经省级主管机关批准设立或备案，且成立时间满两年；ii. 省级监管评级或考核评级最近两年连续达到最高等级；iii. 主体信用评级达到AA级（含）以上。
② 2019年年底修订的《证券法》已取消不得超过净资产40%的上限。

国家发改委监管的企业债，总体上分为两类：城投债和产业债。

城投债，又称"准市政债"，是地方融资平台作为发行主体，其主业多为地方基础设施建设或公益性项目。地方融资平台公司是指根据国务院相关文件的规定，由地方政府及其部门和机构等通过财政拨款或注入土地、股权等资产设立，承担政府投资项目融资功能，并拥有独立法人资格的经济实体。募集资金通常投向资本密集、投资回报期长、具有公共物品性质的市政项目。地方政府一方面在债券发行计划上给予发行企业极大倾斜，另一方面为发债主体提供诸如隐形担保、开发许可和税收优惠等各种政策。

产业债发行主体为一般生产经营性企业。企业债券是最早出现的企业信用债券品种。随着公司债券和中期票据的出现，一般生产经营性企业更多地通过发行公司债券和中期票据融资。

近年来，发改委也出台多项政策，对企业债的监管政策进行改革，支持企业债的发展。这些政策如表3-5所示。

表3-5 国家发展改革委员会改善企业债监管的举措

事项	内容
简化申报程序、精简申报材料、提高审核效率	（1）无须层层转报，直接向省发改委提交申报材料，抄送市级、县级发改委；省发改委5个工作日内转报，国家发改委应在30个工作日内完成审核（情况复杂的不超过60个工作日） （2）不再要求提供省发改委预审意见（包括土地勘察报告，当地已发行企业债、中期票据占GDP比例的报告等）、募集说明书摘要、地方政府关于同意企业发债文件、主承销商自查报告、承销团协议、定价报告等材料，改为要求发行人对土地使用权、采矿权、收费权等与债券偿债直接有关的证明材料进行公示，纳入信用记录事项，并由征信机构出具信用报告 （3）发改委委托第三方专业机构（中国债券登记结算公司、银行间交易商协会）就债券申报材料的完备性、合规性开展技术评估，不超过15个工作日
鼓励优良企业发债融资、取消发债指标限制	（1）主体或债项AAA；第三方增信至AA+；资产抵、质押至AA+的企业债券豁免委内复审，加快审核 （2）债项级别为AA及以上的发债主体（含县域企业），不受发债企业数量指标的限制 （3）创建社会信用体系建设示范城市所属企业发债及创新品种债券（含专项债、项目收益债、可续期债券）可直接向国家发改委申报 （4）审核中，发改委实质上最为看重的是发行人的偿债能力：当前发改委对于AA及以下的发行人在信息披露、技术指标、募投项目收益等方面均有较多要求，但由AA+及以上的第三方机构提供担保的，则多可豁免

（续）

事项	内容
增强资金使用灵活度，提高使用效率	（1）支持发债规模40%资金补充营运资金 （2）可一次核准、分期发行（申报时需注意） （3）支持债券资金用于项目前期建设 （4）允许闲置资金用于保本投资、补充流动资金 （5）允许债券资金按程序变更用途
强化信息披露及中介机构责任	企业债新政策在简政放权的同时，强化信息披露要求及中介机构责任，明确加强事中、事后的监管
鼓励专项债及项目收益债	（1）陆续颁布多个专项债指引，鼓励养老产业、城市停车场、地下综合管廊、战略新兴产业、双创孵化园、配电网建设改造、绿色债券等项目建设 （2）鼓励创新型品种的发展，如项目收益债，对于企业主体较为薄弱，而建设的项目具备很好收益的，可选择非公开发行项目收益债，重点缓解有利于国计民生等重要产业项目的发展

2020年3月1日《证券法》实施后，公开发行企业债券开始实施注册制。国家发改委发布《关于企业债券发行实施注册制有关事项的通知》（发改财金〔2020〕298号），明确宣布：中央国债登记结算有限责任公司为受理机构，中央国债登记结算有限责任公司、中国银行间市场交易商协会为审核机构。企业债券发行人直接向受理机构提出申请，国家发改委对企业债券受理、审核工作及两家指定机构进行监督指导，并在法定时限内履行发行注册程序。

按照注册制改革的需要，取消企业债券申报中的省级转报环节。债券募集资金用于固定资产投资项目的，省级发展改革部门应对募投项目出具符合国家宏观调控政策、固定资产投资管理法规制度和产业政策的专项意见，并承担相应责任。

混合融资品种

混合融资品种包括可转换公司债券、优先股、上市公司股东发行的可交换公司债券等。

可转换公司债券（convertible bonds，CB）是指上市公司发行的，在一定期间内依据约定的条件可以转换成上市公司股份的公司债券。可转债是典型的混合融资方式，其兼具债性与股性的特点，如图 3-5 所示。

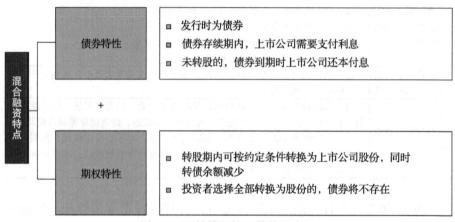

图 3-5　可转债股性 + 债性示意图

由于兼具债性和股性的特征，可转债可以满足发行人与投资者的多种利益诉求。对于发行人来说，有利之处在于：①由于期权价值的存在，票面利息相对较低。②发行风险小。由于转股期限长，市价和转股价倒挂不会产生太大的负面影响，各种融资方式中，它受市场环境影响最小，融资成功率最高。③发行人可通过修正转股价格、提前赎回等条款，在一定程度上影响转股的进度。④若未来投资者转股，则实现提前股权融资；若未来未能转股，则相当于发行低息债券，也会节省成本。

对于投资者来说，有利之处在于：①投资可转债相当于购买了"保底"的股票。股价下跌，可选择持有债券到期，股票上涨时选择转股，可以获得近似直接投资股票的收益。②对投资者而言是"进可攻退可守"的投资产品，对于既想规避股票大幅下跌的风险，又想分享股票潜在高成长性的投资者有较大吸引力。

上市公司发行可转债的主要优势在于：①债券利率低。由于转股期权的存在，票面利率水平远低于公司债券。②融资规模预计将提升，并且募集资金投向相对宽松。2020年3月实施的新修订后的《证券法》取消了累计债券余额不超过公司净资产40%的要求。转债募集资金投向除用于具体募投项目外，可以有不超过30%的部分用于补充流动资金或偿还贷款。③对盈利指标的摊薄较为缓和。可转债需要进入转股期才能转股，且转股一般会经历一个过程，因此无即时摊薄效应，而且总体上讲摊薄较为缓和。④适合资产负债率不高的上市公司优化财务结构。可转债具有债券和股票的双重特征，使用得当的话，可以成为公司财务结构的调整器，使公司的股权与债务结构合理化。特别是对于资产负债率较低的企业而言，可转债在转股前体现为公司债券，可以提升公司杠杆率、优化财务结构。⑤发行风险小，基本不存在发行障碍。⑥可转债条款设计空间较大，可以满足上市公司的更多诉求。设计并灵活使用回售权、赎回权、转股价格向下修正条款等能够增加可转债本身的适应能力，既满足上市公司的更多诉求，也能更好地满足不同的投资者的需求。

上市公司发行可转债的主要劣势在于：①财务盈利条件要求较高。主板中小板上市公司要求最近3个会计年度加权平均净资产收益率平均不低于6%。创业板上市公司实施增发要求连续两年盈利。②主板中小板规模较小的公司发行可转债需提供担保。对于主板中小板公司而言，净资产低于15亿元的公司发行可转债应当提供担保。由于投资者更偏重看待可转债的股性，是否提供担保（对债性的保障）并不会对转债的发行难度、发行利率等造成影响，因此上市公司一般不会对可转债进行担保，受此条款限制而必须提供担保的公司除外。

可交换公司债券（exchangeable bonds，EB）是指上市公司的股东依法发行、在一定期限内依据约定的条件可以交换成该股东所持有的上市公司股份的公司债券。与可转债类似，其同样具备债性（作为债券，可交换债持有者享有向发行人要求定期付利息和偿还本金的权利）+期权（赋予投资者的股票看涨期权）的特性。但两者的差异也是明显的，具体如

表 3-6 和图 3-6 所示。

表 3-6 可交换债与可转债的比较表

	可交换债	可转债
融资主体	上市公司股东	上市公司
担保条款	以其持有的上市公司股票作为质押标的	公开发行应当担保（净资产不低于 15 亿元除外）
未来转股	转换为已经质押的上市公司存量股票	转换为上市公司新增发行的股票
换股/转股影响	若投资者转股上市公司股份不增加，仅是该股东所持股份减少，其他股东比例不会摊薄	若投资者转股上市公司股本得以增加，原股东股权被摊薄

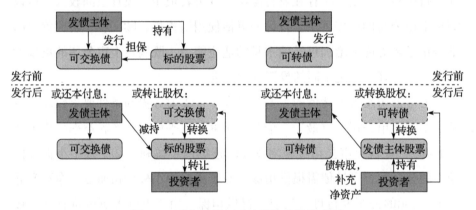

图 3-6 可交换债与可转债的比较示意图

可交换债根据公开发行与否区分为公开发行的可交换债（即公募 EB）和非公开发行的可交换债（即私募 EB）。两者的区别如表 3-7 所示。

表 3-7 公募与私募可交换债比较表

	公募 EB	私募 EB
发行人	公募 EB 与私募 EB 均要求发行人为上市公司的法人制股东，包括有限公司和股份公司。自然人、有限合伙等非企业法人不能发行 EB 根据《财政部关于国有金融企业发行可转换公司债券有关事宜的通知》的规定，国有金融企业不得发行可交换公司债券	

（续）

	公募 EB	私募 EB
发行人	最近一期期末的净资产额不少于人民币 3 亿元（专门针对公募 EB 的规定）、最近三年平均可分配利润足以支付公司债券一年的利息（针对公募公司债券的规定）。如果发行人最近三年年均可分配利润不少于债券一年利息的 1.5 倍且债券信用评级达到 AAA 级，可以申请发行面向所有投资者的大公募 EB，否则只能发行面向合格投资者的小公募 EB	—
标的股票	发行时，标的股票不存在被查封、扣押、冻结等财产权利被限制的情形，也不存在权属争议或者依法不得转让或设定担保的其他情形。而且，股东在约定的换股期间转让该部分股票不违反其对上市公司或者其他股东的承诺	
	用于交换的标的上市公司最近一期期末的净资产不低于人民币 15 亿元，或者最近 3 个会计年度加权平均净资产收益率平均不低于 6%（扣除非经常性损益后的净利润与扣除前的净利润相比，以低者作为加权平均净资产收益率的计算依据）用于交换的股票在提出发行申请时应当为无限售条件股份	仅要求在交换起始日前为非限售股。这使得尚处于限售或者锁定期的股份也可以作为私募 EB 的股票标的，只需要在条款设计时将转股期设计在解除限售或者锁定之后
标的股票的质押率和发行规模限制	EB 的募集资金额度（即发行规模）上限取决于两个因素：其一是法规本身对发行规模上限的限制性规定；其二是标的股票的市值规模及质押率	
	累计债券余额不得超过发行人净资产的 40%发行金额不超过标的股票按募集说明书公告日前 20 个交易日均价计算的市值的 70%（即质押率最高为 70%）	质押股票数量应当不少于预备用于交换的股票数量（即质押率最高为 100%）
换股价格	换股价格不低于募集说明书公告日前 20 个交易日标的股票均价和前 1 个交易日的均价	不低于发行前 1 日标的股票收盘价的 90% 以及前 20 个交易日收盘价均价的 90%
	对于国有股东而言，根据《关于规范上市公司国有股东发行可交换公司债券及国有控股上市公司发行证券有关事项的通知》，换股价格应不低于债券募集说明书公告日前 1 交易日、前 20 个交易日、前 30 个交易日该上市公司股票均价中的最高者	
债券期限	最短 1 年，最长不超过 6 年	不短于 1 年
换股期限	发行结束日起 12 个月后方可换股	—
评级	经资信评估机构评级，债券信用级别为良好	—
债券流通	交易所集中竞价系统上市交易	仅能在交易所综合协议交易平台（深交所）、固定收益证券综合电子平台（上交所）交易

对于发行人来说，可交换债是一种拥有换股期权的债券。在换股之前，可交换债由于其换股期权的存在，作为债券的融资成本有可能大幅下降，是一种好的债权融资工具。如果成功换股，它就成为一种股权融资工具。对于投资者来说，EB是一种"保本+浮动收益"的投资品种：转股前为债券，发行人有还本付息义务。在不违约的情况下，投资者能够保本并获取一定的固定收益。若二级市场上上市公司股价上涨，则投资者可选择换股，享受换股带来的溢价收益。对于私募EB来说，尚处于限售期的股份也可以作为换股标的，只是需要在条款设计时将转股期设计在解除限售之后。EB特别是私募EB，由于其条款的灵活性，可以实现多种功能。

其一，融资功能。上市公司股东通过发行EB来融资，相对于股权质押贷款，在融资额度、融资成本等方面具备一定的优势。

其二，减持功能。相对于直接在二级市场竞价交易出售和大宗交易出售，上市公司股东通过发行EB来实现减持的目的，具备多重优势。

其三，套利功能。通过发行EB（上市公司股东通过实现转股而减持股票）与其他资本运作工具（例如上市公司通过定向增发增持股票）相结合，可能帮助上市公司股东进行"逆周期"管理，实现低买高卖股票的套利和价值发现功能。

其四，员工激励功能。通过向员工持股计划发行EB并设置一定的考核条款，可以实现员工激励的目的。

其五，并购重组的支付工具功能。在上市公司并购中使用EB作为支付工具，可以平衡收购方与出售方的利益。

目前，我国EB普遍使用的是融资功能与减持功能。

优先股是依照《公司法》的规定，在一般规定的普通种类股份之外，另行规定的其他种类股份。优先股股份持有人优先于普通股股东分配公司利润和剩余财产，但参与公司决策管理等权利受到限制。

从优先股股东的权利与义务来看，优先股也是介于股票与债券之间的一种股债混合融资工具。就债性而言，体现为固定股息+无表决权。就股性而言，体现为：①在符合条件的情况下可以作为企业股本和银行的核心资本；②出现特定事项时，优先股股东享有部分表决权和表决权恢复等权利。对于发行人来说，发行优先股不稀释控股权、不摊薄每股收益，如果能计入股本则可以降低资产负债率。对于投资者来说，它是一种收益稳定、风险较低的投资产品。

发行优先股需要重点关注以下事项。第一，发行优先股由于无"税盾"作用，相比普通公司债券的融资成本更高。优先股股利从税后支付，相当于固定付息成本，且不能税前扣除。也就是说，公司通过优先股筹资享受不到"税盾"的益处。对同一公司来说，和发行一般公司债券相比（利息成本税前扣除），优先股融资成本更高。因此，对于能够通过公司债券进行债务融资的公司来说，发行普通公司债券优于发行优先股。商业银行等金融机构通过发行符合条件的优先股用于补充其他一级资本，是选择发行优先股最适合的情况。

第二，作为一种更偏债性的混合融资工具，受到发行期市场利率环境的影响，发行风险较高。同为混合融资工具，可转债因受转股期权的影响而股性更强，债券部分仅起到"保底"作用，因此基本不受债券利息率的影响，发行风险很低。而优先股，由于目前不允许发行可转换优先股，因此投资者主要考虑其股利收益，会将其与普通公司债券的收益率进行对比。

第三，在财务报表上，优先股既可能被计入资本，也可能被计入负债。如果希望计入资本需要满足一定的条件。

> **重点提示**
>
> 标准化的企业融资产品，根据其性质的不同可以分为股权融资品种、债权融资品种和混合融资品种。
>
> 股权融资品种包括未上市企业首次公开发行并上市，已上市企业公开增发、配股和非公开发行股票。
>
> 债权融资品种包括发行公司债券、企业债券等。
>
> 混合融资品种是指既具有股权特性，又具有债权特性的产品，包括可转换公司债券、优先股、上市公司股东发行的可交换公司债券等。

进一步阅读

[1] 深圳证券交易所创业企业培训中心.中小企业板、创业板股票发行上市问答[M].3版.北京：中国财政经济出版社，2019.

[2] 沈春晖.一本书看透IPO：A股IPO全流程深度剖析[M].北京：机械工业出版社，2018.

[3] 江苏省上市公司协会，等.上市公司证券事务管理手册[M].北京：中国财政经济出版社，2019.

第四讲

投行的主要业务（二）：
并购重组财务顾问业务

第一节　并购重组业务概述

并购重组概述

并购重组并不是严格的法律概念，而是市场约定俗成的通常说法。一般认为，并购重组主要包括上市公司控制权转让（上市公司收购）、资产重组（购买、出售资产）、股份回购、公司合并分立等经济活动。

在我国目前的资本市场中，相比融资业务而言，并购重组业务的规模和受重视程度还远远不够。这与成熟资本市场还有很大的差别。我们认为，这只是市场发展的暂时现象。融资业务是增量市场，并购重组业务是存量市场。这有点像城市房地产市场中的新房市场与二手房市场的关系。在北京、上海等一线城市，目前二手房交易量已经远远大于新房交易量，已经进入了存量交易市场为主的阶段。其他大多数城市，则主要还是以新房交易为主。增量市场向存量市场转变需要一个发展的过程。

在中国证监会的监管体系中，并购重组业务的核心是两个，其一是收购，其二是重组。

收购是指与收购上市公司相关的事项，主要涉及公司股权结构的调整，其目标大多指向公司控制权变动，监管核心是股东准入。主要规范是《上市公司收购管理办法》。

重组是指与上市公司资产重组相关的事项，主要涉及公司资产、负债及业务的调整，其目标是优化公司资产规模和质量、产业或行业属性，监管核心是资产业务准入。主要规范是《上市公司重大资产重组管理办法》。

收购和重组经常有交叉。目前，上市公司购买资产的重大重组交易，往往以股份作为支付工具，即发行股份购买资产，股东进入与业务重组在同一交易中完成，因此同时适用并购与重组相关的法律规定。收购与重组的法律规范体系如图4-1所示。

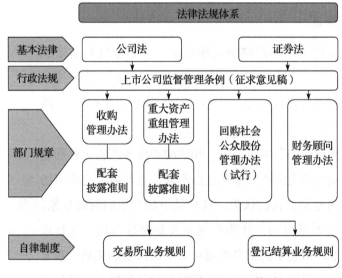

图4-1 我国上市公司并购重组法规体系

目前，在上市公司并购重组中，涉及需要取得中国证监会行政许可的事项主要有三个，如表 4-1 所示。过去存在的豁免要约收购审批已经因为《证券法》第七十三条将协议收购下的要约收购义务豁免由"经证监会免除"修改为"按照证监会的规定免除发出要约"，而不再需要审批。

表 4-1 需要中国证监会审批的并购重组事项

事项	内容	备注
发行股份购买资产	只要涉及换股收购，无论购买资产的量是否构成上市公司重大资产重组的标准，均需要证监会核准	发行股份购买资产涉及上市公司非公开发行新股，需要证监会核准
重组上市[①]	构成重组上市需要中国证监会核准即便只是现金购买（不涉及发行股份），构成重组上市的，仍然需要证监会审批	上市公司纯现金类资产交易，不构成重组上市的，即便达到重大资产重组的标准，也不需要报证监会审批
上市公司合并、分立	上市公司合并、分立涉及上市公司股权变化的，需要中国证监会核准	—

① 重组上市即为监管意义上的"借壳上市"。根据《上市公司重大资产重组管理办法》（2019 年修订）第十三条的规定，上市公司自控制权发生变更之日起 36 个月内，向收购人及其关联人购买资产，导致上市公司发生以下根本变化情形之一的，即为重组上市：a. 购买的资产总额占上市公司控制权发生变更的前一个会计年度经审计的合并财务会计报告期末资产总额的比例达到 100% 以上；b. 购买的资产在最近一个会计年度所产生的营业收入占上市公司控制权发生变更的前一个会计年度经审计的合并财务会计报告营业收入的比例达到 100% 以上；c. 购买的资产净额占上市公司控制权发生变更的前一个会计年度经审计的合并财务会计报告期末净资产额的比例达到 100% 以上；d. 为购买资产发行的股份占上市公司首次向收购人及其关联人购买资产的董事会决议前一个交易日的股份的比例达到 100% 以上；e. 上市公司向收购人及其关联人购买资产虽未达到前四项标准，但可能导致上市公司主营业务发生根本变化；f. 中国证监会认定的可能导致上市公司发生根本变化的其他情形。

并购重组财务顾问

根据《上市公司并购重组财务顾问业务管理办法》（2008 年）的规定，上市公司并购重组财务顾问业务是指为上市公司的收购、重大资产重组、合并、分立、股份回购等对上市公司股权结构、资产和负债、收入和利润等具有重大影响的并购重组活动提供交易估值、方案设计、出具专业意见等专业服务。

上市公司的并购重组活动，根据相关证券监管或者国资管理的法规，在部分情况下企业被强制要求聘请有资格的财务顾问，在其他情况下则是企业自愿聘请。

就成熟市场实践而言，并购重组是非常专业而复杂的资本运作事项，企业主体高度重视财务顾问的作用。就中国既往实践来看，不同的企业主体对于财务顾问作用的认识是不一样的。这既与中国并购重组市场不成熟有关，也与过去我国投资银行提供的财务顾问服务并不能达到企业的预期有关。

随着我国资本市场的发展，我国投资银行能够提供的财务顾问服务内容的深度与广度不断提升。一般认为，财务顾问能够提供的服务是分层级的：①最低要求，是投资银行拥有牌照，企业因为监管要求必须聘请。这样的财务顾问，主要职能就是"做材料"，包括制作申报材料，回复监管审核意见等。②初级要求是投资银行拥有执行能力，能够"做项目"，包括设计方案、协调其他中介机构等。③中级要求是投资银行拥有平衡交易的能力，能够"做交易"，包括从行业入手筛选与匹配标的，主导交易进程，提供过桥融资等辅助交易的工具和手段。④高级要求是投行能够长期"做客户"，而不是仅把这样一个并购重组交易视为一个产品。投资银行能够真正以客户为中心，关注整合效果，提供长期资本运作规划和综合投行服务。

随着监管放权和市场化程度的提升，强制聘请财务顾问的事项可能会进一步减少。这样一来，真正具有高水平服务能力的财务顾问发挥作用的空间反而可能更大，企业会从更多的因为监管要求而必须聘请财务顾问，转化为认为财务顾问是所有并购重组活动中不可缺少的参与者。投资银行的收入来源可能也会不仅局限于财务顾问收入，而是通过提供综合的投资银行服务来获得收益。

需要说明的是，能够在监管部门强制要求聘请财务顾问的事项中担任财务顾问的机构不仅是证券公司，部分具备资格的投资咨询公司也可以。

《上市公司并购重组财务顾问业务管理办法》第二条规定：经中国证券监督管理委员会核准具有上市公司并购重组财务顾问业务资格的证券公司、证券投资咨询机构或者其他符合条件的财务顾问机构（以下简称财务顾问），可以依照本办法的规定从事上市公司并购重组财务顾问业务。目前，我国具备并购重组财务顾问资格的投资咨询公司的名录可以在中国证券业协会的信息公示中找到。[一]但需要说明的是，在目前的上市公司并购重组财务顾问业务中，证券投资咨询机构拥有的份额很低，几乎可以忽略不计。

根据中国证监会、国务院国资委等的现行规范，[二]我们把上市公司并购重组过程中必须聘请财务顾问（在部分情况下，要求是独立财务顾问[三]）发表专业意见的情况进行了总结，如表4-2所示。

[一] 中国证券业协会的投资咨询公司信息公示，见 https://jg.sac.net.cn/pages/publicity/investment-list.html#。

[二] 这些规范主要包括：中国证监会颁布的《上市公司重大资产重组管理办法》《上市公司收购管理办法》《公开发行证券的公司信息披露内容与格式准则第19号——豁免要约收购申请文件》，以及国务院国资委、财政部和中国证监会于2018年5月16日联合颁布的《上市公司国有股权监督管理办法》。

[三] 根据《上市公司并购重组财务顾问业务管理办法》的规定，受聘担任上市公司独立财务顾问的应当保持独立性，不得与上市公司存在利害关系；存在下列情形之一的，不得担任独立财务顾问：①持有或者通过协议、其他安排与他人共同持有上市公司股份达到或者超过5%，或者选派代表担任上市公司董事；②上市公司持有或者通过协议、其他安排与他人共同持有财务顾问的股份达到或者超过5%，或者选派代表担任财务顾问的董事；③最近2年财务顾问与上市公司存在资产委托管理关系、相互提供担保，或者最近一年财务顾问为上市公司提供融资服务；④财务顾问的董事、监事、高级管理人员、财务顾问主办人或者其直系亲属有在上市公司任职等影响公正履行职责的情形；⑤在并购重组中为上市公司的交易对方提供财务顾问服务；⑥与上市公司存在利害关系、可能影响财务顾问及其财务顾问主办人独立性的其他情形。

表 4-2　上市公司并购重组过程中必须聘请财务顾问的情况

业务类型	经济活动实质	财务顾问担任的角色	聘请主体	是否强制	适用的主要规范
收购上市公司	获得上市公司控制权	收购方财务顾问（协议收购比例超过30%及要约收购时）	收购方	是	《上市公司收购管理办法》
		收购方财务顾问（拥有权益的股份达到或超过上市公司已发行股份的20%但未超过30%，为上市公司第一大股东或实际控制人的，但国有股行政划转或者变更、股份转让在同一实际控制人控制的不同主体之间进行、因继承取得股份的除外。投资者及其一致行动人承诺至少3年放弃行使相关股份表决权的，可免于聘请财务顾问）	收购方	是	《上市公司收购管理办法》
		收购方财务顾问（国有股东通过证券交易系统增持、协议受让、间接受让、要约收购上市公司股份和认购上市公司发行股票等方式取得上市公司控股权的）	收购方（国有股东）	是	《上市公司国有股权监督管理办法》
		上市公司财务顾问（间接收购时收购方未履行义务，上市公司董事会认为必要时可以聘请）	上市公司董事会	否	《上市公司收购管理办法》
		上市公司独立财务顾问（当上市公司面临要约收购时）	上市公司董事会	是	《上市公司收购管理办法》
		上市公司独立财务顾问（当上市公司面临管理层收购时，即上市公司董事、监事、高级管理人员、员工或者其所控制或者委托的法人或者其他组织拟收购上市公司的）	上市公司独立董事	是	《上市公司收购管理办法》

（续）

业务类型	经济活动实质	财务顾问担任的角色	聘请主体	是否强制	适用的主要规范
收购上市公司	获得上市公司控制权	出让方财务顾问（国有股东公开征集受让方转让上市公司股份可能导致上市公司控股权转移的）	出让方（上市公司国有股东）	是	《上市公司国有股权监督管理办法》
		出让方财务顾问（国有股东非公开协议转让上市公司股份涉及上市公司控股权转移的）	出让方（上市公司国有股东）	是	《上市公司国有股权监督管理办法》
		出让方财务顾问（国有控股股东所持上市公司股份间接转让）	出让方（上市公司国有股东）	是	《上市公司国有股权监督管理办法》
上市公司反收购	防御收购	反收购财务顾问（尚无法定要求）	上市公司或控股股东	否	
借壳上市（重组上市）	收购方间接实现资产证券化	收购方财务顾问	标的方大股东	是	《上市公司重大资产重组管理办法》《上市公司收购管理办法》
		上市公司独立财务顾问	上市公司	是	
整体上市	上市公司大股东实现集团整体资产证券化	收购方财务顾问（上市公司大股东因交易取得股权构成上市公司收购或者权益披露要求时）	上市公司大股东	是	《上市公司重大资产重组管理办法》《上市公司收购管理办法》
		上市公司独立财务顾问	上市公司	是	
第三方资产收购（产业并购）	上市公司以现金方式收购第三方资产	上市公司独立财务顾问（交易构成上市公司重大资产重组时）	上市公司	是	《上市公司重大资产重组管理办法》
	上市公司发行股份（及混合方式）收购第三方资产	收购方财务顾问（资产标的方的股东因交易取得股权构成上市公司收购或者权益披露要求时）	标的方大股东	是	《上市公司重大资产重组管理办法》《上市公司收购管理办法》
		上市公司独立财务顾问	上市公司	是	

（续）

业务类型	经济活动实质	财务顾问担任的角色	聘请主体	是否强制	适用的主要规范
上市公司吸收合并	上市公司以吸收合并其他方的方式实现大股东集团整体上市、上市公司收购第三方资产等目的	上市公司独立财务顾问	上市公司	是	《上市公司重大资产重组管理办法》
		上市公司财务顾问	上市公司（国有股东控股上市公司）	是	《上市公司国有股权监督管理办法》
		被吸收合并方财务顾问	被吸收合并方	是	《上市公司重大资产重组管理办法》
上市公司回购	上市公司回购股份减少资本	上市公司独立财务顾问	上市公司	是	《上市公司回购社会公众股份管理办法（试行）》
上市公司股权激励	上市公司以股票期权、限制性股票等方式实施股权激励	上市公司独立财务顾问（独立董事或监事会认为有必要的）	上市公司	否	《上市公司股权激励管理办法》
		上市公司独立财务顾问（未按照定价原则，而采用其他方法确定限制性股票授予价格或股票期权行权价格的）	上市公司	是	

> **重点提示**
>
> 在中国证监会的监管体系中，并购重组业务的核心是两个，其一是收购，其二是重组。
>
> 并购重组财务顾问业务是指为上市公司的收购、重大资产重组、合并、分立、股份回购等对上市公司股权结构、资产和负债、收入和利润等具有重大影响的并购重组活动提供交易估值、方案设计、出具专业意见等专业服务。根据证券监管部门和国资委的规定，在部分情况下必须强制聘

请财务顾问。

进一步阅读

[1] 深圳证券交易所创业企业培训中心.上市公司并购重组问答（第3版）[M].北京：中国财政经济出版社，2019.

[2] 劳志明.劳阿毛说并购（增订版）[M].北京：中国法制出版社，2018.

第二节　主要的并购重组业务

上市公司收购

上市公司收购，准确来说应该是收购上市公司。[一]直观上讲，其是指收购人通过直接或间接的方式获得上市公司控制权的行为。但实际上，《证券法》第四章"上市公司的收购"和《上市公司收购管理办法》规范的上市公司收购行为，包括两个方面。

第一个方面，即一般认为的"权益披露"，这是指到一定程度（总股本的5%）以上的上市公司权益变动行为。这种情况下的要求如表4-3所示。

表4-3　权益披露表

持股比例	具体情况	披露内容
5%～20%	非第一大股东或者实际控制人	简式权益变动报告书
	第一大股东或实际控制人	详式权益变动报告书
20%～30%	非第一大股东或者实际控制人	详式权益变动报告书
	成为第一大股东或实际控制人	详式权益变动报告书＋财务顾问核查意见

[一] 从直观与通常的汉语习惯来看，更准确的说法应该是收购上市公司。但是法规直接命名为《上市公司收购管理办法》，所以实务中也就都习惯了把"上市公司收购"这一名称视为收购上市公司的行为。溯源来看，这来自《证券法》。1998年第一版《证券法》有一章名为"上市公司收购"。后来，2005年修订《证券法》时将之改为"上市公司的收购"。《上市公司收购管理办法》正文里也使用了"上市公司的收购"这一说法。

第二个方面,即通常认为的"收购"。这是指取得和巩固上市公司控制权的行为,既包括新取得上市公司控制权的行为,又包括原上市公司实际控制人巩固上市公司控制权的行为。

收购人包括投资人及其一致行动的他人。一致行动,是指投资者通过协议、其他安排,与其他投资者共同扩大其所能够支配的一个上市公司股份表决权数量的行为或者事实。在上市公司的收购及相关股份权益变动活动中有一致行动情形的投资者,互为一致行动人。

收购人可以通过取得股份的方式成为一个上市公司的控股股东,可以通过投资关系、协议、其他安排的途径成为一个上市公司的实际控制人,也可以同时采用上述方式和途径取得上市公司的控制权。

有下列情形之一的,为拥有上市公司控制权:①投资者为上市公司持股50%以上的控股股东;②投资者可以实际支配上市公司股份表决权超过30%;③投资者通过实际支配上市公司股份表决权能够决定公司董事会半数以上成员的选任;④投资者依其可实际支配的上市公司股份表决权足以对公司股东大会的决议产生重大影响;⑤中国证监会认定的其他情形。

要约收购可以分为主动要约(自愿要约)和强制要约两种方式。主动要约是指投资者自愿选择以要约方式收购上市公司股份。这种情况下,可以向被收购公司所有股东发出收购其所持有的全部股份的要约(全面要约),也可以向被收购公司所有股东发出收购其所持有的部分股份的要约(部分要约)。

强制要约是指投资者收购股份达到一定比例时,按照法规要求,为了公平对待投资者而必须采取的方式。这分为两种情况:①收购人拥有权益的股份达到该公司已发行股份的30%时,继续进行收购的,应当依法向该上市公司的股东发出全面要约或者部分要约。符合一定情形的,收购人可以免于发出要约。②收购人拟通过协议方式收购一家上市公司的股份超过30%的,超过30%的部分,应当改以要约方式进行。符合一定情形的,收购人可以免于发出要约。符合前述规定情形的,收购人可以履行其收购协议;不符合前述规定情形的,在履行其收购协议前,应当发出全面要约。

要约收购的分类如表 4-4 所示。

表 4-4 要约收购的分类

分类方式	名称	内容
按照投资者的主观意愿分类	强制要约	在一定情形下，投资者必须以要约方式进行上市公司收购，即投资者并非出于主观意愿，而是为了履行法律规定的义务。强制要约均为全面要约
	自愿要约	投资者根据其意志，以要约方式向被收购公司股东提出购买其所持上市公司股份。自愿要约可以为全面要约，也可以为部分要约
按照要约求购的股份数量分类	全面要约	投资者向被收购公司所有股东发出收购其所持有的全部股份的要约
	部分要约	投资者向被收购公司所有股东发出收购其所持有的部分股份的要约 无论全部要约还是部分要约，均为向上市公司所有股东发出要约
按照要约发出的时点分类	初始要约	一个投资者已经发出收购要约，其他投资者发出更有竞争力的收购要约，前者为初始要约
	竞争要约	一个投资者已经发出收购要约，其他投资者发出更有竞争力的收购要约，后者为竞争要约

上市公司的协议收购，是指投资者在证券交易场所之外与目标公司的股东（主要是持股比例较高的大股东）就股票价格、数量等方面进行私下协商（相对公开市场而言），购买目标公司的股票，以期达到对目标公司的控股或兼并目的。

从实际操作来看，收购人意图取得上市公司的实际控制权，常见的手段包括：

（1）协议收购不超过 30% 股权。这是最常见的收购方式，指收购人与上市公司原控股股东签署协议收购其所持有的上市公司不超过 30% 的股权，获得控制权，且不触发强制要约收购义务。

（2）协议收购超过 30% 股权但符合豁免要约收购的条件。这是指收购人收购的上市公司原控股股东持有的上市公司股权比例超过 30%，但符合《上市公司收购管理办法》规定的可以豁免要约的情形（例如股份转让是在同一实际控制人控制的不同主体之间进行的、在上市公司面临严重财务困难的情况下收购人提出的挽救公司的重组方案等)。

（3）协议收购超过 30% 股权，同时发出全面要约。如果不具备豁免强制要约的理由，收购人则需发出全面要约。由于该等要约收购只是履行法定义务，并非收购人本意，避免上市公司股东接受要约的要害就在于要约收购价格是否低于市价。只要二级市场股价高于要约收购价格，股东就不会接受要约。如果市场欢迎本起控制权变化，股价会上涨，股东接受要约的可能性就较小。

（4）协议收购不超过 30% 股权，同时发出部分要约收购。这是指收购人在协议收购上市公司原控股股东不超过 30% 股权的同时，主动发起部分要约，约定收购一定比例的股权（例如约定收购占总股本 10% 的股份）。这样，如果部分要约收购成功，收购人将持有上市公司 40% 的股份。如果接受要约的股份数量超过约定数量，则按同等比例收购预受要约的股份（例如计划要约收购 4000 万股，实际接受要约的股份数量为 8000 万股，则每 2 股可以有 1 股被要约收购）。

（5）协议收购不超过 30% 股权，同时继续以"爬行增持"的方式巩固控制权。根据现行监管政策，持股达到 30% 的，每 12 个月内增持不超过 2% 的股份不触及全面要约收购业务。这样，收购人每年可以增持 2%。

（6）主动部分要约收购。这是指收购人直接发起主动部分要约收购，直接指向上市公司控制权。这种情况一般是敌意收购。例如，收购人直接以溢价发出收购要约，收购上市公司 40% 的股权。如果收购成功，收购人就会成为上市公司的控股股东。

（7）间接协议收购。这是指收购人以协议方式收购上市公司控股股东的股权，从而实现间接控制上市公司的目的。

（8）二级市场直接购买。收购人在二级市场直接购买，或者通过大宗交易方式获得上市公司的控制权。除非上市公司股权分散、第一大股东持股比例很低，否则这种方式一般难以单独使用。原因在于，购买 5% 的股票就会触及举牌线，需要公告权益变动报告书，之后每变动5%均要停下来履行上述程序。新《证券法》规定，每增持1%还要公告一次（不需要停止交易），进一步增加了难度。

（9）借壳（重组上市）。这是指收购人将获得上市公司控制权与资产注入结合起来操作，也就构成了一般所说的"借壳"。如果触及证监会《上市公司资产重组管理办法》第13条规定的要件，即构成"重组上市"，需要满足IPO的法定条件并受到严格监管。目前，借壳通常采用上市公司向收购人发行股份购买资产，以"反向收购"的方式实现。

（10）参与上市公司再融资。这是指收购人通过参与上市公司再融资的方式取得上市股权从而控制上市公司。市场上常见的是上市公司以锁价方式非公开发行股份（俗称"锁价定增"），收购人以现金认购足够比例从而直接成为上市公司的控股股东。

（11）表决权代理与放弃表决权。这是指收购人通过上市公司其他股东授予其表决权或者其他股东放弃表决权的方式，实现使收购人表决权比例增加而获得上市公司的控制权。

上面的一些常见方式经常也综合起来操作。例如，协议收购+部分股东放弃表决权、协议收购+参与上市公司锁价定增等。

上市公司重大资产重组

上市公司重大资产重组，指上市公司及其控股或者控制的公司在日常经营活动之外购买、出售资产或者通过其他方式进行资产交易达到规定的比例，导致上市公司的主营业务、资产、收入发生重大变化的资产交易行为。

上市公司重大资产重组主要包括如下资产交易：①上市公司及其控股或者控制的公司在日常经营活动之外购买、出售资产；②与他人新设企业、对已设立的企业增资或者减资；③受托经营、租赁其他企业资产或者将经营性资产委托他人经营、租赁；④接受附义务的资产赠与或者对外捐赠资产。

上述购买或者出售资产，不包括购买原材料、燃料和动力，以及出售产品、商品等与日常经营相关的资产购买或者出售行为，但资产置换中涉及的此类资产购买或者出售行为，仍包括在内。

构成重大资产重组的具体标准（满足之一即可构成）为：购买、出售的资产总额占上市公司最近一个会计年度经审计的合并财务会计报告期末资产总额的比例达到50%以上；购买、出售的资产在最近一个会计年度所产生的营业收入占上市公司同期经审计的合并财务会计报告营业收入的比例达到50%以上；购买、出售的资产净额占上市公司最近一个会计年度经审计的合并财务会计报告期末净资产额的比例达到50%以上，且超过5000万元人民币。

上市公司重大资产重组存在以下情形的须由中国证监会上市公司并购重组审核委员会审核：①根据中国证监会的相关规定构成重组上市的；②上市公司以新增股份向特定对象购买资产的；③上市公司实施合并、分立的；④中国证监会规定的其他情形。

上市公司实施重大资产重组的基本流程如图4-2所示。

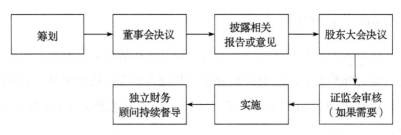

图4-2 上市公司重大资产重组的基本流程

上市公司发行股份购买资产的，可以同时募集部分配套资金，相当于同步进行一次非公开发行。

> **重点提示**
>
> 收购是指与收购上市公司相关的事项，主要涉及公司股权结构的调整，其目标大多指向公司控制权变动，监管核心是股东准入。主要规范是《上市公司收购管理办法》。
>
> 重组是指与上市公司资产重组相关的事项，主要涉及公司资产、负债及业务的调整，其目标是优化公司资产规模和质量、产业或行业属性，监管核心是资产业务准入。主要规范是《上市公司重大资产重组管理办法》。

进一步阅读

[1] 袁钰菲. 并购实战：制度逻辑与方案设计 [M]. 上海：上海财经大学出版社，2018.

[2] 欧阳军，虞正春. 读懂证监会：上市公司重大资产重组反馈意见解析 [M]. 北京：北京大学出版社，2019.

[3] 王骥跃，班妮. 梦想与浮沉：A 股十年上市博弈（2004～2014）[M]. 北京：机械工业出版社，2016.

[4] 江苏省上市公司协会. 上市公司并购重组流程及案例解析 [M]. 2 版. 南京：江苏人民出版社，2016.

[5] 国务院国资委产权管理局投资价值评估课题组. 投资价值评估 [M]. 北京：中国市场出版社，2016.

[6] 刘小玮，张兰田. 资本业务税法指南 [M]. 北京：法律出版社，2018.

[7] 张伟华. 跨境并购的十堂必修课 [M]. 北京：中国法制出版社，2017.

[8] 张伟华. 跨境并购的十堂进阶课 [M]. 北京：中国法制出版社，2017.

第五讲

大变革中的投行业务

第一节 注册制和新《证券法》带来的变革

科创板试行注册制带来的变革和影响

2018年11月5日，习近平总书记在首届中国国际进口博览会开幕式上发表主旨演讲，指出：在上海证券交易所设立科创板并试点注册制，支持上海国际金融中心和科技创新中心建设，不断完善资本市场基础制度。[⊖]

当天，中国证监会指出：在上交所设立科创板是落实创新驱动和科技强国战略、推动高质量发展、支持上海国际金融中心和科技创新中心建设的重大改革举措，是完善资本市场基础制度、激发市场活力和保护投资者合法权益

⊖ 资料来源：《共建创新包容的开放型世界经济——在首届中国国际进口博览会开幕式上的主旨演讲》，新华网 http://www.xinhuanet.com/politics/leaders/2018-11/05/c_1123664692.html，2020年1月31日访问。

的重要安排。科创板旨在补齐资本市场服务科技创新的短板,是资本市场的增量改革,将在盈利状况、股权结构等方面做出更为妥善的差异化安排,增强对创新企业的包容性和适应性。2015年12月全国人大常委会对实施股票发行注册制已有授权,在科创板试点注册制有充分的法律依据。几年来,依法全面从严监管资本市场和相应的制度建设为注册制试点创造了相应条件。同时,注册制的试点有严格的标准和程序,在受理、审核、注册、发行、交易等各个环节都会更加注重信息披露的真实全面,更加注重上市公司质量,更加注重激发市场活力,更加注重投资者权益保护。⊖

2019年3月,中国证监会正式发布设立科创板并试点注册制的主要制度规则。同月,上海证券交易所开始接受发行申请申报材料。2019年7月22日,上交所举行首批科创板公司上市仪式。设立科创板作为资本市场的重大改革措施,进展速度之快,超出预期。

中国证监会明确指出:科创板试点注册制借鉴境外成熟市场的有关做法,将注册条件优化、精简为底线性、原则性要求,实现了审核标准、审核程序和问询回复的全过程公开,体现了注册制以信息披露为核心,让投资者进行价值判断的基本特征与总体方向。

按照科创板注册制的要求,发行人是信息披露第一责任人,负有充分披露投资者做出价值判断和投资决策必需的信息,确保信息披露真实、准确、完整、及时、公平的义务;以保荐人为主的中介机构,运用专业知识和专门经验,充分了解发行人经营情况和风险,对发行人的信息披露资料进行全面核查验证,做出专业判断,供投资者做出投资决策的参考;发行上市审核部门主要通过提出问题、回答问题及其他必要的方式开展审核工

⊖ 资料来源:《证监会负责人就设立上海证券交易所科创板并试点注册制答记者问》,中国证监会官网 http://www.csrc.gov.cn/pub/newsite/zjhxwfb/xwdd/201811/t20181105_346199.html,2020年1月31日访问。

作，目的在于督促发行人完善信息披露内容。发行人商业质量的好坏、股票是否值得投资、股票的投资价格与价值等事项由投资者做出价值判断。股票发行的价格、规模、节奏主要通过市场化的方式，由发行人、保荐人、承销商、机构投资者等市场参与主体通过询价、定价、配售等市场机制加以确定，监管部门不设任何行政性限制。[⊖]

从发行条件看，科创板注册制对发行和上市条件进行了精简、优化，设置了多元、包容的上市条件。其中，在市场和财务条件方面，引入"市值"指标，与收入、现金流、净利润和研发投入等财务指标进行组合，设置了5套差异化的上市指标，可以适应财务表现不一的各类科创企业的上市需求，首次允许符合科创板定位、尚未盈利或存在累计未弥补亏损的企业上市。

从审核机制来看，科创板注册制试点对证监会与上交所在实施股票发行注册的过程中的有关职责做了明确划分。其中，上交所负责股票发行上市审核。上交所受理企业公开发行股票并上市的申请后，主要基于科创板定位，审核判断企业是否符合发行条件、上市条件和信息披露要求。审核工作主要通过向企业提出问题、企业回答问题的方式展开。上交所审核后认为企业符合发行条件、上市条件和信息披露要求的，将审核意见及发行人注册申请文件报送证监会履行发行注册程序。

科创板以信息披露为中心的理念，突出体现在四个方面：①坚持发行人是信息披露的第一责任人。发行人披露的信息对于投资者做出价值判断和投资决策具有重大影响。因此，科创板对发行人的诚信义务和法律责任提出了更高的要求，发行人不仅需要充分披露投资者做出价值判断和投资决策必需的信息，同时还必须保证信息披露真实、准确、完整、及时、公

⊖ 资料来源：《证监会有关负责人就设立科创板并试点注册制有关问题答记者问》，中国证监会官网 http://www.csrc.gov.cn/pub/newsite/zjhxwfb/xwdd/201906/t20190628_358403.html，2020年1月31日访问。

平。②建立了更加全面、深入和精准的信息披露制度体系。科创板结合境外股票发行市场准入的经验得失，对现行的发行条件进行了系统梳理，保留了最基本的发行条件，对于可以由投资者判断的事项逐步转化为信息披露的制度要求。③在发行审核环节，更加关注发行人信息披露的质量。科创板发行审核除了关注信息披露是否真实、准确、完整外，审核的过程、审核的意见也向社会公开，接受社会监督。④在持续信息披露方面，科创板也做出了差异化的安排。科创板结合科创企业的特点，进一步强化了行业信息、核心技术、经营风险、公司治理、业绩波动等事项的信息披露，而对于信息披露量化指标、披露时点、披露方式、暂缓豁免披露商业敏感信息、非交易时间对外发布重大信息等方面，做出更具弹性的制度安排，以保持科创企业的商业竞争力。

科创板建立了以机构投资者为参与主体的询价、定价、配售机制。该机制主要体现在以下几方面：①面向专业机构投资者进行询价定价。考虑到科创板投资者的投资经验和风险承受能力更高，因此科创板取消了直接定价的方式，全面采用市场化的询价定价方式，并将科创板首次公开的发行询价对象限定在证券公司、基金公司等七类专业机构。②充分发挥投资价值研究报告的作用。为进一步发挥主承销商的研究分析能力，科创板借鉴了境内外市场的成熟经验，要求主承销商在询价阶段向网下投资者提供投资价值研究报告。在报告中，主承销商应当坚持独立、审慎、客观的原则，通过阅读招股书、实地调研等方式，对影响发行人投资价值的因素进行全面分析，同时对投资风险进行充分揭示。网下投资者应深入分析发行人信息，发挥专业定价能力，在充分研究并严格履行定价决策程序的基础上理性报价、自主决策、自担风险。③鼓励战略投资者和发行人高管、核心员工参与新股发售。根据境内外的实践经验，向战略投资者配售可以引入市场稳定增量资金、帮助发行人成功发行；发行人的高管与核心员工认购股份，有利于向市场投资者传递正面信号。

基于科创板上市公司的特点和投资者适当性要求,科创板还建立了更加市场化的交易机制。一是在新股上市前5个交易日不设涨跌幅限制,此后涨跌幅限制设定为20%;二是提高每笔最低交易的股票数量,单笔申报数量应当不小于200股;三是根据科创板股票的特点,调整融资融券标的股票的筛选标准;四是在竞价交易的基础上,条件成熟时引入做市商制度;五是引入盘后固定价格交易方式,在每个交易日收盘集合竞价结束后,15:05~15:30期间交易所交易系统按照时间优先顺序对收盘定价申报进行撮合,并以当日收盘价成交。

由此可见,科创板在一系列重要机制设计方面进行了重要变革。其在发行审核机制和发行承销机制方面的变革如图5-1与表5-1所示。

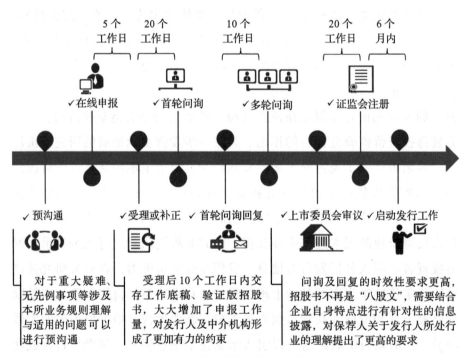

图5-1 科创板审核机制示意图

表 5-1　科创板 IPO 发行承销机制概况

要点	具体内容
定价方式	• 取消了直接定价方式，全面采用市场化的询价定价方式 • 需要披露定价依据
网上网下发行比例	• 全面向网下机构投资者倾斜 • 调高网下初始发行比例，并降低网下初始发行量向网上回拨的力度
网下投资者（询价对象）	• 证券公司、基金管理公司、信托公司、财务公司、保险公司、合格境外投资者和私募基金管理人等专业机构投资者
网上投资者	• 提高了参与门槛： 　– 申请权限开通前 20 个交易日证券账户及资金账户内的资产日均不低于人民币 50 万元（不包括该投资者通过融资融券融入的资金和证券） 　– 参与证券交易 24 个月以上
战略投资者	• 降低了向战略投资者配售的要求，不论规模大小的发行，均可以向战略投资者进行配售 • 战略投资者不参与网下询价，锁定期为 12 个月 • 战略投资者范围：①与发行人经营业务具有战略合作关系或长期合作愿景的大型企业或其下属企业；②具有长期投资意愿的大型保险公司或其下属企业、国家级大型投资基金或其下属企业；③以公开募集方式设立，主要投资策略包括投资战略配售股票，且以封闭方式运作的证券投资基金；④参与跟投的保荐机构相关子公司；⑤发行人的高级管理人员与核心员工参与本次战略配售设立的专项资产管理计划
配售原则	• 不低于网下发行股票数量的 50% 优先向公募基金、社保基金和养老金配售，安排一定比例的股票企业年金基金和保险资金配售 • 对网下投资者进行分类配售的，同类投资者获得配售的比例应当相同。公募基金、社保基金、养老金、企业年金基金和保险资金的配售比例应当不低于其他投资者
保荐机构	• 参与方式：保荐机构或其母公司设立的另类投资子公司 • 使用资金：自有资金 • 限售期：24 个月 • 跟投比例：2%～5%。①发行规模不足 10 亿元的，跟投比例为 5%，但不超过人民币 4000 万元；②发行规模在 10 亿元以上、不足 20 亿元的，跟投比例为 4%，但不超过人民币 6000 万元；③发行规模在 20 亿元以上、不足 50 亿元的，跟投比例为 3%，但不超过人民币 1 亿元；④发行规模在 50 亿元以上的，跟投比例为 2%，但不超过人民币 10 亿元

(续)

要点	具体内容
高管与核心员工	● 参与方式：专项资管计划 ● 配置比例：不得超过发行股票数量的 10% ● 持有期限：不少于 12 个月
超额配售选择权（绿鞋机制）	● 超额配售比例：不超过首次公开发行股票数的 15%，需与参与超额配售并同意做出延期交付股份安排的投资者达成协议 ● 行权期限与价格：上市 30 个自然日内，主承销商有权使用超额配售股票募集的资金，从二级市场以不高于发行价的价格买入；未购买发行人股票或者购买发行人股票数量未达到全额行使超额配售选择权拟发行股票数量的，可以要求发行人按照发行价格增发股票。主承销商不得在"绿鞋"操作中卖出为稳定股价而买入的股票 ● 交付时限与内容：在超额配售选择权行使期届满或者累计购回股票数量达到采用超额配售选择权发行股票数量限额的 5 个工作日内，根据超额配售选择权行使情况，向发行人支付超额配售股票募集资金，向同意延期交付股票的投资者交还股票 ● 主承销商在二级市场上买入股票获取的"价差"需上交纳入证券投资者保护基金

总体上讲，设立科创板并实施注册制将审核责任、中介责任、发行人责任前重后轻配置改变为前轻后重配置，重新构建市场责任体系；将行政指导定价改变为建立以机构投资者为主体的买方市场协商定价，重新构建定价体系；将以行政审核为重点"大而全"的信息披露要求改变为以由投资者价值判断为中心"精而实"的信息披露要求，重新构建信息披露体系。因此，注册制对市场生态的重塑，对投资银行产生了重大而直接的影响。

其一，要求投资银行回归本质，提升风险定价核心能力。科创板的多元化上市标准、市场化发行定价、差异化交易机制以及保荐人跟投等一系列制度，对证券公司的资产定价能力、投资研究能力、保荐承销能力等提出了更高的要求。投资银行业务必须加快专业化转型，适应注册制环境下投行业务的新要求，提升市场化的承销能力和定价能力。在此基础上，投资银行也有可能从单纯倚赖牌照优势转向打造全生命周期的"大投行"体系，在综合竞争力基础上实现全产业链协同和价值延伸。

其二，要求证券公司统筹协调业务资源，推进建立一体化的全业务链投行体系。在科创板的规则体系下，一方面，投行业务的开展不能脱离公司整个业务体系而单独运行。另一方面，投行业务也可能成为连接券商各项业务的"牛鼻子"之一。证券公司需要建立投行、研究、投资、资管、经纪等一体化的综合金融服务体系，构建起全业务链投行的核心竞争力。

其三，投资银行以合规风控为生命线，建立全面的风险管理体系。投资银行的合规运营和风险管控是投资银行业务的立身之本。科创板的设立和注册制的试点对于券商的合规、风控、内核、稽核等都提出了全新的要求，进一步加剧了强化合规风控体系的紧迫性。投资银行始终以合规风控为生命线，建立适应注册制要求的全面风险管理体系。

其四，投资银行必须建立适应市场需要和自身特色的差异化发展思路，形成比较竞争优势。除了头部券商进一步强化竞争优势，一些投资银行也通过部分业务先行突破、聚焦部分地域、建立创新服务品牌、通过金融科技建立竞争优势等方式进行突破。科创板和注册制将加大券商的竞争强度，同时也为券商走差异化发展的道路创造了更大的空间。

这里仅以定价方式变化和强制"跟投"制度为例进行具体说明。

科创板首次公开发行股票由证券公司、基金管理公司等七大专业机构投资者以询价的方式确定股票发行价格，并要求证券公司提供投资价值研究报告，提供询价估值锚点。这种更加市场化的询价机制，取消了原来23倍市盈率的定价上限限制，赋予市场更大的定价权，这对证券公司的定价能力、研究能力提出了更高的要求。

《上海证券交易所科创板股票发行与承销实施办法》规定"主承销商应当向网下投资者提供投资价值研究报告，并遵守中国证券业协会关于投资价值研究报告的相关规定"。《上海证券交易所科创板股票发行与承销业务指引》则进一步规定，"初步询价结束后，发行人和主承销商确定的发行价格（或者发行价格区间中值）不在主承销商出具的投资价值研究报告所明确的估值区间范围内的，发行人和主承销商应当向本所说明理由及各类网下投资者报价与上述估值区间的差异情况。本所将上述情况通报中国证券业协会。"上述规定考验的是券商研究的专业性与独立性，券商必须平衡兼顾好发行人和投资者的利益。

为了保障上述发行人与投资者的利益平衡机制，科创板在制度设计上创新性地提出了券商的强制"跟投"。保荐机构相关子公司必须按照股票发行价格认购发行人首发规模的 2%～5%，锁定期为 24 个月。在这一制度下，投资银行与被保荐上市公司的利益被长期绑定在一起，有助于发行定价时做出更合理的定价，同时对投资银行的风险识别、研究定价能力和资本实力提出了更高要求，使之必须加强投前尽调、投中控制和投后管理等一系列工作。

《上海证券交易所科创板股票发行与承销实施办法》明确规定："科创板试行保荐机构相关子公司跟投制度。发行人的保荐机构依法设立的相关子公司或者实际控制该保荐机构的证券公司依法设立的其他相关子公司，参与本次发行战略配售。"《上海证券交易所科创板股票发行与承销业务指引》对细节做了进一步的规定：①保荐机构相关子公司跟投使用的资金应当为自有资金，中国证监会另有规定的除外。②跟投比例系发行人首次公开发行股票数量的 2%～5%，具体比例根据发行人首次公开发行股票的规模分档确定：发行规模不足 10 亿元的，跟投比例为 5%，但不超过人民币 4000 万元；发行规模在 10 亿元以上、不足 20 亿元的，跟投比例为 4%，但不超过人民币 6000 万元；发行规模在 20 亿元以上、不足 50 亿元的，跟投比例为 3%，但不超过人民币 1 亿元；发行规模在 50 亿元以上的，跟投比例为 2%，但不超过人民币 10 亿元。③参与配售的保荐机构相关子公司应当承诺获得本次配售的股票持有期限为自发行人首次公开发行并上市之日起 24 个月。

对此制度，中国证监会专门进行了说明：科创板试行注册制，强调以信息披露为中心，充分发挥市场自我约束机制的作用。但是现阶段我国资本市场仍以中小投资者为主，机构投资者数量相对较少、定价能力不足，在适应科技创新企业信息披露理解难度大、定价难度高等方面，无论是中小投资者还是机构投资者都需要一个过程。在科创板设立初期，有必要进一步强化保荐、承销等市场中介机构的鉴证、定价作用，以便形成有效的相互制衡机制。为此，科创板参考韩国科斯达克（KOSDAQ）市场的现有实践，引入了保荐"跟投"制度，加大保荐机构的把关责任。在操作安排方面，一是"跟投"主体应为保荐机构相关子公司；二是保荐机构相关子公司跟投的资金来源应为自有资金；三是参与配售的保荐机构相关子公司应当开立专用证券账户存放获配股票；四是"跟投"认购的股份有 24 个月的锁定期。[⊖]

从中国过去 IPO 业务的实践来看，保荐机构在执业过程中可能会存在重过去、轻未来，或是只保发行人高价发行、不保投资者利益的现象，而跟投机制恰恰使得保荐机构、企业、投资者三者利益相互捆绑，进而起到从保荐、发行承销再到持续督导整个环节全方面约束保荐机构的作用。据统计，在全球主要资本市场上，发行首日即跌破发行价的比例为近 50%。这意味着如果发行人的发行价格大幅高于市场预期，证券公司就可能面临亏损。

同时，证券公司的投资银行和相关子公司（一般是证券公司控股的另类投资子公司）在业务上相互独立，拥有着不同的决策机制及考核机制，再加上合规、风控等多方面要求，事实上对证券公司内部的协同和运作模式提出了更高的要求。

2020 年 4 月 27 日，中国证监会就创业板改革并试点注册制相关规范性文件向社会公开征求意见。

⊖ 资料来源：《证监会有关负责人就设立科创板并试点注册制有关问题答记者问》，中国证监会官网 http://www.csrc.gov.cn/pub/newsite/zjhxwfb/xwdd/201906/t20190628_358403.html，2020 年 1 月 31 日访问。

本次创业板注册改革，中国证监会强调把握好"一条主线""三个统筹"。"一条主线"，即实施以信息披露为核心的股票发行注册制，提高透明度和真实性，由投资者自主进行价值判断，真正把选择权交给市场。"三个统筹"，一是统筹推进创业板改革与多层次资本市场体系建设，坚持创业板与其他板块错位发展，推动形成各有侧重、相互补充的适度竞争格局；二是统筹推进试点注册制与其他基础制度建设，实施一揽子改革措施，健全配套制度；三是统筹推进增量改革与存量改革，包容存量，稳定存量上市公司和投资者预期。

改革后创业板的定位是，深入贯彻创新驱动发展战略，适应发展更多依靠创新、创造、创意的大趋势，主要服务成长型创新创业企业，支持传统产业与新技术、新产业、新业态、新模式深度融合。基于板块定位和创新创业企业的特点，优化创业板首次公开发行股票条件，制定更加多元、包容的上市条件。在试点注册制安排方面，参照科创板的做法，在坚持规范、透明、公开，严把质量关的基础上，将审核注册程序分为交易所审核、证监会注册两个相互衔接的环节。创业板再融资、并购重组涉及证券公开发行的，与IPO同步实施注册制。

本次改革对创业板市场基础制度做了完善。一是构建市场化的发行承销制度，对新股发行定价不设任何行政性限制，建立以机构投资者为参与主体的询价、定价、配售等机制。二是完善创业板交易机制，放宽涨跌幅限制，优化转融通机制和盘中临时停牌制度。三是构建符合创业板上市公司特点的持续监管规则体系，建立严格的信息披露规则体系并严格执行，提高信息披露的针对性和有效性。四是完善退市制度，简化退市程序，优化退市标准。

新《证券法》实施带来的长远影响

2019年12月28日，第十三届全国人大常委会第十五次会议审议通过了修订后的《中华人民共和国证券法》，将于 2020 年 3 月 1 日起施行。

自《证券法》于 1998 年 12 月 29 日通过后，已经历了三次修正和一次修订。①这是第二次大的修订。本次《证券法》修订，历时六年，且罕见地经历人大常委会"四读"。本次修订前的《证券法》一共 240 条，本次共修改 166 条、删除 24 条、新增 24 条。

证监会指出，本次《证券法》修订，进一步完善了证券市场的基础制度，为证券市场全面深化改革落实落地，促进证券市场服务实体经济功能发挥，打造一个规范、透明、开放、有活力、有韧性的资本市场，提供了坚强的法治保障，具有非常重要而深远的意义。②

本次《证券法》修订，主要在 10 个方面完善了证券市场的基础制度。其一是全面推行证券发行注册制度。在总结上海证券交易所设立科创板并试点注册制经验的基础上，新《证券法》按照全面推行注册制的基本定位，对证券发行制度做了系统的修改、完善。

其二是显著提高证券违法、违规的成本。新《证券法》不仅大幅加大对证券违法行为的处罚力度，还对证券违法民事赔偿责任做了完善。如，规定了发行人等不履行公开承诺的民事赔偿责任，明确了发行人的控股股东、实际控制人在欺诈发行、信息披露违法中的过错推定、连带赔偿责任等。

其三是完善投资者保护制度。新《证券法》设专章规定了投资者保护制度：区分普通投资者和专业投资者，有针对性地做出投资者权益保护安排；建立上市公司股东权利代为行使征集制度；规定债券持有人会议和债券受托管理人制度；建立普通投资者与证券公司纠纷的强制调解制度；完

---

① 法律的修正是指法定机关对法律的部分条款进行的修改，是局部的或者个别的修改。法律的修订则是指法定机关对法律进行全面的修改，是整体的修改。

② 资料来源：《完善证券市场基础制度 保障资本市场改革发展——中国证监会祝贺中华人民共和国证券法修订通过》，中国证监会官网 http://www.csrc.gov.cn/pub/newsite/zjhxwfb/xwdd/201912/t20191228_368688.html，2020 年 1 月 31 日访问。

善上市公司现金分红制度。

尤其值得关注的是，为适应证券发行注册制改革的需要，新《证券法》探索了适合我国国情的证券民事诉讼制度，规定投资者保护机构可以作为诉讼代表人，按照"明示退出""默示加入"的诉讼原则，依法为受害投资者提起民事损害赔偿诉讼。

其四是进一步强化信息披露要求。新《证券法》设专章规定信息披露制度：扩大信息披露义务人的范围；完善信息披露的内容；强调应当充分披露投资者做出价值判断和投资决策必需的信息；规范信息披露义务人的自愿披露行为；明确上市公司收购人应当披露增持股份的资金来源；确立发行人及其控股股东、实际控制人、董事、监事、高级管理人员公开承诺的信息披露制度等。

其五是压实中介机构市场"看门人"的法律职责。规定证券公司不得允许他人以其名义直接参与证券的集中交易；明确保荐人、承销的证券公司及其直接责任人员未履行职责时对受害投资者应承担的过错推定、连带赔偿责任；加大证券服务机构未履行勤勉尽责义务的违法处罚幅度，由原来最高可处以业务收入5倍的罚款，提高到10倍，情节严重的，并处暂停或者禁止从事证券服务业务等。首次明确，发行人因欺诈发行、虚假陈述或者其他重大违法行为给投资者造成损失的，发行人的控股股东、实际控制人、相关的证券公司可以委托投资者保护机构，就赔偿事宜与受到损失的投资者达成协议，予以先行赔付。

其六是完善证券交易制度。优化有关上市条件和退市情形的规定；完善有关内幕交易、操纵市场、利用未公开信息的法律禁止性规定；强化证券交易实名制要求；完善上市公司股东减持制度；规定证券交易停复牌制度和程序化交易制度；完善证券交易所防控市场风险、维护交易秩序的手段措施等。

其七是落实"放管服"要求取消相关行政许可。包括取消证券公司董事、监事、高级管理人员任职资格核准；调整会计师事务所等证券服务机构从事证券业务的监管方式，将资格审批改为备案；将协议收购下的要约收购义务豁免由经证监会免除，调整为按照证监会的规定免除发出要约等。

其八是建立健全多层次资本市场体系。将证券交易场所划分为证券交易所、国务院批准的其他全国性证券交易场所、按照国务院规定设立的区域性股权市场三个层次；规定证券交易所、国务院批准的其他全国性证券交易场所可以依法设立不同的市场层次；明确非公开发行的证券，可以在上述证券交易场所转让；授权国务院制定有关全国性证券交易场所、区域性股权市场的管理办法等。

其九是强化监管执法和风险防控。明确了证监会依法监测并防范、处置证券市场风险的职责；延长了证监会在执法中对违法资金、证券的冻结、查封的期限；规定了证监会为防范市场风险、维护市场秩序采取监管措施的制度；增加了行政和解制度、证券市场诚信档案制度；完善了证券市场禁入制度，规定被市场禁入的主体，在一定期限内不得从事证券交易等。

其十是扩大《证券法》的适用范围。将存托凭证明确规定为法定证券；将资产支持证券和资产管理产品写入《证券法》，授权国务院按照《证券法》的原则规定资产支持证券、资产管理产品发行、交易的管理办法。同时，考虑到证券领域跨境监管的现实需要，明确在我国境外的证券发行和交易活动，扰乱我国境内市场秩序，损害境内投资者合法权益的，依照证券法追究法律责任等。

综合起来，新《证券法》对投行业务最大的影响在于两个方面：其一是全面实施注册制；其二是完善各项制度，强化中介机构的责任，显著提高违法、违规的成本。

在本次《证券法》修订的三审稿上，"证券发行"一章由"一般规定"

和"科创板注册制的特别规定"组成,"一般规定"仍然规定的是核准制。正式稿对此进行了修改,按照全面推行注册制的基本定位规定证券发行制度,不再规定核准制。从"核准制是常态,注册制是特别"变成了"注册制是常态",这是一个重大转变。当然,新《证券法》也授权国务院对证券发行注册制的具体范围、实施步骤进行规定,为有关板块和证券品种分步实施注册制留出了空间。

与这个相匹配的,就是责任与惩罚的大力加重。前面分析的新《证券法》十大变化,第二~六条实际上都是在说这个事。通过完善投资者保护、强化信息披露要求、优化退市制度等,就是要一方面压实中介机构市场"看门人"的法律职责,一方面显著提高证券违法、违规的成本。

本节前面在分析科创板试行注册制的影响时,就已经分析,其既是投资银行整个核心能力、业务模式的重构,也要求投资银行加大质控与风控体系建设。新《证券法》的出台,并于2020年3月起实施,不仅使前面一方面影响,即对业务的冲击变得更快、更迫切,而且后面一方面直接通过责任与处罚的加大,给投资银行戴上了"金箍"。一旦违规,它们将承担比过去严厉得多的民事责任与行政责任,不仅经济处罚和民事赔偿的可能性与数额成倍甚至数倍增加,而且"饭碗"不保。

在这里,我也有一个猜想。在注册制强化投资银行定价销售核心功能和法律责任大幅加大的背景下,融资业务的模式有可能生变,承销与保荐职能有可能实现分离。

在过去的保荐项目,特别是IPO业务中,发行环节无须实质性销售能力,导致投行的主要工作在于项目承做。一方面需要对发行人进行辅导促其规范,要勤勉尽责,确保申报材料的真实、准确、完整;另一方面对发行人的盈利能力及其持续性进行实质判断,发表专业意见。在这些工作基础上,投行业务的主要价值就是通过中国证监会审核,领取发行批文。

今后,随着注册制的全面实施和完全实施,券商保荐与承销的职能将进一步分工明确。保荐职能以信息披露为核心，要求在详细了解发行人状况、确保其满足基本发行条件的基础上全面揭示风险。承销职能随着发行定价的市场化被大大强化，项目是否能够完成销售和能够获得什么样的销售价格，将会出现很大的差别。保荐机构承担的主要是监管风险和信息披露、自身保荐工作是否勤勉尽责的法律责任。承销机构承担的则是市场风险。

这将促使整个投行业务模式发生较大改变。保荐与承销职能逐渐分离，融资业务的重心亦由项目承做向销售迁移。主承销商获得的承销费收入将远远大于保荐机构获得的保荐费。如果有多家投资银行联合主承销，各家将主要依据销售的结果来分配承销费收入。最终，具有市场竞争力的投资银行将把主要精力放在定价销售上，而选择把收入少、责任大的保荐职责"外包"给没有竞争力的投资银行。没有能力获得项目的投资银行有可能变成从事"低附加值""重责任"工作的"投行民工"。

> **重点提示**
>
> 设立科创板并试行注册制对投资银行产生了重大而直接的影响，要求投行提升风险定价核心能力，推进建立一体化的全业务链投行体系，同时要强化合规风控，建立全面风险管理体系。
>
> 新《证券法》对投行业务最大的影响在于两个方面：其一是全面实施注册制；其二是完善各项制度，强化中介机构责任，显著提高违法违规成本。这使投资银行应对整体业务模式冲击的需求变得更为迫切。

> **进一步阅读**
>
> 国泰君安证券股份有限公司. 科创板与注册制：一场伟大的变革 [M]. 上海：上海财经大学出版社，2019.

第二节 从"中国式投行"回归本位

"中国式投行"的两个特点

如果在中国从事投行业务之前,我们看过一些介绍成熟市场投资银行运作的书,就会在入行后发现两者间的差别很大。随着境外成熟市场的投资银行产品更多的引入,我们会发现,干的似乎是同样的事,运作模式却有天壤之别。

2020年正好是中国证券市场创建30周年。我把这30年里面,大部分内地投资银行在大部分时间内的运行模式称为"中国式投行"。

"中国式投行"有两个显著特点。第一个特点是,投资银行既为发行人服务,也为监管服务,甚至首先为监管服务。通过审核是投资银行工作的首要出发点。

在监管导向上,发行监管部门基于对融资者(发行人)诚信和市场有效运行能力的不信任,一直对较多的投资银行产品采用实质性审核的方式。既然是实质性审核,审核结果就具有很大的不确定性,那么通过审核就是投资银行最重要的事。

尽管监管部门一直重申其审核结果不代表对发行人投资价值的判断,但实际上是不希望审核有"漏网之鱼",不希望出现造假、业绩"变脸"等现象。为了避免这种现象发生,或者说为了避免"审核失效"的后果,要求投资银行不能仅为发行人的利益服务,而是首先担当审核功能的助手。这使得投资银行的工作目的不仅是发现发行人的价值,而且是通过尽调核实发行人的基本情况,甚至成为会计师、律师工作的复核者。

这种审核助手的要求不仅体现在我们熟悉的IPO、上市公司再融资项目的保荐上,在并购重组财务顾问业务上也是如此。例如,上市公司并购资产是非常复杂的资本运作行为,需要投资银行的专业服务,以便设计出更好的交易结构、达成更合理的协议、更好地完成交易后的整合。但在目前的监管框架下，投资银行的角色被设计成"独立"财务顾问，而非国外常规的买方与卖方顾问。也就是说，投资银行不是完全出于上市公司的自身利益，而是被要求首先站在公众的角度来"监督和审视"这个交易，实际上还是要应实质性审核的要求，成为审核的参与者。这样就容易导致并购交易重审核而轻交易，重监督而轻整合，并不一定有利。

由于是实质性审核，必然有大量的政策性要求，窗口指导是没有明文规定且时时变化的。这个时候，充当监管部门助手的另外一个职能就体现在要向发行人和其他中介机构传递监管理念和这些政策性要求，并在工作中予以体现。能否通过各种渠道掌握一些市场还不周知的政策，或者通过对既往案例、当前风向的总结来把握监管态度，成为投资银行"专业性"和业务能力高低的重要体现。

当然，投资银行也获得了这种实质性审核的好处。其一是体现在 IPO 的"发行溢价"上。股票不愁卖，成熟市场投资银行最重要的估值定价和销售能力毫无用武之处。干财务、法律工作肯定比干高水平的研究和估值定价工作简单。对于很多投行人员来说，投行的工作已经简化为只要懂得法律和财务知识，对照着监管部门的要求进行尽职调查，然后按照模板出具相应的文件就可以了。

其二是"通道溢价"，或者说牌照溢价。这造成两个后果。第一个后果是投资银行只愿意做有牌照价值的项目，靠通过审核挣钱。第二个后果是根据审核的复杂程度而不是事情本身的复杂程度来给投行项目"定价"。以 IPO、再融资、上市公司资产重组、收购上市公司这四项业务举例。如果从纯粹投行技术难度的标准看，IPO 相对最简单，因为其是发行人一方单向程序化的工作，而且在当前情况下基本不需要销售。再融资难一些，虽然也是单向程序化的工作，但发行要接受市场考验。上市公司资产重组要再难一些，因为其是双向交易主体博弈，还有交易撮合、方案设计和后续整合等工作。最难的应该是收购上市公司，因为其可能是多向主体博弈，涉及的因素也可能更复杂。实际上，在目前的环境下，大家普遍认为的难度却是完全相反的，收费也是完全反向的。IPO 的收费远远高于并购重组的收费。造成这一现象的唯一原因是从监管审核难度来看，IPO 远大于再融资，再融资远大于上市公司资产重组，而收购上市公司不需要审核或者最简单。

在"中国式投行"使投行成为监管助手的模式下，中国的投行业务人员往往并不需要成熟市场投行人员的那些技能，而只是一个"会计师 + 律师"的堆砌体，主要从事"尽调业"。"中国式投行"使投行从业人员的技能被"变异"的同时，也得益于监管的牌照与资格保护。

"中国式投行"的第二个特点是，投资银行业务虽然是证券公司的主要业务之一，但很多投资银行的运作却"脱离"证券公司独立存在。

这里的"脱离"有两层意思：其一是机构的脱离，其二是业务的脱离。

机构的脱离不是指形式上，而是指实质意义上的。在相当长一段时间内，很多中小投资银行与其所在的证券公司之间的关系是一种"包干制"的关系。具体模式多样，总体上又分成两种模式。一种为"大包干"，证券公司不承担投资银行团队的任何成本费用，投资银行团队获得收入后取得收入的绝大部分用于覆盖其成本费用，剩下的均为其奖金。在这种模式下，证券公司与投资银行之间的关系实质是一种"租借"牌照的关系。另外一种为"小包干"，证券公司会承担部分成本费用，投资银行团队自负盈亏，投资银行团队获得项目收入后与证券公司按一定比例分配。

2018 年颁布的《证券公司投资银行类业务内部控制指引》第二十八条明确规定，证券公司不得以业务包干等承包方式开展投资银行类业务，或者以其他形式实施过度激励。

如果说机构的脱离只是部分现象，而且已经被明确禁止，业务的脱离则是普遍的现象。这是指很多证券公司的投资银行业务在实际上脱离公司的其他业务而独立运行。

当然也必须承认，分析任何现象，都不能脱离产生它的土壤和特定的时空背景。中国证券市场的诞生和发展有其特殊的背景与历史轨迹，"中国式投行"正是诞生在这一"新兴＋转轨"的市场环境中的。

党和国家已经给予了中国资本市场以极高的定位，注册制的全面实施也箭在弦上。我们相信，全面、彻底地实施注册制之时，也就是"中国式投行"真正"寿终正寝"之时。

投行业务回归价值发现功能

这个回归是针对前述"中国式投行"的第一个特点而言的。随着资本市场改革的深入和科创板试点注册制，投资银行回归价值发现功能的趋势已经开始显现。

中国证监会明确指出：科创板试点注册制借鉴境外成熟市场的有关做法，将注册条件优化、精简为底线性、原则性要求，实现了审核标准、审核程序和问询回复的全过程公开，体现了注册制以信息披露为核心，让投资者进行价值判断的基本特征与总体方向。按照科创板注册制的要求，发行人是信息披露第一责任人，负有充分披露投资者做出价值判断和投资决策所必需的信息，确保信息披露真实、准确、完整、及时、公平的义务；以保荐人为主的中介机构，运用专业知识和专门经验，充分了解发行人的经营情况和风险，对发行人的信息披露资料进行全面核查验证，做出专业判断，供投资者做出投资决策的参考；发行上市审核部门主要通过提出问题、回答问题及其他必要的方式开展审核工作，目的在于督促发行人完善信息披露内容。发行人商业质量的好坏、股票是否值得投资、股票的投资价格与价值等事项由投资者做出价值判断。股票发行的价格、规模、节奏主要通过市场化的方式，由发行人、保荐人、承销商、机构投资者等市场

参与主体通过询价、定价、配售等市场机制加以确定，监管部门不设任何行政性限制。○

上面一段话已经明确指出，发行上市审核部门主要通过提出问题、回答问题及其他必要的方式开展审核工作，目的在于督促发行人完善信息披露内容。发行人商业质量的好坏、股票是否值得投资、股票的投资价格与价值等事项由投资者做出价值判断。

随着科创板注册制改革的进一步深化○以及注册制在中国资本市场全面推开，投资银行的功能定位将进一步明确。投资银行不再是监管部门的助手，而首先是企业价值的发现者，投资银行的工作也不再仅是尽调和撰写材料。

与监管部门审核方式与定位的改变相一致，随着注册制的相关配套发行制度进一步发挥作用，均有利于投行回归定价和销售的本源功能。如何确定发行时机、如何给出买卖双方满意的价格、能否发行成功，都取决于投行的研究能力、定价能力、机构分销能力和资本实力等。发行企业更愿意为差异化的能力付费，投资银行之间也从单纯审核通过率的比拼回归专业性与资本实力的比拼。

○ 资料来源：《证监会有关负责人就设立科创板并试点注册制有关问题答记者问》，中国证监会官网 http://www.csrc.gov.cn/pub/newsite/zjhxwfb/xwdd/201906/t20190628_358403.html，2020年1月31日访问。

○ 根据前文所引《证监会有关负责人就设立科创板并试点注册制有关问题答记者问》，证监会也指出："考虑到我国证券市场发展时间比较短，基础制度和市场机制尚不成熟，市场约束力量、司法保障机制等还不完善，科创板注册制仍然需要负责股票发行注册审核的部门提出一些实质性要求，并发挥一定的把关作用。一是基于科创板定位，对发行申请人的行业类别和产业方向提出要求。二是对于明显不符合科创板定位、基本发行条件的企业，证券交易所可以做出终止发行上市审核决定。三是证监会在证券交易所审核同意的基础上，对发行审核工作以及发行人在发行条件和信息披露要求的重大方面是否符合规定做出判断，对于不符合规定的可以不予注册。今后，随着投资者逐步走向成熟，市场约束逐步形成，诚信水平逐步提高，有关的要求与具体做法将根据市场实践情况逐步调整和完善。"

投行业务回归"投资银行"的投行业务

这个回归是针对前述"中国式投行"的第二个特点而言的。投行业务将由过去的长期游离于整个证券公司业务体系之外,变成离不开公司,必须依托公司整体平台和其他业务来发展,进而还有可能成为驱动公司业务发展的重要引擎。

广义的投资银行就是指证券公司。从这个意义上讲,投行业务回归本位,也就是说投行业务成为"投资银行"(证券公司)的投行业务。

早年的投资银行,除了少数超大型券商依托公司整体的品牌和平台来承接大型业务,不存在投资银行业务与整个公司脱离的情况外,大部分投行的通常作业模式是"师傅"带"徒弟",搞小团体主义,投资银行从业人员个人凭借自己的人脉关系和业务经验挣钱吃饭,于是包干制盛行。很多证券公司的投资银行就是若干个个体户团队凑合在一起。这样的状态,会产生很多问题。

第一个问题是证券公司对投行的风险管控不力。一些小团队为了业务开展容易铤而走险。第二个问题是投资银行业务与公司其他业务的协同很少。第三个问题是这些小团队对证券公司没有归属感,团队容易集体"转会"到开价高的其他证券公司。

2018年发布的《证券公司投资银行类业务内部控制指引》把投资银行业务的风险控制分为三道防线,强制规定其中第三道防线即公司内核必须脱离投资银行业务条线。这打响了证券公司介入投资银行业务管控的第一枪。

如果说投资银行业务的风控不再单纯由投行自己决定,而被证券公司介入是被动接受监管的强制要求,那么随着最近几年投资银行业务竞争日趋激烈,以及科创板试行注册制的催化,投资银行离不开证券公司整体平台,必须依托公司整体和其他业务的协同来发展,已经成为投资银行界的共识。

大家普遍认识到，投行业务发展到现在的阶段，简单依靠"个人英雄主义"的时代已经一去不复返了，投行要在竞争中取胜，更重要的是利用整体资源整合优势。例如，投行要提升定价能力和销售能力，那么证券公司的卖方研发实力和销售交易团队的能力就至关重要。在美国投资银行中，投资银行部门和研发、销售交易就是同在"卖方"（sell side）奋战。又如，科创板要求保荐机构须以自有资金强制"跟投"，很多信用债投资者要求证券公司自营资金参与投资其投行主承销的一些销售困难的债券作为风险保障措施等，都要求证券公司有强大的资本实力。

总体来讲，证券公司的综合竞争力和资本实力正在成为决定证券公司投行业务拓展空间的关键要素之一。证券公司不能成为"头部"证券公司，投行也绝不可能成为"头部投行"。

在投行业务不能脱离公司整个业务体系而单独运行的同时，有竞争力的投资业务银行也会在证券公司的体系内获得日趋重要的地位。投行业务也可能成为连接券商各项业务的"牛鼻子"之一。在合规前提下，投行业务向其他业务条线输出客户、基础资产和业务机会的能力和水平，也将影响到证券公司的盈利水平和发展潜力。

投资银行机构与业务模式重构

随着投资银行全面告别"中国式投行"，回归投行价值发现本源，并且在证券公司整体业务体系中实现发展的趋势愈发明显，投资银行必须加快探索机构与业务模式重构，建立全产业链投行服务模式，充分发挥证券公司的综合服务优势与协同效应，为客户提供全生命周期投融资服务，在不同阶段提供一揽子金融服务。投资银行生态圈服务如图5-2所示。

第五讲　大变革中的投行业务　139

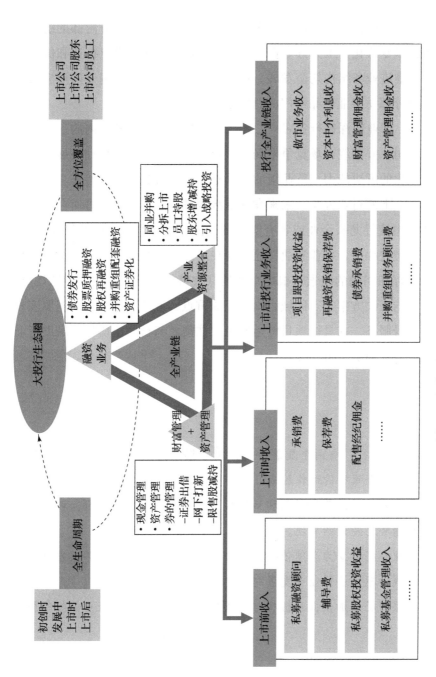

图 5-2　投资银行生态圈服务示意图

为实现上述目标，投资银行必须积极探索投资银行业务内部的组织架构变革，以专业化分工为方向重构业务团队设置，聚焦重点行业和优势产业，持续推进业务结构均衡发展。目前，大型投行已经普遍开始形成行业组+区域分部+专业产品部门的总体架构。

其中，行业组深耕行业客户，每个组至少覆盖行业领域内的一两家龙头上市公司，并围绕市场竞争格局、产业链分布做深度延伸和拓展，形成行业专业化的解决能力。行业组的一项重要工作就是对行业特征、市场竞争格局、上下游行业分布、未来发展趋势等进行总结归纳，进而在不同的细分领域中搜寻龙头企业或者有潜力的企业，以之作为潜在的目标客户。在项目承做过程中，行业专业性还体现在通过与同行业的对比分析，寻找企业可能存在问题的线索；根据行业的共性特征，结合企业的特殊情况，给出具体的解决方案等。区域组则要完成重点区域的业务覆盖，网罗客户及提供贴身服务，在具体项目的运作上往往需要与行业组协作，借助行业组的专业力量提供解决方案。

> **重点提示**
>
> "中国式投行"有两个显著特点：投资银行为监管服务，成为监管的助手；很多投资银行的运作脱离证券公司而独立存在。
>
> 随着资本市场改革的深入和科创板试点注册制，投资银行回归价值发现功能的趋势已经开始显现。
>
> 投行业务将转变为必须依托证券公司整体平台和其他业务来发展，进而有可能成为驱动公司业务发展的重要引擎。
>
> 投资银行必须加快探索机构与业务模式重构，建立全产业链投行服务模式。

> **进一步阅读**
>
> 王骥跃. 科创板之道 [M]. 北京：中国法制出版社，2019.

第三节　中国投资银行业的核心竞争力

在相当长一段时间内，中国的投资银行业主要处于同质化竞争的阶段，单打独斗式的个人英雄主义或者小团队运作也具备较强的竞争力。

随着市场的发展和竞争的加剧，一些投资银行开始充分依托所在证券公司的品牌和资源来加速发展，竞争优势开始凸显。它们充分利用所在证券公司的品牌效应，来获得客户信任。它们充分利用证券公司的资源，来打造系统性的承揽能力。这些资源主要包括：第一，证券公司的资本，有助于解决客户的资金需求并有利于发行；第二，证券公司的分支机构与渠道，有助于"下沉"和贴身服务以获得客户；第三，证券公司的卖方研发实力，有助于更好地发掘客户价值和提升客户市值。中国投资银行业务市场的集中化、头部化趋势也开始显现。根据 Wind 资讯数据，2019 年度股权融资方面，前 10 家证券公司主承销金额合计占比为 74.39%；主承销家数合计占比为 54.83%。在债券融资方面，2019 年前 10 家证券公司主承销金额合计占比 61.72%；主承销家数合计占比为 44.16%。

伴随中国资本市场的高定位和注册制改革的全面推开，中国的投资银行业开始进一步回归本位，包括回归价值发现基本功能和回归证券公司的业务体系。在这个背景下，所有投资银行都必须全方位塑造资本、协同、定价、销售、风控、科技六大核心竞争力，以实现投行的业务与机构重塑，建设有强大竞争力的投行。而且，随着竞争的进一步加剧，这些能力将从少数投资银行获得竞争优势的手段变为所有投资银行生存的基本要求。

资本实力与协同能力

第一个核心竞争力是资本实力。

资本实力是投行业务拓展业务空间的关键要素。就整个证券公司而言，重资本化是必然趋势。没有重资本化的券商一定成为不了"头部券商"，而没有头部券商整体平台支持的投资银行，一定成为不了"头部投行"。不仅科创板的保荐机构强制"跟投"制度要求证券公司以自有资金参与，而且投行全产业链业务运营也急需资本支持。最近，很多证券公司在进行股权融资，已经明确把增加投行业务投入作为募投项目。

以海通证券为例，其在答复证监会非公开发行反馈答复时明确资金实力是投行开展各项业务的基础，公司拟使用本次非公开发行募集资金增加投行业务资金投入，将有利于：①公司增强股权融资的承销能力，更好地满足科创板的市场化承销机制及跟投制度安排对公司参与投行业务的资金实力的要求；②公司进一步完善投行项目管理系统和电子化发行系统，满足科创板市场化询价和发行、战略配售、绿鞋机制等发行环节的需求，保证项目的顺利实施和发行；③公司持续优化人才结构，加强人才队伍建设，引进具有行业背景的复合型人才，同时加大员工培训力度，提高项目的整体执业质量；④公司承接更多债权融资项目，通过自有资金（通过包销等手段）认购债券，加强债券承销业务的销售能力，实现债券一级承销发行部门和二级交易部门的内部联动。综上，公司拟募集不超过20亿元用于增加投行业务资金投入具有合理性和必要性。○

所以，资本实力的强弱是决定投行业务能否拓展以及拓展空间大小的关键要素。未来行业和业务发展将迈入资本为王时代，资本金充足且资产

○ 资料来源：2019 年 8 月 27 日海通证券公告的《非公开发行股票申请文件反馈意见的回复》，巨潮资讯网 http://www.cninfo.com.cn/new/disclosure/detail?plate=sse&orgId=gssh0600837&stockCode=600837&announcementId=1206578501&announcementTime=2019-08-27，2020 年 1 月 31 日访问。

运用能力强的券商，有望在市场博弈中获取领先的市场占有率。

第二个竞争力是协同能力。它既包括投行的内部协同能力，也包括投行与公司其他业务的外部协同能力。

协同能力是投行业务发展的关键推手。从内部协同来说，投行必须通过投行内部资源协同来支持、保障业务顺利推进，同时也将深入挖掘客户多元融资和并购重组顾问需求，开辟业务增量空间。

从外部协同来说，整个证券公司的全产业链业务协同优势将进一步彰显。以客户需求为主导的现代投资银行服务模式，需要协同资本中介、直接投资、财富管理、资产管理等全业务链条，通过客户引流和资金、技术等资源支持，满足客户综合金融服务需求。此外，为满足客户境外金融服务需求，还需要深化境内外一体化协同能力，深度拓展国际业务发展空间。这要求证券公司围绕打造国际化业务平台和境内外资源协同能力，加强全业务链资源跨境联动。特别是对于头部券商而言，这样才能构筑可抗衡国际投行的资源整合能力，与国际顶级投行同台竞技。

定价能力与销售能力

如果说资本实力和协同能力更多的是证券公司的整体实力，那么定价和销售能力就更多的是投行业务自身的本源性实力。而且，两者的前提都是投行的价值发现能力。随着市场的变化，投行将逐渐从过去的"审核助手"和"发行通道"角色变化成为具有定价影响力的现代投资银行。投行业务将更注重"承销"职能，市场化的定价能力和销售能力将成为投行的核心竞争力。

第三个竞争力是定价能力。

定价能力是彰显投行实力的基石。新股合理定价对成功配售、发行后股价稳定等均具有重要意义。科创板引导定价机制向市场化过渡，监管不再对价格进行干预，定价合理性将依赖投行对企业价值的判断。在成熟市场中，由于新股上市当天不设涨跌停限制，因而非常考验 IPO 的发行人和承销机构的估值定价能力。这才是真正对投资银行专业能力的"大考"，也是回到投资银行的本源。目前我国科创板取消上市首日的涨跌停限制，之后的交易日涨跌放宽到 20%，也体现了监管渐进化的改革努力。最终的结果是使投行、发行人都以更成熟的心态来面对这个"大考"。

这将推动投行专业化深耕，通过充分的尽职调查、深度的行业研究、合理的市场判断、科学的估值分析、详细的盈利预测、投资者可理解的语言表达，助力买方机构高效、客观地决策，实现自身从通道作用向行业专家作用和价值发现作用转化，归位尽责，回归本源。在注册制下，投行对企业估值和市场定价的合理性将直接影响投行的市场声誉和行业地位，定价能力成为投行的核心竞争力。此外，定价能力的提升还将带动再融资、并购重组等业务定价回归价值本身，激发客户需求并促进项目顺利开展。

专业定价能力的提升也要求研究先行，要求证券公司重塑研究价值和发展模式，打造研究定价权和影响力。投行优质项目的挖掘和合理定价，依赖于证券公司扎实的研判分析能力。未来券商必须更加重视培育研究能力，通过深化研究的广度、深度、高度和质量，实现宏观产业链、行业研究等全方位能力的提升，打造高水平的研究定价权和影响力，实现卖方研究、销售交易与投资银行业务的深度协同。

第四个竞争力是销售能力。

销售能力是业务发展的中枢。科创板试行注册制，已经开始对投行的销售能力提出更高要求。在传统市盈率管制的环境下，投行不需要定价能力，无风险套利的新股定价同样不需要投资银行具备销售能力。但是随着注册制改革的深入，新股发行将必然转入买方市场。投资银行作为股票承销的核心，新股销售将依赖于承销商自身信誉、客户资源、市场匹配、交易撮合、内部协同和资本实力等综合实力。投资银行如何推介承销的股票、如何选择发行时机、向谁询价定价，都需要投资银行有强大的机构投资者资源作为支持。投资银行业务部门必须协同卖方研究、机构销售、销售交易部门的客户资源，搭建广泛的机构客户网络，精准对接投资者，寻求认同企业发展思路的长期战略投资者。客户资源成为投资银行展业的基础，必须着力打通证券公司各业务线的客户资源，加强销售网络建设。

从整个资本市场的发展趋势上看，从"散户化"到"机构化"非常明显。在以机构为主的市场中，面对专业的机构投资者，投行的销售团队也应具备相匹配的专业化能力。不同的投资机构对于投资标的品种类型、风险收益特征和期限等，都有着不同的偏好和需求。销售部门在对机构投资者进行有效覆盖的基础上，应清楚地掌握各服务对象的投资偏好与配置需求，并且依据一定的标准进行客户分类分层，进而提供有针对性的推介和服务。此外，在部分项目的销售过程中，当基础品种的风险收益特征与潜在投资机构的需求存在一定差异时，往往还需要通过一定的结构化设计，将风险收益进行重新匹配并包装成产品，对产品风险收益特征与潜在投资机构的需求进行有效匹配。这就要求销售部门还应具备产品设计方面的专业能力。

此外，投资银行必须充实投行资本市场部的职能。市场化询价机制的推出将进一步压实券商的承销组织职能，资本市场部除了现有的簿记发行、资料报送和信息披露等程序性工作外，应在发行定价过程中扮演核心中介的角色。必须对一级市场的定价水平、变化趋势等进行系统性研究，将市场环境与发行人的实际情况相结合，有效管理发行人预期，提升发行人、投资者两方的沟通效率，形成市场认可的合理定价区间，通过询价路演配售完成定价过程。

风控能力与科技实力

风险管理水平和运用金融科技的能力也日益成为投资银行的核心竞争力。过去，大家普遍对此认识不够，但其实际上是投行业务发展的"底层"实力，对整个投资银行业务发展的空间有巨大的决定性作用。

第五个竞争力是风控能力。

风控能力已经由业务屏障转为业务核心的驱动力之一。监管从实质性审核转向，投行业务逐渐走出"监管助手"定位，反而进一步加强了对投资银行的质量控制和风险管理要求。没有坚实的风控能力，投资银行会处处受限，难以走远。投资银行要应对日益复杂的市场变化和业务种类带来的各种风险，保障业务稳健发展，打造对监管、发行人和客户三方的信誉，均需要依赖全面风险管理，打造风险控制方面的专业能力。

高效运行的风控体系既能够帮助业务团队控制业务风险，提升项目质量，还能够成为增强投资银行业务竞争力的利器。同时，强大的风控能力也可以通过提供解决方案和执行方面的专家来创造生产力。风控夯实信誉将形成良性循环机制，增强客户黏性。这也要求，在具体风控体系搭建上，必须建立与业务拓展相制衡和平衡的风控理念与体系，强调风控要建立在专业的基础上，以专业能力对行业和产品下判断，形成风险控制和业务拓展支持的有效平衡。

第六个竞争力是科技实力。

科技实力为投行业务提质增效。证券公司整体正在全面拥抱数字化转型，投行业务也不例外。金融科技对投行业务的支持也是全链条式的，其核心是通过大数据打造平台竞争力，同时，高效组织人力，提升服务效率。

对于投行业务而言，通过构建一个具有承上启下枢纽作用的数字化大中台，实现投行业务中审核、分析、操作等基础流程工作的智能运营与体系化运作，构建强大的支撑体系，提升资源利用效能，能够释放投行前台的市场冲击力，让业务人员更聚焦于客户深耕和市场征战。同时，在风险管理技术系统上深耕细作，有助于打造专业化、平台化的合规风控核心竞争力。

在通过技术手段提升投行管理水平方面，近年来很多投资银行都加大投入，进行了很多探索。很多投资银行都已经在建设投行业务底稿电子化管理系统、项目管理系统、风险预警系统和债券违约风险管理系统、智能审核系统等。

监管部门对此也已经开始提出明确要求。中国证监会2019年下发的《关于加强投行业务工作底稿管理相关工作的函》（机构部函〔2019〕2623号）明确提出：为提升证券公司底稿管理和应用水平，充分发挥底稿支撑信息披露、防范项目风险的作用，各证券公司应建立全面覆盖各类投行业务的工作底稿电子化管理系统。鼓励具备条件的证券公司在2019年12月底前上线系统，所有开展投行业务的证券公司应在2020年12月底前上线系统。自2021年1月1日起，各证券公司承揽的投行类项目应使用底稿电子化管理系统进行底稿管理，不具有底稿电子化管理系统的不得承揽投行类项目。引导证券公司应用前沿科技提升工作底稿管理水平。鼓励证券公司在投行业务工作底稿电子化管理系统建设和升级时应用大数据分析、人工智能等技术，探索实现对底稿信息的实时监测、自动提取、智能分析、主动预警等功能。

中国证券业协会也于2020年2月28日发布《证券公司投资银行类业务工作底稿电子化管理系统建设指引》，督促证券行业建立健全投资银行类业务工作底稿电子化管理机制。

重点提示

投行必须全方位塑造资本、协同、定价、销售、风控、科技六大核心竞争力，以实现投行的业务与机构重塑，建设强大有竞争力的投行。

资本实力的强弱是决定投行业务能否拓展以及拓展空间大小的关键要素。协同能力是投行业务发展的关键推手，既包括投行的内部协同能力，也包括投行与公司其他业务的外部协同能力。

定价能力是彰显投行实力的基石，销售能力是投行业务发展的中枢，两者的前提都是投行的价值发现能力。两者的打造除了自身建设，也都有赖于与整个证券公司的协同。

风控能力已经由业务屏障转为业务核心的驱动力之一，科技实力可以为投行业务提质增效，两者都是投行业务发展的"底层"实力，对整个投行业务发展的空间有巨大影响。

| 进一步 |
| 阅　读 |

查尔斯·埃利斯. 高盛帝国（原书第2版）[M]. 卢青，张玲，束宇，译. 北京：中信出版社，2015.

第二编

投行之路

第六讲

投行人的心智模式

第一节 概率思维

建立概率化思考的个人决策系统

概率思维,是我们面对不确定世界的最重要的思维能力之一,也是投行专业人士所需的重要心智能力之一。但是,懂概率和拥有概率思维,还不是一回事。我们每个人,都应该建立概率化思考的个人决策系统。

科学决策的第一步是把你对事物的判断"概率化"。你不能简单地说"要下雨了",你应该说"下雨的可能性是65%"。也就是说,你得首先有"概率"这根弦。很多时候,相对贫穷的人更热衷于购买彩票,因为他们从不计算概率。而且,当一般人说自己"相信"什么事情的时候,他通常不会考虑概率。他要么全信,要么全不信,而且非常容易全信。这往往也会导致很多不利后果。

科学决策的第二步就是尊重概率，坚持长期做大概率获胜的事。人工智能阿尔法狗，依靠每一步棋都计算自己赢棋的最优概率，从而战胜了人类。对它而言，每一个决策点都是独立的，它都会科学地寻找最大获胜概率。

对于每个人的人生而言，获得长期的胜率不难，这要求尊重概率，尊重数字，按照理性办事。如果被非理性的情绪、心理支配，人只能不断地吃后悔药。但是，按照概率稳定地赢是很无趣的，不具备故事性，不会成为名人自传的精彩章节，不会成为"10万+"爆款热文。这可能是一条少有人走的路，却是决策高手必须坚持走的路，也是投行专业人士必须走的路。

科学决策的第三步是把决策水平和运气分开。假设有两个选项摆在你面前：选A，成功的概率是65%；选B，成功的概率是35%。科学决策显然是坚决选A。如果选了A之后却发现B是正确的，那么当初决策错了吗？拥有概率思维的人一定会选A，而且不会因为没成果而怀疑自己。因为出现这一结果，只是运气问题。决策高手必须能区分决策和运气。

做投行与做投资的人，很多喜欢德州扑克。这既是一个上手容易、精通困难的棋牌游戏，也是一个能帮助人形成概率化思考的个人决策系统的有效工具。

德州扑克在国际上有正式的竞技比赛。要赢得这个比赛，最关键的是三点：第一，要熟悉各种组合出现的概率；第二，要自控和管理自己的情绪；第三，要按照概率选择跟进或者放弃。

心理学专业出身的安妮·杜克后来成为一名德州扑克高手，有20年的职业比赛经验并获得了多个冠军奖项。后来，她转向商业培训，并写了《对赌：信息不足时如何做出高明决策》一书。这本书不是德州扑克培训书，而是以德州扑克为背景讲述科学决策的书。

她认为，对于职业牌手而言，扑克要打很多把，那么高手要的必须是一个能够以大概率获胜的科学决策系统，而不会在意某一把的输赢。如果因为这把输了就随意改动决策系统，就等于没系统。普通人关注结果，高手关注系统，而关注系统是科学决策的基本功。

人生就仿佛由一场场德州扑克牌局组成，我们每个人都是参与者，参与的是一种信息不完整的游戏，是一种充满不确定性的限时决策游戏。一方面，我们必须在信息不充分的条件下，按照概率思维做出正确的决策；另一方面，我们也要承认，就某一场牌局而言，即使做出了明智的决策，结果可能仍然十分糟糕。我们需要承认信息不充足带来的不确定性的确带来了麻烦，但不能让它影响我们对决策准确性的客观判断。

用概率思维提升对机会把握的正确度

概率思维是用来衡量"机会"的。掌握概率思维，就是要量化那些不确定的命题；学会概率思维，能提升你对机会把握的正确度。

用公众号"孤独大脑"的作者老喻的话来说，就是：如果你掌握了概率思维，就能提升自己应对不确定性问题的判断力，调整你的个人认知系统，形成强大的人生算法。

老喻曾经以谷歌创始人谢尔盖·布林为例，说明如何用概率思维改变自己的宿命。2006年，布林被测出患帕金森病的可能性高达50%。之后他做了以下几件事：①对外公开此事；②捐助超过5000万美元用于帕金森病的研究；③利用大数据探寻预防和治疗疾病的信息和方法；④有研究证明提高心率能降低得病风险，所以他就参加跳水运动，因为跳水短暂而激烈，可以马上提高心率；⑤有研究证明，喝咖啡、绿茶会降低得病概率，他就开始坚持喝咖啡、绿茶。

布林是这样算账的：饮食和运动，使患病概率降低一半，这样他的患病概率就从50%降到25%了；推动神经科学发展，可以把风险再降低一半，这样就只有13%了；针对帕金森病的研究增多，进而会把风险降低到10%以内。

本质上来说，布林没有彻底改变命运，无法确保他不患帕金森病。但布林并没有平静地接受这个所谓的不能改变的命运，他勇于做出一些改变。布林改变了命运的走向，让结果有更大概率地走向自己选定的那个的可能。

按照中国传统命理学的说法，虽然"命"是天生禀赋，但"运"是可以改变的。按照布林的想法来看，所谓改变命运，其实就是改变命运的概率。这可能是人面对这个不确定的世界时，最有智慧的判断。

可以说，概率思维是决策高手的底层思维，也是人类的重要智慧。掌握了这种智慧，我们自然能够平静地接受一些无法改变的事实，同时有勇气去做出一些改变，让命运发生有利于自己的改变。人生是无数次选择的结果，可能没有哪一次选择是决定性的。策略是对的，虽然不见得一定就在这一次选对，但增大每一次对的概率，减小错的概率就好。

避免犯追求小概率事件的错误

小概率的事情很难实现，看起来反而容易；大概率的事情则显得路途遥远，其实到达目的地的可能性要大得多。放弃自己的概率选择权，选择舒适的小概率，其实是在用自己本来就微薄的资源补贴"成功者"。

相信概率思维，不轻易放弃自己的概率选择权，就可以避免犯追求小概率事件的错误。例如，不要轻易被退学创业、不守规律创业等"标题党"误导。这样做了的人之中，肯定有成功的人，其故事可能很有趣，也很吸引眼球，但这类人、这类事被大肆宣传，就是因为这不是常态。大多数人要跟着这样做，结果可想而知。大家可能都知道比尔·盖茨和扎克伯格辍学创业的故事，进而得出一个荒唐的结论——上大学没用。其实，即便在硅谷的创业者中，辍学的人也只占总人数的不到2%。有这样的故事只能说明辍学去创业"有可能"成功，但并不能告诉我们这个概率是多少。

为什么人们经常不按概率思维行事，而是喜欢追求小概率事件？原因可能有这么几个。

其一，科学思维方式不是本能。对于人类来说，听故事一直是我们认知世界最重要的方式，因为统计学和概率学是人类文明发展到后期才出现的事物。我们必须认知到，故事虽然生动、有趣、吸引眼球，但它几乎很少可以告诉我们世界到底是怎么回事。喜欢靠故事而不是数据与概率去了解世界，是我们认知方法的一个问题。

其二，赌徒心理。很多人，总是心存侥幸，总认为自己会是少数几个幸运者之一。我们经常听说一句话，即"钱多的话就价值投资，钱少的话就赌一把"。这听起来似乎有道理，但本质上就是放弃概率选择权，去成全他人。这么看，买彩票是最为昂贵的关于概率选择权的自暴自弃，所以被称为"收智商税"。

其三，被欲望蒙蔽。很多人懂得概率却不能坚定地长期实施下去，很大的原因是掉入了欲望陷阱。在强烈的欲望面前，聪明人倾向于认为自己的运气会提升自己获胜的概率，或者认为勤能补拙。但实际上，不坚持概率思维，反复做没有胜算的选择，不是勤奋，也不是勇敢，只能让人在失败的泥潭里越陷越深。

> **重点提示**
>
> 概率思维，是我们面对不确定世界的最重要的思维能力之一。每个人都应该建立概率化思考的个人决策系统。
>
> 概率思维要求我们，首先把对事物的判断"概率化"，然后坚持长期做大概率获胜的事，还要能把决策水平和运气分开，这样我们就能建立科学化的决策系统。
>
> 掌握概率思维，能提升我们对机会把握的正确度，让我们不犯追求小概率事件的错误。

> 进一步
> 阅　读

[1] 安妮·杜克. 对赌：信息不足时如何做出高明决策［M］. 李光辉，译. 北京：中信出版社，2018.

[2] 加里·史密斯. 简单统计学［M］. 刘清山，译. 南昌：江西人民出版社，2018.

[3] 纳西姆·尼古拉斯·塔勒布. 随机漫步的傻瓜：发现市场和人生中的隐藏机遇［M］. 盛逢时，译. 北京：中信出版社，2012.

第二节　取舍思维

从机会成本理解取舍思维

很多做投行的人是文科出身。文科生的思维，容易有两大缺陷：其一，不相信数据，不按概率行事；其二，容易相信有一个单向的最好选择，不理解背后的代价。第二个缺陷容易导致他们喜欢下意识地批判外界事物，用单一标准看世界。在他们看来，事物只有一个标准答案，产生这样的结果，肯定是因为那样的原因。

与之相反，另外一种人懂得不能局限在某一个维度去看问题，也越来越理解，世界并不是非黑即白的，评价标准更不是只有一个。

我将这种思维模式命名为取舍思维。有一个形神兼备的英语词组可用作对取舍思维的解释——"trade off"。两个好东西我不可能都要，那么我必须愿意牺牲这个来换取（trade）那个。

这种思维模式来源于经济学中的机会成本观念。经济学本质上是研究稀缺资源使用的学问，它涉及不断地权衡取舍。机会成本是做出一种选择所要付出的最大代价，是一个理解世界的方式。其在本质上就是要人们认识到，人做出任何一个选择都要付出相应的代价。

《魔鬼经济学》讲了这么一个故事。DDT 是一种高效的杀虫剂，有利于农业生产，但对环境有负面影响，因为它杀灭了大量昆虫甚至是鸟类。环保主义者出版了一本叫《寂静的春天》的书，书名隐含的意思是再也听不见虫鸣鸟叫了。这么煽情的书当然取得了很好的传播效果，引发了很多人对环境崩溃的恐慌。美国政府不得已，只好宣布全面禁用 DDT。后来，这股风潮席卷了全世界，DDT 被全面禁用。环保可能是有好处的，代价也是巨大的。在全面禁用 DDT 那些年里，光非洲大陆因此而死亡的人就有 2000 万，因为 DDT 原本对疟疾是有抑制作用的。例如，仅南非的一次疟疾大爆发，就夺走了 10 万人的生命。也就是说，禁用 DDT，对于医疗保健与卫生环境好的美国来说可能问题不大，但对落后地区可能就是灾难了。2006 年，非洲疟疾高发地区恢复使用 DDT。

这个故事告诉我们，这个世界上可能没有绝对好的东西，也没有绝对坏的东西，没有什么东西值得不顾代价地去追求。我们必须看到每一个选择背后的代价，然后用精密的计算去分析，用理性去权衡，最后找到一个均衡点。我们必须用取舍思维来看待污染问题。因为这往往不是一方污染另外一方的问题，而是双方或者多方在争用一种稀缺资源的问题。对此，我们必须取得一个平衡。

世界上很少有事情会是"在没有使任何人境况变坏的前提下使得至少一个人变得更好"的所谓"帕累托改进"，绝大多数情况下兴一利必生一弊，而利弊都不是无限大的。正因此，人们多数时候考虑"权衡"，而非简单判断"对错"。电影《后会无期》中有一句台词，"小孩子才分对错，成年人只看利弊。"个人理解，更准确的说法应该是：小孩子只会谈论对错，大人更应该权衡利弊。

总体上讲，取舍思维就是要我们理解任何选择必有代价。不预设简单的立场，拒绝非黑即白的判断。这是一个复杂的世界，只有复杂才能够应对复杂。这样，解决问题的思维就不再是简单的对错思维。所有大的事情、值得讨论的问题、重要的政策选择，其实都没有绝对的对错，只能反复权衡利弊，细致分析其对不同主体的影响。

我们在做投行业务、分析复杂商业社会的经济现象、给出解决方案时，就必须秉承这样的思维方式。

从追求完美到接受次优

大到面对宏观政策和制度安排，小到开展某一项具体业务，我们需要学会接受次优。这也许是一种不尽完美的状态，但是一种完成的状态，是一种愿意正视不足，愿意接受批评，愿意不断改进的状态。

为什么呢？其一是因为取舍思维告诉我们凡是选择均有代价，没有不计成本的完美状态。

其二是因为从传统经济学到行为经济学，主流经济理论也正经历着历史性的变革，经济决策正在从追求完美走向接受次优。2017年诺贝尔经济学奖获得者理查德·塞勒提出的"非理性经济人"是真实的人，是现实中的我们，我们会犯错误，存在偏见，可能做出非理性选择。在"非理性经济人"假设下，行为经济学将心理学与经济学融合在一起，充分理解人的复杂性，敬畏人的多样性，直面人性的不足和缺陷。从根本上讲，一个良好的金融制度无论在设计上还是在运行上，都需要包容人类的差异，接纳人性的所有美好与不足。

总之，人只能在资源有限的情况下选择，同时人类的认识能力也是有局限和缺陷的，这决定了我们看待世界和自我决策时，要学会接受次优。

这样，面对纷繁复杂的世界现象、碎片化的信息、往往极端却容易被喝彩的评论时，我们可以让自己的心平静下来，管理好自己的念头，避免轻易被感动、被激怒、被吓住、被诱导甚至被利用。

因为信息不对称，我们获得的可能是片面的、具误导性的，或者别人想让我们知道的信息。在这种情况下，我们不能轻易下判断，不能简单地认同或者否定。我们可以延迟判断，忍住第一反应，期待第二反应。随着信息更全面地浮现，我们就可以按照取舍思维，寻求整体最优解，在长周期的背景下做判断。

用系统思维方式思考

取舍思维也是一种系统思维的思考方式。与系统思维相对的，是"线性思维"。所谓线性思维，就是简单明了的因果关系，即既然有这么一个结果，就一定有一个原因，只要解决了原因就能解决问题。线性思维相当于头痛医头、脚痛医脚。

但实际上，要素，只是系统中看得见的东西；关系，才是系统中看不见的、要素之间相互作用的规律。看到要素，还要看到要素之间的关系，更要看到这些关系背后的规律，这就是"全局之眼"。所谓系统思维，就是要学习用关联的、整体的、动态的方法，培养全局性看问题的能力。当一个人拥有了关联地（二维）、整体地（三维）、动态地（四维）看待事物的能力时，他就真正拥有了全局之眼，就能够更好地分析与解决系统问题。

如果没有系统思维方式，那么人的脑海中就只有简单、单向的因果论：你只要做好 A，就能得到 B。同时，有人甚至把相关关系理解成因果关系，认为如果 A 先出现，B 后出现，那么 A 就是 B 出现的原因。还有一些人，将因果论退化为经验论：别人就是这么做成功的，我也要这么做。最差劲的一种人，连思考都放弃了，把经验论继续退化为"乱拳论"：我什么都不信，只信自己通过尝试、犯错得来的教训，"乱拳打死师傅"。乱拳论，会让人在不必要的地方失败；经验论，会让小马不敢过河，让人不敢轻易尝试；因果论，会让人忽视世界的复杂性。越是处于高速变化的世界，面对经验失效、万物归本，我们越是要明白世界是复杂的，忌简单思维，要训练系统性思维，以拥有全局之眼。

这个世界的绝大部分"运作"，都不会在我们眼前发生。我们一定要警惕简单化的陈述，特别是通过夸大、扭曲、忽略关键事实，以引起你的恐惧、愤怒和厌恶情绪的。我们必须放下非黑即白的行为习惯，理性地拥抱整个世界。无论是在生活中还是在投行业务中，我们必须抛弃两个不好的思维习惯。

第一个不好的思维习惯是阴谋论。阴谋论是一种长期存在的思维方式。正如哲学家卡尔·波普尔说的："认为世界上无论发生了什么事，都应该有人为此负责。这是什么？这就是阴谋论。"阴谋论其实是在根本上不能理解世界的复杂性，不理解随机的含义。《爆裂》里反复论述了世界的不对称性、复杂性和不确定性。确实，我们眼前的这个世界，往往只有必要条件，没有充分条件。

第二个不好的思维习惯是只做批评者。批评容易，寻求共识很难，做建设者更难。中国有句话叫"不破不立"。对于做事的人来说，更正确的次序也许是"不立不破"。如果你没有一个建设性的更优选择，就不要随便批判现有的方案。现状总会有问题，但现状往往是各种问题的最优解。所以，先接受约束条件，先做事情，"立"起点什么，新的东西做出来了，"破"也就是自然而然的事了。作为建设者，一定要寻找共识。寻找共识不是放弃原则，寻找共识的路上永远会有不同看法在对峙，但不要卡在对峙上。

不相信阴谋论和"先立再破"的思维习惯在我们开展投行业务的过程中也非常重要。没有这两种思维习惯的人很难成为理性、成熟的投行专业人士。

| 重点
| 提示

机会成本是做出一种选择要付出的最大代价，是一个理解世界的方式。取舍思维就是要我们理解任何选择必有代价。

有了取舍思维，就能让我们不预设简单的立场，拒绝非黑即白的判断，不轻信阴谋论，做寻求共识者和建设者。解决问题时不再使用简单的对错思维，必须反复权衡利弊，细致分析决策对不同主体的影响。

我们在看待世界和方案决策时，要学会接受次优，完成比完美更重要。

进一步阅读

[1] 史蒂芬·列维特，史蒂芬·都伯纳. 魔鬼经济学 1：揭示隐藏在表象之下的真实世界[M]. 王晓鹂，译. 北京：中信出版社，2016.

[2] 史蒂芬·列维特，史蒂芬·都伯纳. 魔鬼经济学 2：拥有清晰思维的艺术[M]. 曾贤明，译. 北京：中信出版社，2016.

[3] 史蒂芬·列维特，史蒂芬·都伯纳. 魔鬼经济学 3：用反常思维解决问题[M]. 汤珑，译. 北京：中信出版社，2016.

[4] 史蒂芬·列维特，史蒂芬·都伯纳. 魔鬼经济学 4：用"有色眼镜"看清世界[M]. 王晓鹂，译. 北京：中信出版社，2016.

[5] 伊藤穰一，杰夫·豪. 爆裂：未来社会的 9 大生存原则[M]. 张培，等译. 北京：中信出版社，2017.

[6] 保罗·海恩，等. 经济学的思维方式（原书第 13 版）[M]. 史晨，译. 北京：机械工业出版社，2015.

[7] 理查德·泰勒. "错误"的行为[M]. 王晋，译. 北京：中信出版社，2016.

第三节　富足思维

拒绝稀缺思维

富足思维是相对于稀缺思维或者稀缺心态而言的。

稀缺同样是经济学概念。只要生活，就必须受到稀缺的约束。资源稀缺不可怕，可怕的是它可能会导致"稀缺心态"。例如，因为缺钱，就不得不每天想如何挣钱、省钱，就可能因为挣小钱、省小钱而忽视了其他重要事情。因为没时间，就只能推掉其他事，专注于手头的工作，但手头的工作可能是无价值或者低价值的；越没钱，越没有理财规划；越穷困，越没有长远眼光。这些都是稀缺心态在起作用。

按照 2019 年诺贝尔经济学奖获得者阿比吉特·班纳吉和埃斯特·杜弗洛的观点，贫困是一种恶性循环系统。所谓的穷忙就是把大量的时间和体力用来维持自己的生存，以至于没有精力进行长线规划和学习，所以内部世界越贫乏，拥有的东西就越少。可以说，稀缺心态是穷人无法摆脱贫穷的罪魁之一。

为什么呢？这是因为稀缺心态的主要问题在于影响人的长期认知能力。大脑处理信息的能力，至少是在同一时段内能够高效处理信息的能力是有极限的，就像一条高速公路，同时行驶于其上的车辆是有限的。《稀缺》的作者穆来纳森与沙菲尔提出了"带宽"概念。所谓带宽，就是指一个人心智的容量。如果这个带宽老是被一种稀缺心态塞满，就会影响一个人的认知能力和执行控制力。穆来纳森说："长期处于稀缺状态的穷人，会被稀缺心态消耗大量带宽，其判断力和认知能力会因过于关注眼前的问题而大大降低，而没有多余带宽来考虑投资和长远发展事宜。"也就是说，稀缺心态会严重影响认知判断能力，认知判断能力大幅下降会导致短视。

可以说，穷人就是这样陷入穷的恶性循环的：稀缺金钱→注意力集中到钱上→大脑只浮现各种与钱有关的事，变得易冲动、失去自控力→心智带宽减少→做出错误认知，做出错误决定→放大对钱的稀缺心态→恶性循环。

随着物质条件的进一步丰富，穷人与富人的定义更可能不是按照金钱数量，而是按照思维模式来界定的。具有稀缺心态的人就是穷人，而具有富足思维的人就是富人。《稀缺》这本书就指出，稀缺不可怕，"稀缺心态"才是穷者越来越穷、富者越来越富的根源所在。其实，也完全可以借用《三国志》中曹操对袁绍的评价来描述真正的"穷人"：色厉胆薄，好谋无断；干大事而惜身，见小利而忘命。

对于天天与企业打交道的投行人士来说，建立富足思维非常重要。内心的富足首先体现在对自己有信心、对世界有信心。对自己有信心，才能更好地获得客户的信任和同事的信赖。

对世界有信心就更重要了。尽管我们每天都可能听到一些坏消息，但我们必须深信，人类社会总体向上并且是以加速度进化的趋势没有改变，我们处在人类有史以来最好的时代，而且一定会更好。对于中国来说，更是这样的。时代的进化总有波折，但事后拉长来看，曾经以为的惊涛骇浪其实不过是浪花一朵朵。悲观者总是有道理的，但乐观者和相信国运的人更可能有更好的回报。当然，有信心不是看不到危机，而是更多地从"危"中看到"机"，以积极的心态从危机中获得收益。

综合起来讲，具备富足思维的人不等于是"富人"。但我相信，具备富足思维的人，长远来说，一定会成为一个更好的人，而成为"富人"只是这个过程的一个"副产品"而已。

富足思维建立之后，两个方面会直接影响我们的思维和工作方式：其一，明白时间与注意力才是世界上最宝贵的资源；其二，不因为即期利益而放弃长远利益。

珍惜时间和注意力

在富足思维下衡量时间的价值是要做到两个方面：其一，正确处理时间与金钱之间的取舍；其二，把时间分配到重要的事情上。

正确处理时间与金钱之间的取舍，就是要正确处理金钱与时间的关系。穆来纳森与沙菲尔在《稀缺》中指出：穷困之人会永远缺钱，而忙碌之人会永远缺时间。时间与金钱都是稀缺资源,该如何配置呢?金钱的耗费与节约显而易见,时间其实也是同样的。这同样根源于经济学上的机会成本概念。我们在任何时候在这个事情上使用时间,都伴随着无法做另一些事的隐性成本,这个隐性成本等于你本可以获得的最大收益。因此,如果你能清晰地看到另一些事足以使你的状况变得更好,就能更直观地明白随意使用时间的成本有多高。

究竟是该花钱,还是花时间,这得视谁是稀缺资源来定。虽然时间对每个人而言永远是稀缺资源,但我们考虑资源的分配和使用优先顺序的时候,需要考虑的是哪种资源"更"稀缺。这就要求我们建立"时间价值"的概念,少做那些"时间花得多收益少"的事情,不轻易以时间换钱,学会花钱来买时间。当然,每个人处于不同发展阶段、身处不同处境,衡量得出的结果可能会不同,要根据自己的实际情况而定。

举两个例子。比如,刚刚干投行的年轻人需要租房,一个距离公司近,走路只需要一刻钟,一个距离远,单程坐地铁需要一个半小时。前者比后者贵3000元。在能够负担的情况下,前者显然是更好的选择,因为3000元现金换来的是每天近3个小时、每个月近60个小时路程时间的节约。这一时间的节约,完全可以被利用来准备保荐代表人胜任能力考试。也许半年时间过去,两个做出不同选择的新人,起点已经完全不一样了。又比如,投行人员学习时需要一本专业书。一个选择是用手机 Kindle App,花20元钱读到正版图书,另一个选择是花两个小时时间到处搜索或者到处求人,最终获得模糊的盗版扫描版。选择后者的人忘记了,免费为什么是最贵的。因为它从来不标明自己的价格——时间。

就把时间分配到重要的事情上而言,道理就简单了。太多人在不重要的事情上浪费了太多时间,以至于要在真正需要花时间的事情上抠时间。想具备富足思维就需要克服这个问题。这也可以使用时间价值这个工具。前面讲的是衡量花时间还是花钱,这里则是要决定在这个事情上花时间还是在那个事情上花时间。如果能够不断衡量做每一件事的时间价值，你就会发现看待人生的角度可能有所不同。你会主动寻找并从事那些高价值的工作，而舍弃或者外包低价值的工作。这样，人可能会越来越富有，因为你可以用省下来的时间去创造更大的价值。

除了时间的取舍与分配之外，大家还需要特别关注注意力这一概念。这是因为，现在分散我们注意力的事情太多，时间的真正利用不能光看表象的分配，而是要以事实的注意力来定。例如，一个投行新兵参加了某IPO项目的中介机构协调会，他可能把注意力集中在各中介机构对难点问题解决方案的讨论上，也可能花在刷手机微博的八卦热点上，还可能花在观察美女律师助理的一颦一笑上。

现在的商业社会，行业之间的界限有所模糊，或者说很多貌似不同行业中的企业变成了竞争对手，原因就在于，它们都在竞争客户的时间和注意力。它们不仅要占据用户的时间（停留时长），而且要牢牢占据客户的注意力，让用户"上瘾"。最终，也许所有企业的竞争都是对注意力资源的竞争。

不为即期利益损害长期价值

建立富足思维的另外一个至关重要的意义就在于让我们不受短期利益、短期诱惑的蛊惑，而持续追求长期价值。

具体来说，要做到以下三个方面。

其一，不要因为计较即期利益而忽视了长期利益。大家都很熟悉斯坦福大学著名的棉花糖实验（The Marshmallow Study）。米歇尔教授把斯坦福大学附属幼儿园里4~5岁的孩子请进来做"游戏"。老师告诉每个孩子：现在眼前就放着一颗棉花糖，你可以选择马上吃掉它，或者如果你能坚持15分钟不去吃它，就可以再获得一颗棉花糖，总共拥有两颗棉花糖。在实验中，有的孩子选择直接吃掉一颗棉花糖（"立即满足"型），有的孩子选择使用各种策略，坚持等待 15 分钟，然后就能拥有两颗棉花糖（"延迟满足"型）。通过对这些参与实验的孩子几十年以后的状况进行调查研究，米歇尔发现，这两种不同类型的孩子在几十年后有着完全不同的表现，"延迟满足"型的孩子有更加美好的未来。

这在工作中也体现为每个人不要因为极度渴望成功而把时间和所有精力都用到能立竿见影地带来成绩的行动上，因为这样做你就有可能忽视重要而有长期价值的事，长期来看可能后果很严重。例如，所有人都希望工作与家庭平衡，把时间和精力投资在与配偶和孩子的关系上，却往往无法获得立竿见影的效果。所以很多工作成绩优异的企业家和投行专业人士，往往下意识地愿意在工作上花更多时间和精力，而忽视家庭与孩子。长此以往，这方面的副作用很可能会对长期的工作绩效产生不好的影响，人生也很难幸福。

其二，不因为看重小利益而舍弃了大利益。除了经常见到的有些人为了蝇头小利铤而走险外，对身体健康的漠视也是这一方面的表现。《百岁人生》告诉我们，千万不要透支自己。人生很长，没有什么事情值得你用健康和未来的长远幸福来交换。

其三，正确对待"沉没成本"。在经济学和制定商业决策的过程中，人们把已经发生不可收回的支出，如时间、金钱、精力等称为"沉没成本"（sunk cost）。沉没成本实际是以往发生的，但与当前决策无关的成本。

具备富足思维的人，能够不考虑沉没成本。具备稀缺思维的人，却不尽然。他们的一个常见思维误区是，在决定是否去做一件事情的时候，不仅看这件事对自己有没有好处，也看过去是不是已经在这件事情上有过投入。一个常见的例子就是，当在电影院看到一部大烂片的时候，我们往往会因为支付了电影票钱、前往电影院的交通费用而不舍得放弃，直到继续将其看完。但实际上，电影票钱、交通费用是已经发生的不可收回的成本。我们继续看烂片，还会进一步浪费时间。也就是说，舍不得沉没成本，舍不得已经注定会浪费掉的东西，黑洞就可能越来越大。实际上，骗子在下手的时候，除了想尽一切办法让受骗者相信"机不可失，时不再来"而上钩之外，就是利用受骗者对已付出成本的在意，一步步让其陷入深渊。

当然，对于我们自己来说，除了要正确对待沉没成本外，也要学会利用人们往往拥有的错误思维来达到目的。例如，如何让自己深爱的对方也深爱着自己？单方面付出不可取，对方也应该多付出。自己付出得越多，对方付出得也越多，恋爱关系才稳固。对待恋爱如此，对待客户也是如此。我们投行业务人员是要以客户为中心，但也不能毫无原则地迁就。要形成长期合作关系，让客户前期支付少许费用也许比我们一直免费服务更好。

> **重点提示**
>
> 富足，是一种思维方式，是一种正确对待稀缺的心态。稀缺心态的主要问题在于影响人的长期认知能力。
>
> 富足思维使我们明白时间与注意力才是世界上最宝贵的资源。这要求我们要正确处理时间与金钱之间的取舍，要把时间分配到重要的事情上。
>
> 富足思维还要求我们不受短期利益、短期诱惑的蛊惑，而持续追求长期价值，包括不要因为计较即期利益而忽视了长期利益；不因为看重小利益而舍弃了大利益；不因为"沉没成本"而影响决策。
>
> 富足思维也体现在内心的富足上，对自己有信心，对世界充满信心。

> **进一步阅读**
>
> [1] 塞德希尔·穆来纳森，埃尔德·沙菲尔. 稀缺：我们是如何陷入贫穷与忙碌的（经典版）[M]. 魏薇，龙志勇，译. 杭州：浙江人民出

版社，2018.

[2] 阿比吉特·班纳吉，埃斯特·迪弗洛. 贫穷的本质：我们为什么摆脱不了贫穷[M]. 景芳，译. 北京：中信出版社，2018.

[3] 沃尔特·米歇尔. 棉花糖实验[M]. 任俊，闫欢，译. 北京：北京联合出版公司，2016.

[4] 琳达·格拉顿，安德鲁·斯科特. 百岁人生：长寿时代的生活和工作[M]. 吴奕俊，译. 北京：中信出版社，2018.

第四节　头部思维

从"80-20法则"到幂次法则

彼得·蒂尔在《从0到1》中非常推崇幂次法则，说幂次法则（power law）是宇宙的法则，是宇宙最强大的力量。其源于经济学家帕累托提出的"帕累托法则"（也叫"80-20法则"）。这是说，在任何一组东西中，最重要的只占其中一小部分，约20%，其余80%尽管是多数，却是次要的。彼得·蒂尔认为这一认知的背后是现代社会的一个总规则：好的越来越好，领先的会持续扩大它的领先优势。

幂次法则，也可以叫幂律、头部效应。正态曲线中间的突起部分叫"头"；两边相对平缓的部分叫"尾"。从人们需求的角度来看，大多数的需求会集中在头部。科学家和经济学家陆续发现这种分布方式比比皆是：国家人口、财富的分布，网页点击的次数，都遵循这一规律，即高度不平均，系统头部占据80%以上的资源。

彼得·蒂尔通过对风险投资的观察，也明确认为：这个世界是不成比例的。投资只找最好的，因为最好的才能产生更多的价值。投资家发现投资的企业中，第一名带来的收益，超过其他所有企业的总和；第二名带来的收益，又超过了除第一名之外的所有企业的总和。

幂律给我们的最重要的启示在于，社会和自然的大部分系统都有重点。做事情一定要抓重点，持续性抓住重点，就抓住了达成最高效率的关键。这包括两个方面：其一是抓重点，找到这 20%；其二，抵抗住各种诱惑，坚定地持续专注这一头部区域，这需要强大的定力。

商业社会：只有头部才能生存

在传统商业社会中，开创并主导新品类是定位理论的最重要观点。最重要的是，要让产品成为顾客心智中的第一。

在互联网时代，由于信息获取的难度大大降低，互联网企业所提供的产品不再有地域物理隔断，因而规模效应就更为明显。而且，在原有的规模效应的基础上又增加了第二重效应，它一般被称为网络效应。每当新用户加入，原有的第一到第 N 个用户的价值都会增加，这叫作网络效应。以微信为例，活跃用户越多，其越有价值。使用的人越多，大家就越离不开它。在此之上，还有第三层效应，即裂变效应。以爆款电影为例，获得的前 20 亿票房可能是其本身质量、宣发综合产生的结果，后面 30 亿票房可能就是裂变效应的结果。所有人都在谈论，你不加入进去就会落伍。

规模效应、网络效应、裂变效应的叠加，使现代商业社会进一步成为赢家通吃的世界。很多领域只容得下前三名。第一名的市场份额是第二名与后面所有市场参与者市场份额的总和。第二名的市场份额则是第三名与其他所有市场参与者市场份额的总和。中国的网络游戏行业就是典型。腾讯、网易两家的市场份额遥遥领先于其他网络游戏公司，第一名腾讯的市场份额超过第二名网易及其他所有公司市场份额的总和，网易的市场份额则超过其后所有公司市场份额的总和。在有些领域中，市场甚至只容得下一个主体，丝毫没有第二品牌的生存空间，只有做到第一，只有成为品类代表才能生存下去。微博即是如此。

以中国互联网企业为例。新浪、搜狐、网易是中国早期互联网门户网站三巨头,当前三者的市值表现却千差万别。以 2020 年 1 月 27 日的收盘价计,网易(NTES.O)及其分拆上市的有道(DAO.N)合计市值为 430 亿美元;新浪(SINA.O)及其分拆上市的微博(WB.O)合计市值为 124 亿美元;搜狐(SOHU.O)及其分拆上市的搜狗(SOGO.N)、畅游(CYOU.O)合计市值仅为 28 亿美元(见图 6-1)。为何有这么大的差距,不光是收入利润,更重要的是其市场地位。搜狐的失败之处就在于,其在每一个重要业务领域中,都布局过,但都没有占据头部地位。

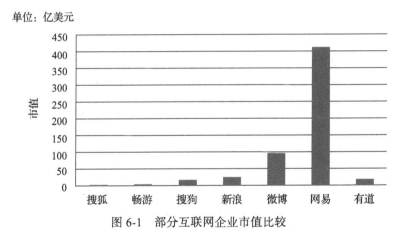

图 6-1 部分互联网企业市值比较

鉴于头部效应越来越明显的体现,"头部企业"的称谓开始出现。在我们投行业务领域中,头部券商、头部投行的说法也开始流行起来。

顺便提一下,在彼得·蒂尔熟悉的私募基金领域中,头部化即资本向头部集中,也是明显的趋势。根据 Preqin 和 Jingdata 的数据,2019 年虽然全球完成募资的基金数量达到近年来最低点,但成功完成募集的基金平均募资速度明显加快。41% 的基金在 6 个月以内就完成了募资,占比远超 2018 年 27% 及 2017 年 28% 的水平;63% 的基金仅花了少于 12 个月的时间就完成了募资,占比为近 5 年来的最高水平。2019 年上半年,市场上募资金额超 10 亿美元的大型基金仅占基金总数的 5%，却募得了市场上近 70% 的资金。

个人：从补短板到追求长板

麻省理工学院教授丹·艾瑞里在《怪诞行为学：可预测的非理性》中指出：人们在面对多个选择时，即使明知其中一项可以获得最大成功，也不愿意轻易放弃其他选择。

对于个人而言，保持专注、聚焦，可能是众所周知又最难实现的人生策略之一。因此，这里要特别强调一下，依照头部思维，个人应该怎么做。

其一，与企业一样，个人也要以做头部为目标来努力。我们小时候都听说过木桶理论，人的价值取决于组成木桶的一组木板中最短的一块，因此要补足短板。但现在，我们可能更多地发现，人的价值更多地体现为不可替代性。补上那块短板，成为一个较高水准的人，意义并不大；让那块长板尽量长，长到别人不可触及、无可替代的程度，才真正具有价值。也就是说，在竞争中脱颖而出，甚至是不被淘汰，起决定性作用的往往是长板而非短板。

因此，尽最大能力，站到头部区域，激发头部效应，对个人的眼界和之后的跃迁都至关重要。每个人都应该通过观察和判断，抢占高价值、有优势的头部，然后从小头部走向大头部，而且要明白头部是具有圈层效应的。当高手头部进行连接时，他们就升级变成圈层。当高手开始互联时，别人就彻底进不去了。当你成为头部时，资源就会"莫名其妙"地来找你。

其二，不论是投资还是生活都遵循幂次法则，即 20% 的关键事物带来 80% 的收益，这要求大家把精力专注在最有价值的事情上。就一般的工作而言是这样的，就个人投资而言，也是这样的。

公众号"孤独大脑"作者老喻有一个观点：致富不取决于你判断对了多少次，而是取决于你在对的时候敢不敢下注，在错的时候能不能止损。也就是说，财富取决于单次的幅度，不取决于频率。这个认知也是"幂次法则"和头部思维的体现，它提醒我们：

其一，在一生中，真正的财富机会出现的次数很少。巴菲特说过，每个投资人都应该假设，自己手中只有一张可以打20个洞的投资决策卡，每做一次投资，就在卡片上打一个洞，用完为止。这是提醒我们，不要频繁地做决策。

第二，小的成功没有太大意义。查理·芒格说过，如果把我们最成功的10笔投资去掉，我们就是一个笑话。在真实的投资市场上，很多投资者频繁买卖，挣点小钱，期待积少成多，但总体盈利不多，一旦市场下跌，就全贴回去了。投资也要遵循幂律，不要频繁决策，一旦决策就要集中力量争取大的成果。

顺便提醒一下，这里提到的投资是指通过投资致富，不是一般公众以跑赢通货膨胀为目的的投资理财，两者完全不一样。

> **重点提示**
>
> 现代社会的一个总规则是，好的越来越好，领先的会持续扩大它的领先优势。
>
> 幂律告诉我们，做事情一定要抓重点，持续性抓住重点，就抓住了达成最高效率的关键。这既包括抓重点、抓头部，也包括抵抗住各种诱惑，坚定地持续专注于这一头部区域。
>
> 规模效应、网络效应、裂变效应的叠加，使现代商业社会进一步成为赢家通吃的世界。
>
> 对个人而言，让那块长板尽量长，长到别人不可触及、无可替代的程

度，才真正具有价值。也就是说，在竞争中脱颖而出，起决定性作用的往往是长板而非短板。

进一步阅读

[1] 彼得·蒂尔，布莱克·马斯特斯. 从 0 到 1：开启商业与未来的秘密［M］. 高玉芳，译. 北京：中信出版社，2015.

[2] 格雷戈·麦吉沃恩. 精要主义如何应对拥挤不堪的工作与生活［M］. 邵信芳，译. 杭州：浙江人民出版社，2016.

[3] 艾·里斯，杰克·特劳特. 定位：有史以来对美国营销影响最大的观念［M］. 谢伟山，苑爱冬，译. 北京：机械工业出版社，2011.

[4] 丹·艾瑞里. 怪诞行为学：可预测的非理性［M］. 赵德亮，夏蓓洁，译. 北京：中信出版社，2017.

[5] 丹·艾瑞里. 怪诞行为学 2：非理性的积极力量［M］. 赵德亮，译. 北京：中信出版社，2017.

[6] 丹·艾瑞里. 怪诞行为学 3：非理性的你［M］. 杨清波，译. 北京：中信出版社，2017.

[7] 丹·艾瑞里. 怪诞行为学 4：诚实的真相［M］. 胡晓姣，李爱民，何梦莹，译. 北京：中信出版社，2017.

第七讲

如何进入投行

第一节 为什么投行是一份好工作

什么是好工作

按照人力资源的专业观点，职业选择是职业规划的第一步。进行职业选择，得首先明白什么是好工作。

《杜拉拉2：华年似水》的作者李可是某世界500强医药企业的前HR总监。在该书自序中，她说："当一个人找工作时，他得问自己：喜欢做什么？擅长做什么？这份工作的收入是否能满足他对生活的要求？"她总结出理想的工作有四个特性：是你喜欢的；是你擅长的；能使你赖以谋得想要的生活质量；合法合理。

公众号作者粥左罗在一篇文章中说：人人都说要找份好工作，那什么是好工作？标准有很多，但可以简单归纳为三点：有钱、有闲、有成长。

我多年前在一所财经大学做讲座分享之后，在回答学生关于什么是一份好工作时，开玩笑似的提到，自己为什么喜欢做投行。很简单，因为投行符合我对于好工作的三个定义：第一，有意思；第二，能挣到钱；第三，它是合法的。

综合起来，个人认为，一份好工作大概需要满足以下五个标准。

第一，这份工作本身能提供价值感和意义感。对多数人而言，生命是需要价值感和意义感的。快乐和幸福的意义其实是不一样的。人的快乐感基本上来自神经化学机制的影响，多巴胺、催产素、内啡肽、血清素，都会使人产生愉悦的感觉。但是，"意义感"是大脑前额叶的灵性、悟性、感性、德性，是对快乐感的综合评价。用梁冬先生的话来说，幸福是有意义的快乐。快乐＋意义感，才是幸福。

举个例子，一个人打游戏很刺激、很过瘾，但突然意识到明天要交的报告没有写，今天的读书计划也没有完成，他可能就感觉不到幸福了。人类追求的是有意义的快乐，不是简单的享乐，这可能也是人与动物的主要区别。

斯蒂芬·茨威格在其名作《人类群星闪耀时》中记录了许多杰出人物改变历史进程的关键时刻。其第一章的题目就叫作"到不朽的事业中寻求庇护"。可以说，这是人类关于"如何选择一份职业"的最经典的理想主义表达。个体若能在一个远高于渺小自我的事业中找到位置，就能得到被庇护的归属感、充实感、意义感、价值感，这是很幸福的事。

第二，这份工作能帮助你持续成长。对于个人来说，人生是一个成为更好的自己的过程，而工作往往是成长的平台。因此，这份工作能否帮助自己持续成长，它的天花板在哪里，是人们必须考虑的问题。中国目前劳动力成本提升，很多不需要太高专业技能的工作的月收入可能已经远超过大学毕业生的起薪。但为什么人们不直接从事这些工作而去上大学呢？一个重要原因就在于增长力不同。

第三，这份工作有一定的自由度。如果一份工作实行严格的上下班打卡，或者日复一日、年复一年地按一样的节奏运作，有些人可能就受不了了。

第四，这份工作能提供较好的工作待遇与薪酬待遇。每份工作因为行业的不同，在收入方面可能差别很大。在勤奋工作的基础上，获得足够高的薪酬待遇保障我们高品质的生活是很重要的事。此外，工作环境及差旅等方面的待遇，也不可忽视。

就个人观点而言，艰苦奋斗和吃苦耐劳，在当前依然重要，但其内涵是随着时代发展在不断变化的。现在的吃苦耐劳并不是要在物质上亏待自己，而更多地指持续勤奋、专注工作、保持自律。

第五，这份工作具有较强的职业转换能力。再热爱一份工作，也可能无意从事一辈子。这与人的成长相关，也可能与身体状态等相关。因此，如果一份工作有很强的"专用性"，无法转换，就很遗憾了。

投行为什么是一份好工作

我们可以对照着上述好工作的标准，看看投行是不是一份好工作。

第一，投资银行本身就是一个发现价值、创造价值的行业，当前的中国资本市场又提供了前所未有的重大机遇。

相信通过本书前面对投行和投行业务的介绍，大家已经很清楚地了解到，投行本身提供的价值感是无与伦比的。一个企业 IPO 上市、一个收购交易完成，都能为人提供满满的价值感。而且，中国资本市场因为国家的新定位、高定位，正面临前所未有的发展机遇。在这个时候能投身其中，是一件非常幸运的事。

第二，这份工作能帮助你持续成长。

投行是一个帮助你成长的行业，更准确地说，投行是一个可以帮助你持续加速成长的行业，有人开玩笑说"自带杠杆"。因为投行显著地增加了人生的广度和厚度。这是一个每天变化、需要持续学习的行业；这是一个面对不同行业、不同企业的行业，即便是面对同一企业，其对资本市场的要求也一直在变化；这是一个要求创新、随时充满挑战的行业。

此外，由于投行人员总是接触各行各业的企业家，总是与企业的高管打交道，投行人员的见识和格局往往会随之提升，用专业的术语来说就是：整个职业发展的人力资本曲线是上升的。

第三，投行工作具有较大的自由度，时间相对自由。有人可能对此不太理解。投行不是需要经常加班、持续出差吗，怎么会自由呢？站在不同的维度上看，可以得出不同的结果。投行的自由，指的是不执行打卡的坐班制，而是执行以项目完成为指针的项目制。投行人员虽然在项目进行的过程中可能很忙，但做的不是程序化、从早到晚必须到岗的工作。而且，项目的进行可能有不平衡性，也可能存在相对比较轻松的时间。此外，随着在投行内部职位的提升，你不需要从事具体项目的笔头工作，时间自由度可能会进一步提升。当然，你此时面临的是另外一种业绩压力。

第四，投行能够提供较高的工作待遇与薪酬待遇。总体来讲，与其他行业相比，金融行业提供的工作待遇与薪酬待遇是较高的。投行在金融行业里又处于一个较高的位置。

例如，《年轻资本》里有这样一段关于20世纪70年代投资银行专业人士的描述："他们的办公室里摆放着昂贵的古董和原创的艺术品。他们穿着500美元一套、旧式风格的西服套装，给罗马、苏黎世或者法兰克福打个电话，就像大家给隔壁邻居打电话一样……他们策划安排的交易，都是成百上千万美元的交易，而且，尽管他们只是提供中间人服务，但服务提取的佣金，都非常丰厚，使得他们也成了世界上最富有的工薪族。他们就是华尔街的投资银行家，是为美国大公司筹集数十亿上百亿美元现金的人。"

从中国目前的现实情况看，多数内资投行虽与外资投行在出行方面的待遇有较大的差距，但相对于其他行业还是明显高一些，也在持续提升中。另外，随着你职级的提升，待遇也会明显提升。

从薪酬待遇来说也是一样，投行的平均收入水平在所有行业中居于较高的区间。无论是什么类型的投行，投行业务人员的收入都是由固定月薪＋奖金构成的。单看固定月薪，如果是应届毕业生，投行的起薪并没有明显优势，但随着业务级别的提升，投行固定月薪的竞争力开始明显提高。

对于优秀的投行人员来说，奖金是收入结构中更重要的部分。而且，随着投行人员的成长，奖金在其收入结构中所占的比重会从低到高逐渐递升。这条上升曲线的坡度，究竟如何，取决于个人的业务能力和业务贡献。就奖金的确定标准而言，不同类型的投资银行有所不同。多数中小规模券商，奖金被称为项目奖金，与投行人员完成的项目的收入相关。一般头部券商，投行人员的收入不与项目收入相关，而是公司根据业务级别、考核情况等综合确定。

第五，投行具备很强的职业转换能力。投行要求从业者具备很强的专业能力、复合的知识结构，投行要顾及方方面面，特别是它直接面对各行各业的企业、各类投资者，这意味着投行具备很强的职业转换能力。有句俗话叫"不能让你白白受苦"，投行的工作经历为之后的职业转换提供了很好的基础。

由此来看，好工作的标准，投行几乎都具备，而且都是"加强版"。显然，投行是一份不折不扣的好工作。

投行职业的缺点

天下没有免费的午餐，世界上也没有十全十美的事。投行总体上是一份好职业，但也有一些缺点，并非适合每一个人。

第一个缺点就是忙碌与压力。前面说到的投行时间上的自由其实是一种相对自由，或者说形式自由但实质不自由。投行本身对于持续学习的要求、投行工作本身的复杂性和难度、投行内部严格的业绩考核以及收入待遇与工作业绩强挂钩的机制，都使得投行工作充斥着忙碌与压力，加班和长时间高压力工作几乎不可避免。特别是对于初入投行的人来说，他们总是处在随时待命的状态，长时间加班和缺乏对自身时间的掌控都是正常的现象。

此外，投行需要从业人员长期出差。当投行从业人员级别较低时，一般是出差的次数多，每次时间长，因为很可能要在企业所在地现场长时间工作。随着级别提升，投行从业人员更多地从事承揽和管理工作，出差的次数变多，而每次的时间变短，甚至一次出差连续去好几个地方。但无论如何，投行从业人员长时间在外出差是常态。

这些情况使得投行从业人员面临如何做好自我管理，以及保持工作、生活与家庭相平衡的问题。

第二个缺点是自我管理能力不强的人容易失败。投行是一个赏罚分明的行业。投行不是日常程序性的工作，不存在严格的师傅带徒弟的管理模式，每个人的自我管理能力对自身的成长影响很大。

有些新人积极主动，团队领导愿意多给他项目机会，其实战经验就积累得很快。有些新人积极上进，利用业余时间准备考试和勤奋学习，业务水平提升很快。但也有人，在投行相对不严格的时间使用模式下，偷懒、拖沓，逐渐陷入恶性循环。所以，我们既经常看到很多新人迅速脱颖而出，也看到很多新人很快掉队，甚至被淘汰。

第三个缺点是永远居于"乙方"地位。投资银行一般是以中介的身份为企业服务的。聘请投行的企业是甲方，而从事服务工作的投行一般是乙方（或者说"卖方"）。乙方需要从甲方手中获得项目，乙方需要以自己的服务让甲方满意。在投资银行工作的人，无论你的级别多高，在面对客户时永远是乙方。

并不是说做乙方就一定有问题，很多时候，一直拥有乙方心态，反而更有利于我们处理好生活的方方面面，会让我们考虑得更周全。但有些人对此还是会有所介怀。例如，从投行（乙方、卖方）转型到投资行业（买方）的人很多，但很少看到有人从"买方"转型到"卖方"。

第四个缺点是不能投资股票。为了避免"误伤"，我建议投行从业人员的直系亲属不要投资股票或者要非常谨慎。

这里包括两个方面。第一个方面是自身不能投资股票。2020年3月开始实施的新《证券法》并没有放宽对证券从业人员持有股票的限制。㊀因此，证券公司投行工作人员不得自身直接或者以化名、借他人名义持有、买卖股票。基于这一规定，建议投行从业人员自己及其配偶、未成年子女都不要投资股票。

第二个方面是建议子女和父母等不要投资股票或者要非常谨慎。投行业务人员容易接触内幕信息，可能成为内幕信息知情人。如果直系亲属投资股票，有可能碰巧出现"撞车"的情况。考虑到投行从业人员与直系亲属可能联系紧密，就很难解释清楚，容易被"误伤"。此外，目前在并购重组等交易中，需要向交易所申报内幕信息知情人，除了投行从业人员本人外，也包括其配偶、子女和父母。

股票投资是理财的重要方式，也是分享中国经济和资本市场发展成果的重要方式。对证券从业人员的限制确实可能造成一定的影响。对此，有两个解决办法。其一，对证券从业人员投资证券投资基金是没有限制的。其二，新《证券法》豁免了证券公司从业人员以股权激励计划和员工持股计划参与本公司股票的投资。

㊀ 《中华人民共和国证券法》（2019年修订）第四十条：证券交易场所、证券公司和证券登记结算机构的从业人员，证券监督管理机构的工作人员以及法律、行政法规规定禁止参与股票交易的其他人员，在任期或者法定限期内，不得直接或者以化名、借他人名义持有、买卖股票或者其他具有股权性质的证券，也不得收受他人赠送的股票或者其他具有股权性质的证券。

任何人在成为前款所列人员时，其原已持有的股票或者其他具有股权性质的证券，必须依法转让。

实施股权激励计划或者员工持股计划的证券公司的从业人员，可以按照国务院证券监督管理机构的规定持有、卖出本公司股票或者其他具有股权性质的证券。

第一百八十七条：法律、行政法规规定禁止参与股票交易的人员，违反本法第四十条的规定，直接或者以化名、借他人名义持有、买卖股票或者其他具有股权性质的证券的，责令依法处理非法持有的股票、其他具有股权性质的证券，没收违法所得，并处以买卖证券等值以下的罚款；属于国家工作人员的，还应当依法给予处分。

> **重点提示**
>
> 好工作需要工作本身能提供价值感,需要能帮助你持续成长,需要有一定的自由度,需要能提供较高的工作待遇与薪酬待遇,需要有较强的职业转换能力。
>
> 好工作的标准,投行这份工作几乎都具备,而且都是"加强版"。显然,投行是一份不折不扣的好工作。
>
> 投行不可避免的忙碌与压力、长期出差等,使得从业人员必须面对工作、生活与家庭平衡的巨大挑战和考验,同时不能以直接投资股票的方式分享经济发展的成果。

进一步阅读

[1] 李可. 杜拉拉升职记 [M]. 海口:南海出版公司,2013.

[2] 李可. 杜拉拉2:华年似水 [M]. 海口:南海出版公司,2013.

[3] 李可. 杜拉拉3:我在这战斗的一年里 [M]. 海口:南海出版公司,2015.

[4] 李可. 杜拉拉大结局:与理想有关 [M]. 海口:南海出版公司,2015.

[5] 克莱顿·克里斯坦森,等. 你要如何衡量你的人生 [M]. 丁晓辉,译. 北京:北京联合出版公司,2018.

第二节　为进入投行所需要的准备

学历与专业

本节讲述的投行,指狭义投行,即主要针对中国证券公司的投资银行业务板块。

学历与专业主要是应届毕业生进入投资银行的敲门砖。内资投资银行对进入其中工作的应届毕业生的学历和专业是有一定要求的。但是,其对已经有相关工作经验的转行进入投行的人的学历和专业的要求则较为弹性。

就学历而言，如果是应届毕业生直接进入投行，要求至少是国家承认的硕士研究生学历；如果是转行进投行，一般也要求是研究生学历。但如果已经是非常有经验的人员，例如已经在会计师事务所工作多年的人，对学历的要求有可能可以放宽到本科。

就专业而言，如果是应届毕业生直接进入投行，一般要求是相关专业。具体来说，主要是三类。其一是经济、金融类；其二是财务类；其三是法律类。这与目前中国投资银行仍然处于核准制向注册制的过渡期，监管部门的实质性审核仍是主流相关。相对而言，这些专业毕业的毕业生，容易直接上手开始做项目，特别是直接参与申报材料的制作。

例如，目前投行做一个IPO项目，在进行尽职调查和申报材料撰写时，通常要分组。行业组负责行业方面的尽调，撰写招股说明书中的行业与技术、募投资金等部分；财务组负责财务方面的尽调，撰写招股说明书中的管理层讨论与分析等章节，这也通常是人数最多的小组；法律组负责法律方面的尽调，撰写招股说明书中的发行人基本情况、公司治理等章节。每个小组通常由已经具备业务经验的人负责，具备财务或者法律背景的新人很容易被安排进相应的小组直接上手工作。

这与境外投行有很大的不同。美国的投行更多的是招聘MBA。其原因包括三个方面。其一，境外投资银行的发展阶段和工作内容与境内投行存在很大的不同。类似于重复一遍本应当由会计师、律师完成的尽调工作以及把主要时间花在撰写招股书等申报材料上，并不是他们的主要工作。而且，美国投行更重视从业人员的商业基本功和思考方式，这也便于他们与企业老板及投资者打交道。其二，境外大学的MBA教育与我国目前的MBA教育有很大的不同。我国目前普通MBA教育的质量并没有得到普遍的认可。其三，境外投行更看中MBA教育对人思考方式的培养。

随着境内投行市场化进程的推进和招聘选拔机制的成熟，投行在招聘应届毕业生时也更加多元与弹性。如果应聘者学校背景好、自身资质优秀，投行对于其具体专业的要求是可以放宽的。一些内地顶级大学的优质MBA项目也可能获得更多关注。更多非相关专业的应届毕业生也开始获得进入投行的机会。

此外，一些复合型背景的应届毕业生具有很大的竞争优势。这里的复合，体现在两个方面。第一个是三大相关专业之间的复合。例如，本科学法律，硕士学财务，法律职业资格和注册会计师（CPA）资格又都已经考取了，那很可能非常"抢手"。再如，本科学财务，硕士学金融。又如，本科学物理，同时学习了经济学，得到双学位，硕士学金融。第二个是其他专业与三大相关专业之间的复合。例如，本科学数学，硕士学财务。这样的学生既具有理科生背景和思维能力，又具有相关专业的直接"上手"优势，"后劲"可能会非常足。

我曾经看到一份券商的校园招聘广告是这样写的：我们希望你是2020年应届硕士或博士；有一颗热爱工作的心，勤奋、刻苦、细心，有责任感，做事超预期；复合型教育背景优先考虑；有CPA等证书者优先考虑；英雄不问出处，如果你某方面足够优秀突出，不受条件限制……

这份广告特别突出了"复合型教育背景优先考虑"。最后一句话"如果你某方面足够优秀突出，不受条件限制"，一方面显示了目前证券公司的招聘更加有灵活性，另一方面也是本书第六讲"头部思维"中"立长板"这一重要思想的体现。

对于转行进投行的人员来说，更主要的是看他之前的工作资历和实际工作能力，对于专业的要求可进一步放宽。

除了专业与学历外，应届毕业生普遍关心的是学校的"门槛"，即是否只有"985"，甚至TOP4○的毕业生才行。曾经所谓的"券商内部招聘文

○ TOP 4 一般是指北京大学、清华大学、复旦大学和上海交通大学。北京大学和清华大学在中国高等教育领域里的地位自然无须多说。复旦大学和上海交通大学入列，一是因为它们本身是仅次于北大、清华的第二梯队的名校，二是因为它们均位于上海，而上海是中国投资银行聚集最密集的地域之一。

件"在微信朋友圈中刷屏了,它对校园招聘的目标院校做出了限定,并且对目标院校划分了档次。

对此,我们要分两个层面来看。第一,很多第一梯队的证券公司对于招聘应届毕业生已经形成了比较规范的程序,而且基于其行业地位,本身受到毕业生的青睐而选择余地较大。因此,其人力资源部门确实设置了一些内部掌握的标准,主要是用于简历的初步筛选。内部标准暂且不论,我们观察一下一些头部券商在其官网上公布出来的暑假实习计划或者校招宣讲地点(见图 7-1 和图 7-2)就可以发现,其青睐名校的毕业生。

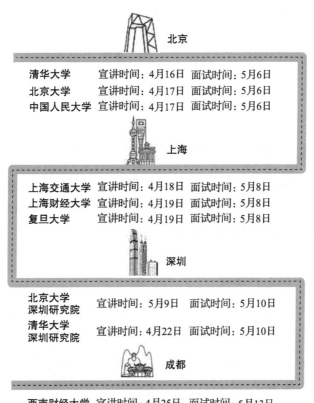

图 7-1　某证券公司暑期实习计划宣讲安排

图 7-2 某证券公司暑期实习计划宣讲地点

第二，中国境内的证券公司本身有多个层次与类型。一般而言，中小证券公司对学校的要求会有所降低。但是，应届毕业生在缺乏工作经验验证的情况下，学校的排名确实还是会对他们造成较大的影响。

知识结构与专业知识储备

如果希望进入投行工作，就需要在知识结构和专业知识两方面做相应的储备。

第一个方面是知识结构。一般而言，进入目前内地投行所需的基本知识结构可以归纳为"一个中心、两个轮子"。

"一个中心"是指以经济学思维和商业思维为中心，掌握经济学、金融学相关的基本理念和主要知识；"两个轮子"分别指财会知识（包括会计、财务管理、税务等)和法律知识(包括商事法律、民事法律、行政法律等)。此外,还要求具备丰富的经营管理知识和行业知识。

这也是前面所说的目前内地投行主要选择经济金融类、财会类、法律类相关专业的原因之一。

面对这一知识储备的要求,应该怎么应对呢?基本做法应该是缺啥补啥。例如,学财务的应该去补经济金融、法律方面的专业知识;学经济金融的应该去补法律、财会方面的专业知识。

对某个行业有深入研究,也是很有价值的事。这个行业可以是与自己兴趣爱好相关的行业(例如,对电影感兴趣的应届毕业生研究影视行业),也可以是与自己专业相关的行业(例如,本科是学化学的,研究精细化工行业),还可以是自己实习时接触过的某个行业……

需要补充说明的是,这一知识结构,特别是对于财会、法律方面的高要求,乃至大量招收具有这样专业背景的人员进入投行,是我国内地投行的专有现象。其原因主要是我国内地投行长期以承做牌照业务为主,而监管部门对牌照业务进行实质性审核。未来随着内地投行业务的市场化和注册制改革的全面推开,这一状况会发生一定程度的改变。

第二个方面是专业知识。专业知识又分为两个方面,一方面是关于金融市场和证券市场方面的专业知识,另一方面是关于投行业务方面的专业知识。

对于这两方面的知识,一个很好的学习方式是参照中国证券业协会组织的两项考试的大纲来学习。

第一项是一般从业资格考试,考试科目包括"证券市场基本法律法规""金融市场基础知识"。

目前,最新版的大纲⊖是2019年10月颁布的。这里列出大纲的主要

⊖ 资料来源:《关于发布〈证券业从业人员一般从业资格考试大纲(2019)〉的公告》,中国证券业协会官网,https://www.sac.net.cn/pxzx/pxzdydg/201910/t20191009_140276.html,2020年1月31日访问。

目录（见表 7-1 和表 7-2），详细大纲参见本书附录 A。

表 7-1　证券市场基本法律法规大纲主要目录

章	节	
第一章　证券市场基本法律法规	第一节	证券市场的法律法规体系
	第二节	公司法
	第三节	合伙企业法
	第四节	证券法
	第五节	证券投资基金法
	第六节	期货交易管理条例
	第七节	证券公司监督管理条例
第二章　证券经营机构管理规范	第一节	公司治理、内部控制与合规管理
	第二节	风险管理
	第三节	投资者适当性管理
	第四节	证券公司反洗钱工作
	第五节	从业人员管理
	第六节	证券公司信息技术管理
第三章　证券公司业务规范	第一节	证券经纪
	第二节	证券投资咨询
	第三节	与证券交易、证券投资活动有关的财务顾问
	第四节	证券承销与保荐
	第五节	证券自营
	第六节	证券资产管理
	第七节	证券公司信用业务
	第八节	证券公司全国股份转让系统业务及柜台市场业务
	第九节	其他业务
第四章　证券市场典型违法违规行为及法律责任	第一节	证券一级市场
	第二节	证券二级市场

表 7-2　金融市场基础知识大纲主要目录

章	节	
第一章　金融市场体系	第一节	金融市场概述
	第二节	全球金融市场
第二章　中国的金融体系与多层次资本市场	第一节	中国的金融体系
	第二节	中国的多层次资本市场

（续）

章	节	
第三章 证券市场主体	第一节	证券发行人
	第二节	证券投资者
	第三节	证券中介机构
	第四节	自律性组织
	第五节	证券监管机构
第四章 股票	第一节	股票概述
	第二节	股票发行
	第三节	股票交易
	第四节	股票估值
第五章 债券	第一节	债券概述
	第二节	债券发行
	第三节	债券交易
	第四节	债券估值
第六章 证券投资基金	第一节	证券投资基金概述
	第二节	证券投资基金的运作与市场参与主体
	第三节	基金的募集、申购赎回与交易
	第四节	基金的估值、费用与利润分配
	第五节	基金的管理
	第六节	证券投资基金的监管与信息披露
	第七节	非公开募集证券投资基金
第七章 金融衍生工具	第一节	金融衍生工具概述
	第二节	金融远期、期货与互换
	第三节	金融期权与期权类金融衍生产品
	第四节	其他衍生工具简介
第八章 金融风险管理	第一节	风险概述
	第二节	风险管理的基本框架
	第三节	风险衡量方法

第二项是专项业务类资格考试中的保荐代表人胜任能力考试。目前，最新版大纲㊀是2018年8月颁布的。这里列出其考试科目"投资银行业务"的大纲的主要目录（见表7-3），详细大纲参见本书附录B。

㊀ 资料来源：《关于发布〈保荐代表人胜任能力考试大纲（2018）〉的公告》，中国证券业协会官网，https://www.sac.net.cn/pxzx/pxzdydg/201806/t20180619_135708.html，2020年1月31日访问。

表 7-3　投资银行业务大纲主要目录

章	节
第一章　保荐业务监管	第一节　资格管理
	第二节　主要职责
	第三节　工作规程
	第四节　执业规范
	第五节　内部控制
第二章　财务分析	第一节　会计
	第二节　财务分析
	第三节　税法、审计、内部控制与评估
第三章　股权融资	第一节　首次公开发行股票
	第二节　上市公司发行新股
	第三节　非上市公众公司股份公开转让
第四章　债权融资	第一节　政府债券
	第二节　金融债券
	第三节　公司债券
	第四节　企业债券
	第五节　资产证券化
第五章　定价销售	第一节　股票估值
	第二节　债券估值
	第三节　股票发行与销售
	第四节　债券发行与销售
第六章　财务顾问	第一节　业务监管
	第二节　上市公司收购
	第三节　上市公司重大资产重组
	第四节　涉外并购
	第五节　非上市公众公司并购
第七章　持续督导	第一节　法人治理
	第二节　规范运作
	第三节　信守承诺
	第四节　持续信息披露
	第五节　法律责任

需要补充说明两点。其一，知识结构储备所说的"一个中心、两个轮

子"已经在考试大纲中体现出来。对于金融学和法律方面的要求主要体现在一般从业资格考试的"证券市场基本法律法规""金融市场基础知识"中。对于财务会计的要求主要体现在保荐代表人胜任能力考试大纲"投资银行业务"中的"会计"一章,内容涵盖了 CPA 的会计、财务管理、审计和税法等。

其二,中国证券业协会设计的保荐代表人胜任能力考试大纲全面涵盖了中国目前几乎所有的投资银行类业务,确实是一份比较好的学习投行业务的指南。它不仅对想要进行知识储备进入投行的人有用,对于已在投行工作的人,甚至已经通过考试的人来说,也有用处(因为投行业务在持续变化与更新之中)。

必要的专业资格

没有工作经历的应届毕业生,其毕业学校和学习成绩可以验证学习能力,相关的专业资格则是判断其是否具有专业技能,能否快速"上手"工作的一个较好的依据。对于转行到投行来的其他专业人士来说,有专业资格证书也是一个好的证明。

专业资格证书中,对于目前进入内地投行来说最有用的三类是:"准"保荐代表人资格㊀证书、注册会计师资格证书和法律职业资格证书。

取得"准"保荐代表人资格的前提是参加并通过保荐代表人胜任能力考试。过去,参加保荐代表人胜任能力考试本身就需要具备一定的资格,没有进入证券公司之前是无法参加考试的。2015 年之后,中国证券业协

㊀ 严格来讲,只有保荐代表人资格。所谓"准"保荐代表人,是指已经通过"保荐代表人胜任能力考试"的人员,按照官方说法是"具有保荐代表人胜任能力考试有效成绩的人员"。该等人员要成为保荐代表人,还需要同时具备两个硬性条件:①具备 3 年以上保荐相关业务经历;②最近 3 年内在境内证券发行项目中担任过项目协办人。这些条件显然只能是正式进入投资银行工作一定年限后才可能具备。

会对此进行了改革，[1]没有进入证券公司的人员也可以参加考试。这使通过此项考试成了进入投行的一项"利器"。

根据中国证券业协会的规定，证券业从业资格考试分为一般从业资格考试、专项业务类资格考试和管理类资格考试三种类别。一般从业资格考试，即"入门资格考试"，科目设定为两门（分别为"证券市场基本法律法规"和"金融市场基础知识"）。这是所有证券公司从业人员必须通过的入门考试。专项业务类资格考试，即"专业资格考试"，分为保荐代表人胜任能力考试（考试科目为"投资银行业务"）、证券分析师胜任能力考试（考试科目为"发布证券研究报告业务"）和证券投资顾问胜任能力考试（考试科目为"证券投资顾问业务"），分别对应在证券公司的投资银行业务部门、研究部门、经纪与财富管理部门工作的人员。管理类资格考试，主要面向拟任证券经营机构高级管理人员的人员。

根据现行规定，通过"一般从业资格考试"即可参加"保荐代表人胜任能力考试"。而"一般从业资格考试"的报名条件很低，只需要年满18周岁且具有高中文化程度。

"一般从业资格考试"的难度相对较低，而"保荐代表人胜任能力考试"有一定的难度，特别是对没有任何从业经验的人来说。

我个人对此提供两个建议。第一，对于任何标准化考试来说，最事半功倍的应考方法都是从真题入手。建议先找到历年真题，然后重点复习这些真题对应的法规原文和相关知识点。只要突破了这些核心内容，通过考试的概率就很大了。第二，财务会计方面的考题占比较大。对于财务基础薄弱的考生来说，这是个难点。如果既有参加注册会计师考试的计划，又有参加保荐代表人考试的计划，先行备考CPA会有很大帮助。

---

[1] 2015年7月15日，中国证券业协会发布《关于证券业从业人员资格考试测试制度改革有关问题的通知》（中证协发〔2015〕147号）及《证券业从业人员资格考试测试制度改革常见问题解答》。

另外两项重要资格是参加注册会计师资格考试取得注册会计师资格和参加国家统一法律职业资格考试取得法律职业资格。

在其他资格中，金融方面的还有特许金融分析师（chartered financial analyst，CFA）。这个资格针对的主要是证券投资方向。如果准备到证券公司的投资部门或者到公募基金公司工作，这是相当重要的资格。但从目前的情况看，CFA对投行业务的直接意义不大。

此外，还有一些中介机构的资格，例如注册税务师、资产评估师等，也有一定的意义。但如果没有前面提及的三项主要资格，我还是建议先行取得这三项主要资格。

顺便提一下，专业资格证书之所以重要，是因为除了前面提到的是对自身专业知识的验证外，它也涵盖了其他一些东西。例如，对应届毕业生来说，它也代表了自身提前对职业生涯的规划、自己学习能力的体现、自己为之所付出的持续努力等。

熟悉资本市场

应届毕业生在校期间对资本市场有所熟悉，无论是对进入投行还是对未来迅速进入工作状态，都是非常有帮助的。对此，我提供三个建议。

第一，尽可能前往证券公司实习。对于一些大型券商而言，实习是一个重要的前置程序。当然，得到这些大型券商的实习生资格，要经过严格的选拔。获得实习机会并且参加较长时间的实习后，也不一定能正式入职。因为通常实习生的数量大于券商准备校招应届毕业生的数量，而且每年要招聘的数量也受到很多因素的影响，随时可能发生变化。

尽管如此，我仍然建议毕业生尽可能参加大型券商的实习生选拔并认真在投行部门实习。因为，这确实是提前获得工作经验和成长的好机会。而且，一般来说，有大券商的实习经验且表现良好的学生，即便因各种原因没能入职，大券商向其他中小券商推荐的话，其他券商通常也会很愿意接受。

除了大型券商有严格的实习生计划外,其他中小券商通常也需要大量的实习生。这些券商招聘实习生的程序并不严格,相对容易入选,建议考虑。

第二,阅读专业报刊。除了补充知识结构和进行专业学习外,多阅读行业相关的专业报刊和有价值的微信公众号,也是一个很好的感性理解资本市场和投行业务的方法,有利于把理论学习和市场实例结合起来。

我个人比较推荐的专业报刊包括:《中国证券报》《上海证券报》《证券时报》《第一财经日报》《每日经济新闻》《21世纪经济日报》《经济观察报》《中国经营报》;《财新周刊》《财经》《证券市场周刊》《新财富》《中国企业家》。

此外,各种信息类公众号,包括这些报刊的官方微信号,并不能完全替代这些报刊。我建议大家去图书馆阅读这些报刊,或者通过 iPad 订阅这些报刊的原刊。

第三,尝试进行股票投资。为了更好地感受市场,大家可以考虑开立股票账户,感受资本市场的气氛。投资资金不宜过多,而且要明白目的,不能把时间用来"盯盘"。如果已经参加证券公司的实习计划,则需要谨慎,不能违规。另外,在证券公司正式入职前要销户,入职后不得继续进行股票投资。

> **重点提示**
>
> 当前应届毕业生进入投行,一般要求硕士学历,经济类、金融类、财务类、法律类相关专业。
>
> 具有复合型专业背景和专业资格的学生会更受欢迎。最重要的专业资格包括"准"保荐代表人资格、注册会计师资格和法律职业资格。
>
> 要进入投行就需要在知识结构和专业知识两方面做储备,知识结构是

指以经济学思维为中心，以财会知识和法律知识为两个轮子。

使用各种方式增强对资本市场的熟悉，对进入投行和未来迅速进入工作状态都很有帮助。

进一步阅读

[1] 中国证券业协会. 金融市场基础知识 [M]. 北京：中国财政经济出版社，2019.

[2] 中国证券业协会. 证券市场基本法律法规 [M]. 北京：中国财政经济出版社，2019.

[3] 中国注册会计师协会. 会计 [M]. 北京：中国财政经济出版社，2019.

[4] 中国注册会计师协会. 税法 [M]. 北京：中国财政经济出版社，2019.

[5] 中国注册会计师协会. 经济法 [M]. 北京：中国财政经济出版社，2019.

[6] 中国注册会计师协会. 审计 [M]. 北京：中国财政经济出版社，2019.

[7] 中国注册会计师协会. 财务成本管理 [M]. 北京：中国财政经济出版社，2019.

[8] 中国注册会计师协会. 公司战略与风险管理 [M]. 北京：中国财政经济出版社，2019.

[9] 中华人民共和国司法部. 2019年国家统一法律职业资格考试大纲 [M]. 北京：法律出版社，2019.

[10] 保罗·海恩，等. 经济学的思维方式（原书第13版）[M]. 史晨，译. 北京：机械工业出版社，2015.

[11] N 格里高利·曼昆. 经济学原理：微观经济学分册（原书第7版）[M]. 梁小民，等译. 北京：北京大学出版社，2015.

[12] 弗雷德里克 S 米什金. 货币金融学（原书第4版）（美国商学院版）[M]. 蒋先玲，等译. 北京：机械工业出版社，2016.

[13] 斯蒂芬 P 罗宾斯, 等. 管理学 (原书第 13 版) [M]. 刘刚, 等译. 北京: 中国人民大学出版社, 2017.

[14] 小阿瑟 A 汤普森, 等. 战略管理: 概念与案例 (原书第 19 版) [M]. 蓝海林, 等译. 北京: 机械工业出版社, 2016.

第三节　如何进入投行

直接进入投行

在讲应届毕业生如何直接进入中国投行之前, 我先简单讲述一下美国投行是如何招聘应届毕业生的。

在美国, 以学生身份直接进入投行工作, 有两种途径。第一种途径是本科毕业生作为分析师 (analyst) 进入投行。如果想本科毕业就进入投行, 一般要在大三刚开学时参加投行组织的实习生招聘, 被录取后在大三结束的暑假参加投行的实习。要想顺利被录取, 参加实习, 往往大二甚至大一一入学就要开始准备了。通过实习, 如果能够被留用, 毕业生将作为分析师进入投行。

第二种途径是 MBA 毕业后, 作为经理 (associate) 进入投行。同样, 需要在 MBA 第一年结束的暑假参加投行的暑期实习 (前提是先通过投行的招聘程序取得实习资格), 然后通过实习获得留用。大多数投行都会有一个商学院的名录, 基本上只接受名校的 MBA。之所以只从名校 MBA 甚至是顶级 MBA 里面筛选, 是因为美国的 MBA 教育已经很成熟, 认可度很高, 而名校 MBA 的入学资格就很难获得。名校甚至顶级 MAB, 其本身就代表了一个很强的筛选机制。从这里面再选拔出做投行的, 相当于从 "优秀" 中选 "杰出"。

就中国目前投行选拔应届毕业生的机制而言, 大致可以分为两种情况。一种是内地大型证券公司, 基本上已经在借鉴美国投资银行的基础上，形成了自己的校园招聘机制。一般来说，大多都包括暑期实习留用和公开校招两种方式。

暑期实习留用机制与前述美国投行比较一致，也是先按照严格的程序招聘暑期实习生，实习生经考核通过可能被留用。区别在于不会分本科生和 MBA 两种方式，而是仅有从研究生中选拔这一种方式。

无论是暑期实习留用方式还是公开校招方式，就招聘环节而言，总体上是近似的，基本都包括：校园宣讲—网申（在证券公司官网上投递简历）—线上面试—笔试——一面——二面。应届毕业生可以通过参加校园宣讲会或者直接关注各证券公司官网的方式获得招聘信息（示例如图 7-3 和图 7-4 所示）。

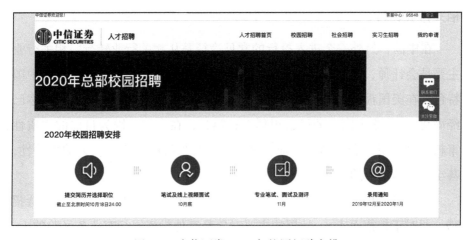

图 7-3　中信证券 2020 年校园招聘安排

资料来源：中信证券官网 http://customer.citics.com/zp/zbxyzp/?source=website，访问于 2020 年 1 月 31 日。

另一种是中小证券公司，它们一般也会有针对应届毕业生的校招。但程序环节可能没有大型券商严格，例如可能没有暑期实习环节，可能不是每年都进行校园招聘等。

图 7-4　中信证券 2020 暑期实习时间安排

资料来源：中信证券官网 http://customer.citics.com/zp/zbsxs/，访问于 2020 年 1 月 31 日。

相关行业转行

在中国，另外一个进入投行的常见途径是从相关行业转行。相关行业主要是会计师、律师等与投资银行业务相关的其他中介行业。这也是中国特色，在美国很少发生。原因有两点：第一，美国进入投行的途径基本已经固化，"半路出家"的机会很稀罕；第二，在中国，因为目前的实质性审核机制，所以会计师、律师从事的工作与投行的工作有很大的相关性，甚至很多是重合的。

转行进入投行的主要途径有三种。第一种是投资银行的社招（社会招聘，相对于校招而言）。社招的主要对象是其他投资银行有业务经验的人，但也给了具备投资银行相关经验的人士机会。

第二种是猎头推荐。猎头在给投资银行推荐人才时，也可能推荐其他相关行业的优秀人才。

第三种是投行在项目工作中发现并引进。大部分投行项目都是投行人员、会计师、律师一起工作，而且项目往往需要一个较长的周期。在工作过程中，一些业务经验丰富的会计师、律师有可能被投行看中。但这种情况一般针对的是相对低级别的会计师和律师,一方面是因为他们通常常驻现场工作,容易被了解;另一方面是他们入行时间短,转行的意愿相对较强。

投行的人力资源概况

根据中国证券业协会提供的信息,目前在我国证券公司(即本书所说的广义投行)实际工作的人员共约 23 万人,其中在证券公司母公司中实际从事投资银行业务的约为 2.6 万人。具体情况如表 7-4 和表 7-5 所示。

考虑到部分证券公司的投资银行业务由控股或者全资的专业子公司开展,实际投资银行业务人员(指在中国的证券公司中从事投资银行业务的人员,即狭义投行人员)数量比这个略高,但估计不超过 3 万人。

表 7-4 2016~2018 年券商总部、分支机构人员构成情况

年份	总部整体			分支机构整体		
	人数(人)	占比(%)	增幅(%)	人数(人)	占比(%)	增幅(%)
2016 年	71 956	32.38	—	150 249	67.62	—
2017 年	81 435	35.13	13.17	150 367	64.87	0.08
2018 年	84 729	36.61	4.04	146 732	63.39	-2.42

资料来源:2018 年中国证券业协会证券行业人力资源管理问卷调研。

表 7-5 2018 年证券行业母公司各业务线人员构成

业务线	总人数(人)	平均人数[1](人)	人员占比[2](%)	人员增长率(%)
总部经纪业务	8 813	88	3.88	8.24
投资银行业务	26 345	263	11.59	1.78
自营投资业务	4 070	41	1.79	6.63
研究及机构销售业务	5 946	59	2.62	6.69
资产管理业务	6 369	64	2.80	-1.88
资产托管业务	1 222	12	0.54	3.21
互联网金融	1 887	19	0.83	18.98
柜台业务	962	10	0.42	-14.79
国际业务	343	3	0.15	25.64
信息技术	7 362	74	3.24	10.21
内控	4 812	48	2.12	16.15
运营、存管、清算	3 103	31	1.37	2.82
战略发展	319	3	0.14	-4.20

（续）

业务线	总人数（人）	平均人数[1]（人）	人员占比[2]（%）	人员增长率（%）
人力资源	1 219	12	0.54	1.16
财务、资金管理	3 651	37	1.61	1.76
办公室	1 477	15	0.65	4.90
董监事会办公室	414	4	0.18	11.89
党群、工会、团委、纪检	651	7	0.29	12.24
行政管理	1 603	16	0.71	-0.68
分支机构人员	146 732	1 467	64.55	-1.86

[1] 按 100 家公司估算。
[2] 由于四舍五入有误差，合计可能不为 100%。
资料来源：2018 年中国证券业协会证券行业人力资源管理问卷调研。

重点提示

美国毕业生进入投行，有本科毕业生作为分析师进入投行和 MBA 毕业后作为经理进入投行两种方式。

中国大型投行的校招通常包括暑期实习留用和公开校招两种方式，但均从研究生中选拔。

从相关行业转行进入投行，通常有公开社招、猎头推荐和投行在项目工作中发现并引进三种情况。

进一步阅读

[1] Career Venture，爱思益. 毕业进投行［M］. 北京：电子工业出版社，2014.

[2] 金融小伙伴. 中国投行：实务入门与职业指南［M］. 北京：中国市场出版社，2018.

[3] 劳伦 A 里韦拉. 出身：不平等的选拔与精英的自我复制［M］. 江涛，李敏，译. 桂林：广西师范大学出版社，2019.

第八讲

投行的职业道德与执业准则

第一节 投行的职业道德

职业道德是安身立命之本

成熟市场的投资银行业,非常强调职业伦理与道德,职业伦理与道德是绝对的从业"第一课"。在我看来,职业道德并不是道德层面的评判,而是每一个从业者对于自己职业本质的认知。而且从业时间越长,你会越深刻地体会到,职业道德和基本的执业准则,是从事金融行业特别是投资银行的安身立命之本。

投资银行业是优秀人才聚集的行业,客户也对投行从业人员有很高的期待和要求。要想在这个行业真正立足并取得事业上的成功,除了具备较高的专业能力之外,还必须具备良好的职业操守。始终坚持良好的职业操守,才能实现自身价值,也才能与各利益相关方合作共赢。

我们深信，正直诚信为立身之本，职业操守为立业之基。很多优秀人才进入投资银行业之后，取得的成绩并不与其资历、能力相匹配，或者虽然取得了非常杰出的成绩后来却栽了"大跟头"。其根源往往在于，其对职业道德和职业价值的漠视或者错误认知。

真大智者必有大德，非大德者难以成大智，唯大智大德者方可指望成大事业。对于一个在投资银行业志存高远，希望将其作为长期事业的人来说，对投资银行的基本职业道德与准则建立信念，明确立场，秉持操守，是非常重要的。对于投资银行团队的管理者来说，自己以身作则，对自己的团队成员提出明确的道德要求和职业操守标准，并且不做"饮鸩止渴"的事，坚决把不讲道德、不讲操守、不讲信誉的人过滤出去，从长远来讲也是非常重要的。

职业道德是职业准则的灵魂

我个人理解，职业道德是执业准则的灵魂，执业准则是职业道德的外化。这里，我将它们统一为四个关键词分别进行阐述。它们是：专业（professionalism）、诚信（integrity）、责任（duty）和合规（compliance）。

在具体讲述之前，我特别将自己非常重视的《道德经》中的一段话推荐给大家：名与身孰亲？身与货孰多？得与亡孰病？甚爱必大费，多藏必厚亡。故知足不辱，知止不殆，可以长久。（《道德经》第四十四章）

我对它的解读是：声名与生命相比，哪一个更亲？生命与财货相比，哪一个更重？得到名利与丧失生命相比，哪一个更有害？过分爱慕身外之物，必定会有很大的耗费；总想着占有更多，必定导致惨重的损失。所以，知道满足就不会遭受屈辱，知道适可而止就不会遭遇危险，这样才是长久之道。

| 重点提示 |

职业道德和执业准则，是投资银行业的安身立命之本。对投资银行的

基本职业道德与准则建立信念，明确立场，秉持操守非常重要。

职业道德是执业准则的灵魂，执业准则是职业道德的外化，可以统一为四个关键词：专业、诚信、责任和合规。

| 进一步 |
| 阅　读 |

中国证监会行政处罚委员会. 证券期货行政处罚案例解析（第二辑）[M]. 北京：法律出版社，2019.

第二节　投行的执业准则

专业

对于很多对业务技能要求比较高的职业而言，专业都是非常重要的要求。投资银行业对于专业的要求就更高了。需要说明的是，是否专业往往影响客户对投行业务人员的第一印象。在接触客户和项目启动之初，就能给客户留下一个好投行的印象，取得其信任，对于维系长期客户关系和项目顺利运行至关重要。大家必须明白，这种信任的建立并不容易，摧毁却比较容易。一次硬伤性的不正确的业务问题答复、一次没有在规定时限前交付重要任务，就足以摧毁这种信任。

我个人认为，对于投行从业人员的专业要求有两个基本方面。一方面是大家都能认识到的，是对业务技能的专业要求，这与每个人的知识结构、业务能力和业务经验等息息相关。

另一方面是大家经常忽视，却非常重要的。这就是，成为一个靠谱的人，成为一个做事让团队领导、客户放心的人。特别是对于初进入投行行业的人来说，这是非常重要的基础性要求，这方面的表现如何直接影响专业形象。在这方面建立起好的习惯，对于自己的投行生涯至关重要。靠谱这个词听起来口语化,却总结了投行人员必需的能力、人品、协作度等基本要素,是投行人员专业度的生动体现。

一般来说,"靠谱"就是指三件事:凡事有交代,件件有着落,事事有回音。其核心就是一个意思——闭环。

投行业务,包括具体到一个个具体业务项目,就是一张网。当每个成员在网络协同过程中发起某一事务或工作时,在一定时间内,不管执行者(往往是接受投行团队领导安排任务的团队成员,或者是直接接收相应客户要求的投行人员)是否完成以及完成效果如何,都要认真地将结果反馈给发起者(往往是投行业务团队的领导或者是客户)。发起者交代了一件事,执行者应该竭尽全力去完成,最后不管完成的质量如何,执行者都应该在约定的时间内给发起者一个反馈,这就是闭环。

还需要说明的是,这里说的竭尽全力去完成,不光是将其视为一个任务,去做了,或者说"尽力了"就可以了,这是远远不够的。真正的靠谱,我觉得要做到以下两点:一是结果导向,让工作可交付,实现发起这项工作的目的,而非简单地完成任务;二是积极主动,要实现目的,即便是发起者没有交代的,只要是对于完成这项工作非常重要的事,也要主动考虑去做。

根据我多年对团队人员的观察,做到积极主动对于投行职业生涯的成功往往具有至关重要的意义。我后来发现组织行为学家对这个问题也有所研究。他们一般认为,从行为角度分析,员工可以分为主动型员工和被动型员工两类。主动型员工能够主动地改变环境,并能做到很好地识别机会,通过一系列的优化和改变完成组织任务。被动型员工表现出了相反的特性,他们对于环境的改变能力较差,消极地适应环境,并最终被环境束缚住手脚;外在的表现则是工作效率低下,工作的主动性和积极性较低,对于机会的把握能力也较差。

我想,培养主动型人格,做一个做事靠谱的人,非常重要。这也是投行这个职业所要求的专业度的具体呈现。

此外，培养专业精神也需要注意一些细节。例如，现在投行工作离不开微信，很多人已经知道，如果没有特殊情况，随意给人发大段语音是不礼貌的，因为对方可能不方便接听，而且也不便于使用关键词在对话或者微信群里检索。

诚信

诚实信用是一切商业活动的基础，在投资银行业中尤其如此。投行人员遵循诚信准则，包括做到以下三个方面。

第一，尊重资本市场的诚信要求，对自己从事的工作诚信。

《上市公司并购重组财务顾问业务管理办法》第三条规定：财务顾问应当遵守法律、行政法规、中国证监会的规定和行业规范，诚实守信，勤勉尽责，对上市公司并购重组活动进行尽职调查，对委托人的申报文件进行核查，出具专业意见，并保证其所出具的意见真实、准确、完整。

《证券发行上市保荐业务管理办法》第四条规定：保荐机构及其保荐代表人应当遵守法律、行政法规和中国证监会的相关规定，恪守业务规则和行业规范，诚实守信，勤勉尽责，尽职推荐发行人证券发行上市，持续督导发行人履行规范运作、信守承诺、信息披露等义务。

第二，对于客户诚信。投行业务人员要把维护客户的正当利益作为一切工作的首要出发点，对客户诚实守信，保守业务工作中获得的商业秘密和一切内幕信息，不诱导客户进行有损其利益或者不必要的交易行为。

投行在接受客户委托开展业务时，不得存在利益冲突。《上市公司并购重组财务顾问业务管理办法》规定：财务顾问接受上市公司并购重组多方当事人委托的，不得存在利益冲突或者潜在的利益冲突。

第三，对于自己所在的公司（投资银行）诚信。在投行业务开展过程中，投行人员也要严格遵守自己所在公司的规则、规范，不得因为自己的个人利益或者客户的不当要求而损害自己公司的正当利益。

这方面的一个典型案例是某证券公司投行业务人员虚构"协议支出"构成职务侵占罪案。㊀上海市浦东新区人民检察院指控，2007 年至 2011 年 6 月，被告人李某利用其担任某证券公司投资银行部团队负责人的职务便利，在公司承揽、承做十余个项目的过程中，以虚构第三方公司申请第三方协议支出费用及拆分约定承销费用的手法，多次侵吞证券公司资金，共计人民币 5256 万余元。

法院的裁判文书详细列举了该证券公司对第三方协议支付的内部规定：如果项目确有第三方中介存在，团队负责人必须向公司说明并提出第三方协议申请，然后由投资银行经理办公会议讨论通过。如果第三方公司是虚构的，这家公司实际上并没有提供服务，那么这笔费用就是不应当支出的，是公司的损失。如果有项目公司支付给证券公司以外的其他公司的资金，则分两种情况：项目公司认可其支付费用是因为第三方公司提供了服务，且该费用有别于项目公司支付给证券公司的费用的，证券公司对这部分资金没有异议；如果是项目团队中的个人以证券公司名义与项目公司谈定了收取费用的总金额，而将总费用中的部分费用支付给其他没有提供过项目服务的公司，那么这部分资金应当是证券公司的收入，用其他公司名义在证券公司的收入中截留部分收入是绝对不允许的。

法院审理认为，被告人李某利用职务便利，以拆分承销费用或虚构第三方公司申请第三方协议支出的手段将本单位财产 5256 万余元非法占为己有，数额巨大，其行为已构成职务侵占罪。相关书证证实了涉案资金最终流向了被告人的个人账户或其实际控制的账户，并用于其个人消费、投资或还债，其中还出现多次伪造协议、伪造印章及伪造发票的行为，足见

㊀ 资料来源：上海市浦东新区人民法院刑事判决书（2013）浦刑初字第 1714 号，中国裁判文书网 http://wenshu.court.gov.cn/website/wenshu/181107ANFZ0BXSK4/index.html?docId=53ccd275bcf94be09a3935d8ad41e50c，2020 年 1 月 31 日访问。本书对于判决书中涉及的具体人名、公司名予以模糊。

被告人将本单位财产非法占为己有的主观故意。判决如下：被告人犯职务侵占罪，判处有期徒刑 8 年，并处没收财产人民币 200 万元。冻结在案的现金直接发还被害单位，不足部分以查封在案的财产折价变现后发还被害单位或责令被告人继续退赔。

投资银行从业人员为了答谢帮助介绍或者协助取得项目的人员，从全部投行业务收费中提取一定比例予以支付，一般被称为"协议支付"或者"协议支出"。这其实是不正当取得投资业务的一种方式，本质上属于一种"商业贿赂"行为。收受"协议支出"的人员本身也涉嫌受贿罪（对公务员或者国企工作人员而言）或者职务侵占罪（对非国企工作人员而言）。在我国投资银行业务发展的早期这种情况比较普遍。之后，随着各投资银行内部控制体系的加强，此等行为已经不是主流，但仍然有可能发生。李某案正是利用了证券公司对于"协议支出"的管理漏洞，假借"协议支出"为自身牟利。

"协议支出"致使收受人员犯罪的典型案例是武汉某公司某高管收受协议支出款项构成受贿罪案。该高管通过提供信息、介绍债券承销业务等方式为某证券公司谋取利益，收取该证券公司的回扣款共计人民币 1401 万元。湖北省高级人民法院二审认为，被告人受国有公司委派在国有控股的股份有限公司从事监督、管理等工作期间，伙同他人在经济往来中，违反国家规定收受回扣，其行为构成受贿罪，且数额特别巨大，判决被告人犯受贿罪，判处有期徒刑 10 年，并处罚金人民币 50 万元，扣押被告人退出的赃款依法予以没收。⊖

实践中，为了掩盖"协议支出"的实质和证券公司账务处理的需要，一般需要通过一家第三方公司来代为"走账"。中国证监会除了通过《证

⊖ 资料来源：湖北省高级人民法院刑事裁定书（2019）鄂刑终 211 号，湖北省高级人民法院官网 http://wx.hbfy.gov.cn/weiyixin/fywsxq/2?ids=9ee29d84-14f2-4622-93f3-ab3300a0f0b5，2020 年 1 月 31 日访问。本书对于判决书中涉及的具体人名、公司名予以模糊。

券期货经营机构及其工作人员廉洁从业规定》明确禁止"直接或者间接通过聘请第三方机构或者个人的方式输送利益"之外，还专门出台了《关于加强证券公司在投资银行类业务中聘请第三方等廉洁从业风险防控的意见》(以下简称《第三方意见》)。

《第三方意见》明确要求：其一，要求证券公司健全内控制度，加大管控力度，对聘请第三方机构或个人的行为进行合规审查，切实防范通过第三方机构或个人进行利益输送的违规风险；其二，明确对证券公司相关聘请行为的信息披露要求，要求证券公司对相关聘请的机构类型、服务内容、费用标准等关键要素进行持续披露；其三，要求证券公司对其投资银行类项目服务对象的相关聘请及其合法合规性进行核查并发表意见。这些规定，在实质上要把证券公司聘请第三方机构的行为置于公司的合规监督之下，并通过信息披露将之暴露在阳光下，严防通过第三方机构来进行"协议支出"。

责任

明确责任意识对于投行从业人员来说至关重要。投资银行业务包括的IPO上市、上市公司再融资、并购重组等行为，对于客户来说，可能是头等大事。任何疏忽，都可能使客户的利益遭受重大损失。同时，任何一个投行项目都涉及一系列复杂的流程，可以说是千头万绪、环环相扣。任何一个环节的大意都可能对项目运行造成重大影响，甚至导致项目失败。投行人员制作的项目申报文件如果质量不佳，可能引发监管部门对于投行勤勉尽责的怀疑，影响项目审核进度甚至危及项目通过审核。投行人员依照相关规范进行的所有信息披露，以及估值定价、发行销售行为，与投资者的利益也存在重大关系。任何错漏，都可能造成投资者的损失或者产生纠纷。

所以，投行人员的所有行为直接影响自身团队和项目运行、影响客户利益、影响投资者利益，具备责任感和培养责任意识非常重要。根据中国证券业协会的一项调研数据统计，责任感（83.50%）、团队合作（74.76%）、执行力（66.99%）、学习能力（60.19%）、创新能力（49.51%）是券商认为员工最重要的五项胜任力，其中责任感高居第一。○

对于责任感，投行业务人员常有一个误区。总认为自己处理的都是专、精、尖的大事，对于一些所谓的"小事"，例如信息披露公告上传、数据核对检查等，不够重视。这是非常危险的。多年的从业经验告诉我，金融无小事，这个行业的很多行为都可能影响重大，我们必须时刻保持基本的敬畏心。很多时候，对一些小事的糊涂，看似是否认真细致的问题，其实深刻地反映出责任心与价值观的问题。我也经常跟团队成员说：平时去餐馆吃饭，你可能因为服务员的一个小失误而不高兴，要投诉；你们的从业行为，任何一件小事可能都比这个重要不知多少倍，凭什么不小心谨慎？

我们经常看到媒体上出现招股说明书等信息披露文字和格式犯低级错误的报道，这往往会引起社会关注。这一方面是因为当前的审核越来越透明，相关信息披露文件和监管部门的反馈意见随时公示，本身就有接受社会监督的意味。另一方面也是因为在媒体与社会公众心目中，投资银行是高素质人员从事的高度专业工作，他们难以理解其中居然会出现低级错漏。

例如，2020年2月，某再融资项目因为申报材料存在粗糙的问题被审核部门要求整改，引发了一定的关注。中国证监会发行部在反馈意见中直接指出："《募集说明书》第115页，小标题'十一、报告期内公司、控股股东及实际控制人所做出的重要承诺及承诺的履行情况'，仅列举了相关的承诺，未说明履行情况，与该小标题不相符。《尽职调查报告》第265页，小标题'（三）发行人的控股股东和实际控制人、发行人董事、监

○ 资料来源：中国证券业协会《2018年证券行业人力资源管理研究报告》。

事、高级管理人员涉及的重大诉讼、仲裁或行政处罚情况'，对应的内容为'截至本尽职调查报告签署日，发行人的控股股东、实际控制人、董事、监事、高级管理人员不存在涉及刑事诉讼的情况'。请申请人和保荐机构全面整改申报材料存在粗糙的问题，并请保荐机构对是否勤勉尽责做出说明。"⊖

从监管部门列举的这些内容看，出现的问题显然不是业务水平与能力的问题，而主要是责任心不够产生的文字与内容排列错漏，确实十分不应该。所有的信息披露文件，甚至投行日常工作中的项目建议书等，应该代表的是投行业务人员严谨认真、尽责负责的工作态度。历史经验证明，很多大事往往毁在小细节上。不严格要求自己就是不重视客户，最终很难得到客户的信任、监管部门的尊重，也会对项目成功产生很大影响。

合规

一般意义上的合规，就是指投行业务人员的行为必须遵守和符合一切相关法律法规和所在公司的纪律要求，不得从事法律法规等禁止的行为。《证券公司和证券投资基金管理公司合规管理办法》的标准说法就是：证券基金经营机构及其工作人员的经营管理和执业行为符合法律、法规、规章及规范性文件、行业规范和自律规则、公司内部规章制度，以及行业普遍遵守的职业道德和行为准则。

在此，要特别提醒投行从业人员注意两方面的规范。

其一，中国证监会于2018年6月颁布的《证券期货经营机构及其工作人员廉洁从业规定》（以下简称《廉洁从业规定》）。《廉洁从业规定》严禁各类证券期货经营机构及其工作人员在证券期货业务活动中以各类形式

⊖ 资料来源：2020年2月14日~2020年2月20日发行监管部发出的再融资反馈意见，中国证监会官网 http://www.csrc.gov.cn/pub/newsite/fxjgb/zrzfkyj/202002/t20200221_371057.html，2020年2月28日访问。

输送和谋取不正当利益，明确了廉洁从业的很多具体要求，细化多项禁止性情形，确立执业红线；对违反《廉洁从业规定》的情形制定了具体罚则，包括自律惩戒、行政监管措施、行政处罚、移交纪检和移送司法等。

《廉洁从业规定》还专门规定在开展投资银行类业务的过程中，不得以下列方式输送或者谋取不正当利益：①以非公允价格或者不正当方式为自身或者利益关系人获取拟上市公司股权；②以非公允价格或者不正当方式为自身或者利益关系人获取拟并购重组上市公司股权或者标的资产股权；③以非公允价格为利益关系人配售债券或者约定回购债券；④泄露证券发行询价和定价信息，操纵证券发行价格；⑤直接或者间接通过聘请第三方机构或者个人的方式输送利益；⑥以与监管人员或者其他相关人员熟悉，或者以承诺价格、利率、获得批复及获得批复时间等为手段招揽项目、商定服务费；⑦其他输送或者谋取不正当利益的行为。

在以上规定中，除了防止通过不正当方式获取项目外，很多条都是禁止投行业务人员利用业务方便获取自身利益。例如，以不正当方式获取拟上市公司股权。

这方面的典型案例是保荐代表人张某等突击入股公司构成非国家工作人员受贿罪一案。㊀上海市杨浦区人民法院认为，被告人张某、钮某、陈某的行为均已构成非国家工作人员受贿罪。张某自首且退出部分违法所得，钮某、陈某均自首，且违法所得已全部被冻结，依法均可以对三名被告人减轻处罚。法院以非国家工作人员受贿罪分别判处张某有期徒刑二年六个月；判处钮某有期徒刑二年三个月，缓刑二年三个月；判处陈某有期徒刑一年九个月，缓刑一年九个月；冻结在案的 12 172 734.22 元、4 600 000 元及张某退出的 4 000 000 元均应予没收，继续向张某追缴违法所得。

㊀ 资料来源：上海市第二中级人民法院刑事裁定书（2018）沪 02 刑终 1368 号，中国裁判文书网 http://wenshu.court.gov.cn/website/wenshu/181107ANFZ0BXSK4/index.html?docId=403392464234488b9b60aa69008e63a4，2020 年 1 月 31 日访问。本书对于判决书中涉及的具体人名、公司名予以模糊。

上海市第二中级人民法院维持一审原判，认为，张某等受某证券公司指派，进入某公司开展 IPO 项目，分别负责 IPO 项目的相关材料撰写，签订《辅导协议》《承销暨保荐协议》，参与立项会、内核会、行使投票权等，具有职务上的便利。三人利用帮助该公司上市的职务便利，通过开展 IPO 项目过程中获取的重要信息，在该公司拟上市、增资扩股的关键阶段，低价突击入股，将自身利益与拟上市公司利益进行捆绑，属于以交易形式非法收受该公司给予的巨大股权利益。三人的上述行为背离了保荐机构专业人员应具有的客观、公正和独立性，影响了保荐机构对拟上市公司风险的客观判断，侵害了投资者全面了解信息的知情权，破坏了公平、公正的证券市场秩序。三人的上述行为不仅违反了《证券法》第四十三条第一款的规定，而且符合非国家工作人员受贿罪的构成要件，已达到需要刑事评价的程度，构成非法国家工作人员受贿罪。

其二，投行从业人员不得进行证券投资和从事内幕交易行为。

2019 年年底新修订的《证券法》第四十条规定：证券交易场所、证券公司和证券登记结算机构的从业人员，证券监督管理机构的工作人员以及法律、行政法规规定禁止参与股票交易的其他人员，在任期或者法定限期内，不得直接或者以化名、借他人名义持有、买卖股票或者其他具有股权性质的证券，也不得收受他人赠送的股票或者其他具有股权性质的证券。任何人在成为前款所列人员时，其原已持有的股票或者其他具有股权性质的证券，必须依法转让。实施股权激励计划或者员工持股计划的证券公司的从业人员，可以按照国务院证券监督管理机构的规定持有、卖出本公司股票或者其他具有股权性质的证券。

也就是说，修订后的《证券法》除了对股权激励计划、员工持股计划开有"口子"外，对于一般情况下证券人员持股，仍然保留了与旧法一样的态度，"不得直接或者以化名、借他人名义持有、买卖股票或者其他具有股权性质的证券，也不得收受他人赠送的股票或者其他具有股权性质的证券"。

一般来说，进入证券公司时，公司均会要求个人申报之前持有的境内个人股票账户并要求销户。但实践中，仍然有从业人员借他人名义持股的情况发生。中国证监会 2018 年处理了从业人员违法违规案件处罚 24 起，包括多起从业人员违规持股的案件。其中包括：证券从业人员杭某某等人利用他人证券账户违规买卖股票，妄图逃避法律制裁，均被依法处罚；证券从业人员独某等人在私下接受客户委托进行证券交易的同时，借用他人账户违规买卖股票，合规观念严重缺失，均被依法严惩。○

此外，投行从业人员需要重点防范的合规问题是防止内幕交易。

《证券法》第五十条规定：禁止证券交易内幕信息的知情人和非法获取内幕信息的人利用内幕信息从事证券交易活动。《中华人民共和国刑法修正案（七）》规定：证券、期货交易内幕信息的知情人员或者非法获取证券、期货交易内幕信息的人员，在涉及证券的发行，证券、期货交易或者其他对证券、期货交易价格有重大影响的信息尚未公开前，买入或者卖出该证券，或者从事与该内幕信息有关的期货交易，或者泄露该信息，或者明示、暗示他人从事上述交易活动，情节严重的，处五年以下有期徒刑或者拘役，并处或者单处违法所得一倍以上五倍以下罚金；情节特别严重的，处五年以上十年以下有期徒刑，并处违法所得一倍以上五倍以下罚金。

这方面的典型案例是投行业务人员葛某犯内幕交易罪。○法院审理查明：2013 年 8 月 5 日，深圳股票交易所上市公司 ×× 通讯与 ×× 互联以会议纪要的形式，明确了双方的并购合作意愿。2013 年 8 月 23 日，时

○ 资料来源：《2018 年证监会行政处罚情况综述》，中国证监会官网 http://www.csrc.gov.cn/pub/newsite/zjhxwfb/xwdd/201901/t20190104_349383.html，2020 年 1 月 31 日访问。本书对于文件中涉及的具体人名予以模糊。

○ 资料来源：重庆市第一中级人民法院刑事判决书（2016）渝 01 刑初 131 号，中国裁判文书网 http://wenshu.court.gov.cn/website/wenshu/181107ANFZ0BXSK4/index.html?docId=1a42505b0eff413ea97ea9b900bad98b，2020 年 1 月 31 日访问。本书对于判决书中涉及的具体人名、公司名予以模糊。

任某证券公司投资银行事业部并购融资二部副总经理的被告人葛某，受融资二部总经理梁某指派编制××通讯与××互联并购方案，并于同月31日参与了双方并购洽谈会议。2013年10月10日，葛某在给梁某打电话汇报工作时，探听到梁某将前往××通讯洽谈并购事宜，遂于同日利用其实际控制的胡某证券账户多次买入××通讯股票107 700股，成交金额共计141.048 131万元。2013年10月14日上午，葛某发现××通讯股票盘面异动，结合前期掌握的信息判断并购谈判可能成功，便再次利用其实际控制的胡某证券账户买入××通讯股票182 120股，成交金额共计271.1365万元。同日下午该股票停牌至2014年1月20日复盘。2014年1月21日，葛某在该股票复盘后将购买的××通讯股票289 820股全部卖出，非法获利20.474 876万元。经中国证券监督管理委员会认定，××通讯并购××互联的事项在未公开披露前属于内幕信息，内幕信息敏感期为2013年8月5日～10月14日，葛某属于内幕信息知情人。

法院认为：被告人作为证券交易内幕信息知情人员，在对××通讯股票交易价格有重大影响的信息尚未公开前，买入该股票289 820股，成交金额共计412.184 631万元，情节特别严重，其行为已构成内幕交易罪，依法应予处罚。被告人犯罪后自动投案，如实供述自己的罪行，系自首，已退出全部违法所得，认罪悔罪态度好，判决被告人犯内幕交易罪，判处有期徒刑3年，缓刑5年，并处罚金人民币30万元。对被告人退出的违法所得人民币20.474 876万元予以没收，上缴国库。

在2018年10月11日重庆市第一中级人民法院做出上述一审判决之前，中国证监会江苏监管局已经于2015年4月30日对葛某做出了行政处罚。江苏证监局公布的（2015）4号处罚决定显示，葛某从2009年9月入职证券公司直至2014年2月申请辞职，一直从事并购重组工作，在近5年的时间里，葛某利用其控制的同学的两个账户交易了近百只股票。累计买入金额达6163.89万元，累计卖出金额达6420.42万元，获利212.34

万元，扣除涉嫌内幕交易违法所得 20.47 万元，共获利 191.87 万元。江苏证监局认为，葛晓云作为证券公司的从业人员，在任期内借用他人账户买卖、持有股票的行为违反了《证券法》第四十三条的规定，构成了《证券法》第一百九十九条所述的违法行为。根据当事人违法行为的事实、性质、情节与社会危害程度，决定没收葛某违法所得 191.87 万元，并处以 20 万元罚款。该决定书同时提到其"涉嫌内幕交易的行为已按程序移送司法机关处理"。

需要提醒的是，前述《中华人民共和国刑法修正案（七）》条文的完整罪名是"内幕交易、泄露内幕信息罪"。研究该条文的具体内容就可以发现，不仅是从事内幕交易，泄露内幕信息也可能构成犯罪。因此，投行从业人员必须严守保密纪律，严防泄露内幕信息。

重点提示

专业，一方面是对业务技能的专业要求，另一方面是成为一个靠谱、做事形成闭环、积极主动的人。

诚信，要求投行从业人员对于自己的工作诚实守信，对于客户诚实守信，对于自己所在的投行诚实守信。

责任，要求投行从业人员对工作保持高度的敬畏心，不论是对复杂的业务事项，还是不起眼的"小事"。

合规，除了遵守相关规范纪律外，特别提醒廉洁从业纪律和不得进行证券投资、内幕交易或者泄露内幕信息。

进一步阅读

中国证监会行政处罚委员会. 证券期货行政处罚案例解析（第二辑）[M]. 北京：法律出版社，2019.

第九讲

干好投行的基本要求

第一节　干好投行所需的科学方法

从自律到习惯

自律是一种抵御外界的感性诱惑，坚定实现理性目标的能力。斯科特·派克的名著《少有人走的路》里有这样一句话："自律，是解决人生问题的首要工具，也是消除人生痛苦的重要手段。"作家、投资家冯唐在《成事》中也说："一个人能否成事，其实先天的因素只占据很少的层面，具体还是要看是否对自己足够狠，习惯的养成、后天的因素绝对大于先天。"

文艺复兴时期的法国作家蒙田也说过：真正的自由，是在所有时候都能控制自己。这也就是当下特别流行的那句话"自律给我自由"的来源。我个人理解，这句话有两层含义。其一，所谓"真正的自由"是指财务自由、时间自由、免于疾病与贫困的自由等带有一定物质目标性的状态。为了获得这些真正的自由，就必须给自己设定一些限制，通过自律努力来达到这些目标。

其二，所谓"真正的自由"是指一种自在自主的心灵状态。一个特别自律的人，每天有各种固定流程，每时每刻都"知道自己应该"干什么，就有可能免受焦虑的侵袭，反而获得一种自主的感觉。

自律是一个人意志力与自控力的体现。可以说，做到自律是决定一个人未来成就的关键指标。也可以用反证法来说明，因为多数人都缺乏意志力和自制力，所以成功必然是属于少数人的。

从心理学的角度看，意志力强的本质是内控更强（具有高度内在目的性），反之意志力薄弱就是外控更强（极易受到外部意见或外在目的性的引导或者诱惑）。从商业市场角度看，盈利能力最强的商业模式都是利用普通人意志力不足来诱使人上瘾，例如网络游戏、减肥产品、各式各样的心灵鸡汤等。

这样看，实现自律的路径也就清楚了，就是内（内控更强）、外（抵制外部诱惑的能力更强）两条。

从抵制外部诱惑的角度来说，自律本质上是一种欲望管理。就个人实践而言，做到以下两点很重要。

第一点是培养"延迟享受"的能力。本书第六讲提到的棉花糖实验就是一个测验孩子是否具备延迟享受能力的实验。管理欲望不是不要欲望，也不是简单地降低欲望，而是对欲望有一个正确的态度，这就包括：①培养"推迟享受"的能力，欲望不是必须即时满足的；②把欲望不能被即时满足视为常态，能够安然处之；③与欲望和平共处。

第二点是培养避免"痛苦遗忘"的能力。人经常有一个毛病，就是对痛苦感觉的记忆不长久。很多时候，自控失败，屈从于欲望，反而让人产生一种空虚感、罪恶感，这种焦灼带来的苦痛往往远远超过即时享受带来的快感。但问题是，这种痛苦感很容易被忘记。为了避免这种情况，建议在痛苦感发生时用日记、录音等方式将其记录下来。在下一次"抉择"的关头可以把它拿出来看、放出来听，这样有助于培养避免"痛苦遗忘"的能力。

从培养内控能力的角度来说，有两个层次。

第一个层次是很多心理学家建议采用一些具体方法来帮助培养内控能力。例如，采用明确目标、细化目标、做出行动、为每一小步庆祝等方式培养内控能力。另外，也有人提出自控能力虽然是一种生理因素，但也如同肌肉一样需要锻炼才能强大。

我经常使用的是一个叫"12秒决策法则"的小方法。对于自己应该做的事，马上开始，不要拖过12秒。拖久了，就一定能够想到不做这件事的理由。例如，早起锻炼，闹钟响了，立马就起来。一拖往往就会起不来，而且还会找到很多理由为自己辩解。实际上，你起来了，也就开始了。很多时候行为受大脑支配，但有时行动本身也可能驱动大脑。与之相反，对于自己不该做的事，就拖久一些不开始。这样一来，欲望的诱惑往往就会减弱，自己理性的力量会加强，也可能就控制住自己了。

第二个层次则是更本质和深层次的。经常有人说，热爱不需要坚持，全情投入的创业者自带"鸡血"等。这都说明一个道理，人做真正热爱的事，是不需要自控的。归根到底，我们早上不能马上起床去锻炼，是因为我们的梦想还不够大、动力还不够强。因此，真正的自控，是要塑造意义而不是简单地抵制欲望，是要培养爱好而不是简单地对抗人性，是要养成习惯而不是简单地对抗懒惰。

前面讲到的实现自律的方法实际是通过各种方法加强自身的意志力。这当然是必需的，但还不够。从根本意义上讲，只有减少意志力的消耗才能实现稳定的自控力。真正的自律是过以原则为基础的生活并形成习惯。

自律跟习惯不是一回事。由于"懒"才是人的本性，自律一般是强迫自己去做，身体不想但主观意愿告诉自己应该这样做，是一种使用意志力去实现自控力的方式。如果这种方式不能形成习惯，不形成"肌肉记忆"，可能就会因为环境变化、身体状态变化等而无法长期坚持。只有一个人从自律过渡到习惯和形成稳定的生活原则，不再需要意志力强迫自己去做，人才会拥有持久的能力与财富。从这个意义上讲，培养习惯比简单的提倡自律更有意义。

习惯是即使过了一段时间不再思考，也仍然经常甚至每天都在做的行为。可以说，习惯是大脑在漫长的生物进化过程中，发展出来的强大的自我保护能力。它就是我们大脑的"节电"模式。一旦进入习惯模式，大脑的活跃程度就会急剧下降，它不再参与决策，进入"休眠"状态。这个时候，我们的行为由习惯支配，这种情况也大大节省了思考所需的能量。除非你刻意对抗某个习惯，或者意识到其他新习惯的存在，否则该模式就会自然而然地启动。习惯强而有力，却也能刻意培养；习惯不能被消除，却能被替代。可以说，习惯不动声色地塑造着我们的生活。

试着记录一下我们一天里做的事情，就会发现至少有70%的时间是被习惯支配的。我们根本不会去认真思考该做什么或者怎么做，这就是所谓的习以为常。更为重要的是：习惯一旦形成，就会一直存在大脑里，只要正确的触发条件出现，人就会马上进入习惯模式。每重复一次，习惯回路就被加强一次。显然，我们不应该毕生用30%的逻辑思考，与70%的习惯做斗争。我们应该把逻辑上认同的东西训练成习惯，然后用习惯指导一生。

所以，养成一个好习惯，就相当于把一个正确的逻辑写入反射脑。自律并形成习惯，可能是成本最低、效率最高、最节约注意力与心力的生活方式。

形成习惯，还有几点需要注意。其一，好的习惯，哪怕是很小的好习惯，让人每天变好一点点，因为长期的复利作用就会有巨大的影响。其二，习惯是一种长期行为的累积与显现，因为重复的次数已经足够多，便可以自然而然地出现。习惯的效果不一定立刻显现，一般要坚持一段时间。坚持，直到改变发生，是最好的策略。其三，习惯和身份互相作用，是一个好办法。用习惯加强对身份的认同，最后导致结果的变化，即身份导致习惯，习惯又加强身份。

现在越来越多的人发现，在算法模式下的很多资讯App、短视频App，就像游戏一样，让人上瘾、沉迷。

在桌面互联网时代，我们曾经有这样的体验：本来只是想查一个资料，但一个个链接点击过去，一个个页面不断跳转，一发不可收拾，等醒悟过来时已经花费了大量时间。再往后，社交网站发明了信息流，连跳转链接也省去了：只需要往下滑动，新的信息就会源源不断地送到你面前。人工智能时代，算法的崛起又将这种模式推到了极致：通过你既往的行为，算法可以找到对你最具吸引力的内容，省去人工推荐的成本和时间线的不可控性，源源不断地分发内容。

更可怕的是，你的每一个行为，都在为算法贡献数据，成为它的养分。它会依据你的行为壮大自己、完善自己，更好地掌握你的喜好，然后更精确地掌控你。在一定意义上，这些App不再是你的工具，更像是主宰你的主人。

很多人已经对这种状况保持警惕。我也总结了这种状况的三宗罪，供大家参考：浪费你的时间，使你的视野狭隘，使你的思维偏激。例如，你所谓每天都在看的信息，其实都是被一个巨大的过滤器过滤了的。而你每天都待在自己"感兴趣"的信息里，都待在和你"一样"的观点里，对窗外的真实世界可能一无所知。

大家也要明白，工具与技术本身是无罪的。问题的关键在于，当你放弃掌控自己的心智时，别人就会占据它。因此，对此类App，简单地拒绝当然是一个办法。但更高明的办法是正确地利用和驯化它。

罗振宇曾经讲述了一个"玩"抖音的故事，挺有意思。

他说：我给你讲我的一个同事是怎么玩抖音的。我们都知道，抖音背后是算法。你打开它，算法会想，"您来了，您上座，我好好伺候您"。数据显示您是一先生，那您要不要看美女？要不要听段子？我们这位同事对此一概装作没看见。他只看一种视频，就是打羽毛球的。因为他希望通过刷抖音，提高自己的羽毛球技术。

算法怎么能善罢甘休呢？每给他推几个打羽毛球的短视频，就偷偷给他推一个美女的短视频，再来测试一下。我那位同事就是坚持不听、不看、不打开。是不喜欢美女吗？不是。这是因为他知道，只要看一下美女的短视频，紧接着就会有无穷无尽的美女的短视频。算法一看不奏效，就会换个办法，既然爱看打羽毛球的短视频，那就给你点儿打网球、排球、乒乓球的短视频试试？我这位同事还是坚持不听、不看、不打开。结果怎么样呢？时间不长，他生生把抖音调教成了一个高效率的学习工具。你想，把高手的羽毛球动作视频分解为15秒，反复分解给你看，时间一长，你的羽毛球水平当然会大幅提高。

那段时间，我看见他就问，还和抖音较劲呢？他说："对，我正在驯化它。"这位同事还告诉我一点，如果你三天不打开抖音，再打开，美女、段子的短视频就会再次偷偷跑进来，你只能从头开始。

这个驯化抖音的例子显然是一个驱使算法，而非把自己活成数据的实例。它告诉了我们一个持续利用自律来对抗算法的方法。既然算法利用了人性，那么我们就用自律和习惯来对抗它。

在人工智能时代，我们必须面对的无奈事实可能就是大多数人活成了数据，被算法奴役而不自知；只有少部分人能自己活成算法，能够利用数据。这个时代，每个人都要选择，是主动吸取信息，还是被算法饲养？

显然，我们必须走出舒适区，不做算法的奴隶，而是用持续的自律并形成习惯来合理利用和"驯化"人工智能与算法。

学会时间管理

时间不够用，是投行人士最经常面临的问题之一。因此，时间管理已经是一项投行人士非常看重的重要技能。

但必须说明的是，从根源意义上讲，时间是不可能被管理的。因为不管你是不是主动去管理了时间，时间的流逝都是不以人的主观意志为转移的。时间管理的目的实际是更为高效地利用时间。要高效地利用时间，就需要管理你自己。

所以，时间管理的本质是自我管理。

我们管理的不是时间，而是自己，更准确地说是自己的心智和大脑。我们只有将自我管理好，才能将我们每天都有、每人都一样的24个小时利用好。时间的利用情况，直接决定了我们的个人成就和生命的质量。

时间管理的核心任务是在优先级排序的基础上对时间的利用方式进行合理安排。我借用著名的四象限模型来予以说明（见图9-1）。

这个模型是说人每天面临的需要处理的事务可以分为四类：重要而紧急的事、重要而不紧急的事、不重要而紧急的事、不重要也不紧急的事。四个象限就把我们每个人的日常生活全部囊括了进来。但这不是重点，重点是每一个象限在你的工作生活中的分配比重是多少、优先级如何安排。这一差别，决定了时间管理的质量，最终可能也决定了人与人之间的差异。

如何安排，有些是非常清楚的。重要而紧急的事，必须第一时间去做。不重要也不紧急的事，应该放在最后做或者干脆不做，这也很清楚。很多时候难以抉择的是"不重要而紧急"的事和"重要而不紧急"的事之间的顺序。

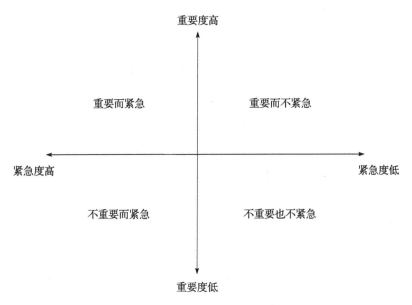

图 9-1 时间管理四象限示意图

人的精力是有限的,任何选择都是有机会成本的。你投入到了"不重要而紧急"的事中,就没办法兼顾"重要而不紧急"的事。人们通常的习惯是先做最紧急的事,但这么做会导致一些重要的事被耽搁了。要保护自己的时间,尤其需要有足够的时间做那些"重要的事",重要而不紧急的事往往才是能左右你成长的大事。而且,如果总是被紧急的事拖住,而忽略了重要的事,那么那些重要的事迟早会变得特别重要、特别紧急,让你不得不花费大得多的代价去弥补。

例如,对于投行人士来说,大家都明白维系好长期客户的重要性。继续赢得熟客的生意,比争取一个新客户,往往要容易得多。很多有战略意义的重要长期客户,是需要日常花费时间去维护的。例如,需要经常关心企业经营情况的变化和对资本市场的需求,需要经常与客户联系或者定期上门拜访。这些,应该是列入计划定期去做的事。但是,这往往是重要而非紧急的事。投行人士一旦忙起来,其时间很容易被一些紧急的事占据,直到看到老客户的一份资本运作公告已经发布，选择的投行不是自己，才后悔不已。

又如，年轻人刚进投行时面临保荐代表人胜任能力考试。这显然是一件重要的事。但复习很可能在领导安排的项目事项面前因为不紧急而被搁置下来。之后你会发现，随着自己的成长，项目上的事项越来越多、越来越紧急，自己越来越没有时间复习。同时，随着自己年龄的增大，记忆力与考试能力却在进一步下降，导致通过保荐代表人胜任能力考试的难度越来越大。

再如，你的锻炼计划看起来不紧急，经常被舍弃，但最终身体出了问题、落一身病，既痛苦，又耗费精力、金钱。

这就是俗话说的"防火容易，救火难"。如果你整天只顾救火，不花时间防火，那么这辈子估计就会永远十万火急、焦头烂额、千辛万苦却百般不如意。很多时候，正是"重要而不紧急"的事，拉开了人和人之间的差距、拉开了投行生涯成长的差距。

因此，在进行优先级排序时，首先要正确判断一件事是"重要而不紧急"的还是"不重要而紧急"的，并且正确地安排它。其中特别重要的就是不要因为紧急而忽视了重要的事。

此外，在可能的情况下，我个人认为处理这四个象限事务的最好方法是：重要而紧急的事立刻去做，重要而不紧急的事有计划地做，不重要而紧急的事委托他人去做，不重要也不紧急的事尽量不做。

对于多数投行人士来说，只要注意好"日历""清单"和"提醒"三点，就能让工作效率提升很多，基本能满足普通人在时间管理方面的要求，并解决大多数常规的时间管理问题，让生活和工作不再混乱，使之有序、稳定，效率也会提升不少。

管理时间也可以使用一些长期验证有效的管理方法。例如，戴维·艾伦在《搞定》中提出的 GTD（getting things done）时间管理法。核心思想在于，通过列"待办事项清单"和"完成事项清单"来管理时间。

待办事项清单用来提醒你做事情，完成事项清单用来审视你的时间安排。待办事项清单强调目标，完成事项清单重在展现成就。通过列待办事项清单，你会知道什么时候该做什么事，这样做事就会更加有条不紊。而每日列完成事项清单时，你会看到自己一天做了什么事情，哪些事情有必要做，哪些事情可以稍微延后等。此外，当看到一天完成的事项很多时，你的满足感会提升，你就更有可能坚持下去。

列待办事项清单，可以如前面所述，每天把该做的事情列出来，并对该做的事排好优先次序。

列完成事项清单，可以参考以下步骤：①认真回忆并记录今天做了什么，并注明耗费的时间；②先坚持一个星期，每晚记录时间开销，继续坚持；③每周或每个月总结这段时间做了什么，进行反思；④可以根据个人时间和需要选择不同的记录时间段。在记录过程中或记录完之后，看着这些内容，你就知道时间都去哪儿了。这样，你就会知道如何更有效地管理时间了。

此外，我个人在实践中认为，对于时间管理来说，充分利用好晚上睡觉前的日结和早上工作之初的时间至关重要。

具体来说，其一，一天之计不在于晨，在于昨晚。昨晚最好能做到日事日清，至少必须做到日日结和安排第二天的计划。也就是说，每天睡觉前要拿出专门的时间来干两件事。

第一件事是对当天的工作进行总结，检查当天计划的事项是否完成。最好的状态是"日事日清，日新日高"。实在不能完成的也要重新进行计划。第二件事是按照"计划为先"的原则对第二天的事务进行安排。把计划时间从每天早上前移到头天晚上非常必要。因为，第二天早上，很可能因为各种原因从工作一开始就进入忙碌状态而忽视了先行安排计划。此外，提前安排也能让人心中有数，第二天更加从容。

其二，一天之计也在于晨。这是从"要事优先"的角度来看的。如果早晨，或者说工作一开始就能先完成重要而紧急的事和除会面、会议之外的要事，人一整天的心态都会变得很轻松。而且，在规定的上班时间之前到达办公场地，利用自己独自工作、不被打扰的时间处理重要的事务，往往效率会很高。

时间管理再精确，每天的时间也不可能安排得满满当当，一定会有许多空闲的碎片化时间。等车的时间、排队的时间、两个会议之间多出的时间等就是常见的碎片化时间。每天如果有 60 分钟碎片化时间，一年就有 21 900 分钟。如何利用好这些碎片化时间，也是时间管理的重要内容。

对于投行人员来说，利用好碎片化时间的意义就更大了。也可以说，投行人员受时间碎片化的困扰也更大。因为投行人员会有大量的时间用于出差、会议、饭局等，时间被分割成碎片变成一个普遍的现象，可以利用的碎片化时间也就更多，累计起来的时间量就更为惊人。此外，移动互联网和智能手机的功能越来越强大，每个人都拥有了随时可以用来办公的移动终端，利用好碎片化时间的条件更为充分。

在这种情况下，大家必须明白，"将工作时间碎片化"和"利用碎片化时间工作"是两回事。前者是指因为主观（例如工作时不专注、经常被其他事务打扰）或者客观的原因（例如经常出差，要在各种交通工具之间转变）将整块的工作时间割裂成多个小块时间再穿插着处理不同的事情。

例如，本来计划上午用三个小时完成一份项目建议书，但是在做建议书的过程中被朋友的电话打扰，在查资料时被八卦信息吸引，就是工作时间被碎片化了。而"利用碎片化时间工作"是充分利用了可能会被浪费的小块碎片化时间来处理工作上的事情。例如，在等待滴滴专车的时候，用手机阅读了项目微信群中大家对一个重要业务问题的讨论观点，并回复了自己的意见；登录工作邮箱回复了一封简单的工作邮件。这些都是利用了碎片化时间来工作。一些相对简单的工作，完全可以利用碎片化时间来完成，没有必要使用整块时间或者一定要打开笔记本电脑来完成。

与"反对将工作时间碎片化，要充分利用碎片化时间工作"一致，学习上也可以这样操作。投行是需要持续学习与"充电"的行当，我旗帜鲜明地反对碎片式学习，但提倡利用碎片化时间多学习。

近来，舆论对一些知识服务平台颇有微词。如果不钻研原著，不进行深入思考，只满足于某些做知识服务的"专家"的知识"投喂"，确实容易造成信息碎片化和知识结构碎片化，导致深度思考能力的倒退，甚至"知识瘫痪"。这是因为，真正有用的其实并不是知识，而是这些知识带来的能力的提高。也就是说，转化为能力的知识，才真正有用。否则，眼界、格局越来越高，手脚却越来越迟钝，会变得"眼高手低"。

因此，我们必须明白利用碎片化时间学习与学习碎片化也不是一回事。其一，利用碎片化时间有计划地进行某些领域的学习是适宜的，例如背英语单词、看与投行相关的新法规。

其二，对有些领域和内容，接受速成的"投喂"，即便只获得碎片的、零散的、孤立的知识点也无妨。

其三，有些学习领域必须抵御碎片化，让知识能够"零存整取"，进行深度思考。你必须明白，把你大脑里的那些散乱的知识点勾连起来构成完整的体系，这才构成知识本身。更有意义的，是一种思维方式，是一种灵活运用自己掌握甚至未掌握的知识，改善自我智能及生活的能力。

学会深度工作

工作时间有了，能否获得有效率的工作成果，在很大程度上要看是否具备深度工作的能力。对于耗时长、流程多、协作多的投行工作而言，深度工作的能力更是至关重要的。

卡尔·纽波特就认为，高质量的工作产出＝专注度 × 时间。所以，有时候我们看起来很忙、每天加班到深夜，也可能没有什么产出。解决这些问题的核心，关键在于深度工作。

根据卡尔·纽波特在《深度工作》中的说法，深度工作指的是：在无干扰的状态下专注进行职业活动，使人的认知能力达到极限。这种能力能够创造新价值，提升技能，而且难以复制。

可以形象地这样描述：当你在进行深度工作时，你会发现，自己心无旁骛，所有注意力集中在工作上，对时间的流逝毫无知觉，思维飞快运转，往往能够快速、高质量地完成工作。当你在进行浮浅工作时，经常受到各种事情的打扰，而且其他一些不重要的事情会抢占正在运行的脑通道。如果把人的大脑比作电脑的后台，一旦开了很多窗口，其运行速度便会大大降低，工作效率自然也大为降低。

不能深度工作，最大的两个危害是时间浪费（直接的时间浪费和状态切换带来的时间浪费）以及分心带来的效率损失。

就时间浪费而言，《华为高效工作法》中引用了一组数据：人们一般每8分钟会受到1次打扰，每小时大约7次，或者说每天50～60次。平均每次打扰大约为5分钟，每天总共大约为4小时，也就是约50%的工作时间（按每日工作8小时计）。其中，80%（约3小时）的打扰是没有意义或者极少有价值的。同时，人被打扰后重拾起原来的思路平均需要3分钟，每天总共大约就是2.5小时。也就是说，每天因打扰而产生的时间损失约为5.5小时。如果按8小时工作制算，这占了整个工作时间的2/3以上。图9-2是一张工作流程示意图。

显然，要进入深度工作状态，就必须避免这些状况的发生。一方面，要专注于一项工作任务上，多任务同时进行并不高效，而且任务切换的时间消耗非常巨大。另一方面，要尽量专注于工作本身。在可能的情况下，尽量屏蔽掉外界干扰，不要轻易被不重要的微信、电话干扰，可以利用工作间隙休息的时间来集中处理这类信息。能够迅速进入专注状态，以及能够长期保持专注状态，是深度工作能力的重要体现。

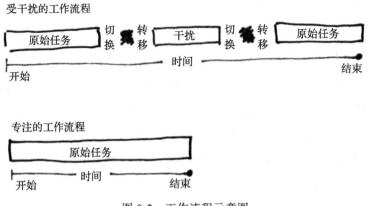

图 9-2 工作流程示意图

具备深度工作的能力的意义是非常明显的：其一，可以充分利用时间，提高工作效率；其二，可以更好、更有效地完成工作；其三，可以更好地获得成就感，提升幸福感。

对于工作压力十分巨大的投行工作来说，能够在工作中获得幸福感是非常有意义的事。那么，为什么深度工作可以带来幸福感呢？

积极心理学奠基人米哈里·契克森米哈赖在30年前，在大量案例研究的基础上，开创性地提出了"心流"的概念。他在《心流》一书中讲述了这样一种心理现象：当一个人全神贯注、全身心地投入一桩事物，达到忘我状态时，会获得一种极其美好的体验，这是内心秩序和安宁的时刻。

现在，我们一般认为，"心流"是指我们在做某些事情时，那种全神贯注、忘我投入的状态。在这种状态下，你甚至感觉不到时间的存在，在这件事情完成之后我们会有一种充满能量并且非常满足的感受。

史蒂芬·科特勒和杰米·威尔在《盗火：硅谷、海豹突击队和疯狂科学家如何变革我们的工作和生活》一书中也提到：过去五年中，作者参与了一个"心流基因组计划"。他们走访了很多实践者和研究人员，了解了他们研究的"出神技术"——那是"出神、狂喜、极乐"的状态，凡人本来不应该拥有随便进入这个状态的能力。所以，作者把研发这个技术称为"盗火"——你获取了天神的力量,对别人构成一个非常不公平的竞争优势。

这本书反映了目前认知科学和脑神经科学领域的最新研究成果,显示人可以获得灵光乍现的状态和体验。我个人认为这与心流的体验类似。

梁冬先生在采访蔡志忠先生时,蔡先生也说过这样一种状态。如果你全神贯注、聚精会神地做一件事情,一定会找到这样的感觉:宇宙和你在一起,时间像水一样慢慢流过你的身体,你只能听到笔在纸上刷刷的声音,甚至连心跳都听不见。你觉得时间、空间好像都不存在,你觉得没有一笔是多余的,每一个动作都是完整的。当你真正地投入那个领域时,你没有一个念头是多余的,万籁寂静,与天地同齐,那种高潮和幸福感不是外人能够得到的。

我想,当我们完全聚焦于自己所从事的工作,进入深度工作状态时,大脑会源源不断地分泌胺多酚,全身舒畅得有如一股甜蜜的河流缓缓地通过身躯,就可能体验到上面提到的类似"心流"的幸福感。这时,幸福感袭来,工作效率与完成度一定也会超乎寻常。这可能也就是五祖弘仁说的"制心于一处,无事不办"。

为什么在"心流"这种幸福感状态中工作成果也会最佳?这可能是因为在这个过程中人进入了"尤里卡时刻"。在心理学中,人突然有了想法的时刻被称为"尤里卡时刻"。这种"突然"总是在大脑比较放松与愉悦之际出现,这是一种难得的创造力,可遇不可求。

此外,我也要强调一下心流与"上瘾""沉迷"的区别。沉迷是指在使用它的过程中非常投入,无法抽离、返回和退出。上瘾则进一步,是指,已经明知它有危害,但无法控制自己继续去使用它。

心流的状态与这两者有一定的相似之处,但区别更大。心流是一个创造的过程,伴随的是幸福感、成就感。而沉迷是一个从"消费"(消费沉迷物)到"被消费"(被商家主宰)的过程,伴随的往往是失落、沮丧,短期的兴奋与长期的悔恨并存。

我在工作时，已经习惯使用番茄工作法来保持专注。番茄工作法由弗朗西斯科·西里洛于 1992 年创造。

简单来说，番茄工作法就是指每集中精力工作 25 分钟，就休息 5 分钟。这是一种用合适的时间颗粒度来保证注意力、专注度的工作方法。

具体介绍如下。

第一，每个番茄钟为半小时，其中工作时间 25 分钟，休息时间 5 分钟。可以直接使用手机上的计时器，我建议下载专门的番茄钟管理 App，例如"潮汐"。

第二，开启番茄钟之前，对工作内容有所计划。在每个番茄钟的 25 分钟工作时间内，只能从事正在做的工作，不得被其他事情（例如接电话、看微信、回邮件）等打扰。正在做的工作也不得随意切换，完成这项工作任务，方可进入下一项工作任务。

考虑到投行工作的特殊性，可以考虑将重要领导、项目负责人、监管部门人员、重要客户等的电话铃声予以区别。只有这些电话，可以接听。微信也是一样：对于重要的微信号、微信采取置顶处理；对于不重要的微信群开启"信息免打扰"；对于必须马上回复的微信开启"强提醒"，只有"强提醒"的微信才可以即时查看。

第三，在每个番茄钟的 5 分钟休息时间里，可以干两件事。其一是休息与放松，建议离开座位动一动，活动一下身体并休息眼睛。其二是检查一下电话与微信，利用这个时间予以回复。需要注意的是，5 分钟的休息时间是必需的，一个番茄钟 30 分钟是不可分割的。因为，这既是保持长期身体健康的需要（久坐不休息对脊椎、眼睛等不利），也是一种精力管理的需要。

第四，25 分钟工作 +5 分钟的休息是通常情况。每个人也可以根据自己的习惯、精力和身体状况考虑自己的设置方式。对于有些人和有些工作而言，25分钟太短，既获得不了心流体验，切换成本也太高。就我个人而言，一般按照通常番茄钟的30分钟（我也把它称为"小番茄"），有时也设置60分钟（50分钟的工作时间+10分钟的休息时间，我把它称为"大番茄"）。在处理一般工作时，考虑使用"小番茄"；在处理复杂工作和写作时，使用"大番茄"。

第五，可以考虑进一步使用番茄钟来考察自己的工作强度和更好地安排自己的工作计划。这是说，每天记录下自己全天完成番茄钟的"个数"。通过跟踪自己在一天内完成了多少个番茄钟，以及为每天要完成的番茄钟的数量设定目标，可以评估自己每日工作的强度，以便知晓自己的工作能力。而且，我们可以把每周看作由一定数量的番茄钟组成的。我们通过清晰地知道自己一周能完成多少个番茄钟，可以更好地为自己安排工作计划。

避免拖延症

拖延是职场中人普遍存在的"顽疾"。对于投行人员来说，基于工作环环相扣的特性，拖延更是非常"要命"的事。根据百度百科的"百科医典"，拖延症（procrastination）指在能够预料后果有害的情况下，仍然把计划要做的事情往后推迟的一种行为，是一种普遍存在的、有害的自我调节失败的形式。拖延症者会因为要开始或者要完成任何任务或决定而感到焦虑，从而将拖延作为应付这种焦虑情绪的形式。

心理学家认为，拖延症不是一种精神疾病，无论是国际通用的精神疾病诊断与统计手册（DSM-V）还是中国的精神疾病诊断手册，拖延症都不在其中。但是，这种普遍存在的拖延行为常伴随自责情绪、负罪感、自我否定、贬低意识，严重的会导致焦虑症、抑郁症等精神心理疾病。

根据我的投行职业经历，我经历过的拖延症一般有两种形式。

第一种形式是拖延着不开始。明知有一个尽调报告要写，明知有一个沟通电话要打，明知有一个决定要做出，但就是不开始。不开始的原因有很多种，有可能是偷懒，特别是当前获取网络、视频、音频等较为方便使人们受到的诱惑更为多样；有可能是畏惧，担心自己做不好，特别是期待心太重带来的恐惧感；也可能是责任意识的缺乏，导致思想行为上的懒散等。

第二种形式是拖延着不结束。明明已经开始工作，明明已经做了很多准备，但还是觉得需要更多的资料、更多的时间，就是无法完成。这往往与完美主义相关。具有完美主义倾向、畏惧批评的人，往往由于担忧无法达到预期的目标而逃避完成任务，或总是幻想做好极度充分的准备再完成任务，或总是对已经呈现的结果不满意而不能完成工作。

无论是哪一种形式的拖延，其危害都是巨大的。这表现在两个方面。

其一是对组织绩效和个人绩效的影响。因为拖延，而无法按时完成任务，或者因为拖延造成的时间缺乏而影响任务完成的质量。

其二是经常被忽视的，但实际影响也非常大的对拖延者个人心理健康的巨大危害。前面已经说到，人之所以拖延，有可能是因为对要开始或者要完成任何任务或做出任何决定而感到焦虑，从而以拖延应付这种焦虑情绪。但拖延不但没有解决这种焦虑，反而会产生更大的焦虑和不安。因为当我们在拖延时，实际上是把问题放在了脑子里。脑子里全都是这种头疼的问题会让人更加痛苦和不安，心中充斥着更强烈的焦虑感和负罪感。在焦虑不安中，人会借助一个"从明天开始"的万能借口循环往复、周而复始。

明白了拖延症的巨大危害，我们就该采取有效的措施来克服它了。

对于第一种形式的拖延症，即"拖延着不开始"，最好的办法就是立即行动。

前面曾经提到过，大多数时候，念头与思维决定了人的行动，但有时候行动也可以驱动念头。犯拖延症时，例如就是不想写报告，在指望理性思维启动工作无效时，你需要做的就是啥也别想，立即打开 Word。很多时候，你会惊奇地发现，最难的不是写作本身，而是打开电脑、打开要写的文档这个行为。这个行为一旦做了，最好再把"番茄钟"打开，你很可能就写下去了。

人在开始一件事之后，动力往往就会自然出现。运动中的物体往往保持运动，开始做一点点工作就能改变我们的拖延状态。只要你行动起来了，你就会发现心开始平静下来，焦虑也随之减弱，于是你就慢慢进入了工作状态。

必须记住以下两点。其一，只要行动了，不管是做什么，都是好的。行动是众多改变自己的办法中最有效、最直接的一种。其二，"从明天开始"是让人付出最大代价的一句话。做一件事的最好时间，第一选择是 10 年前，第二选择就是现在。一件该做的事，今天没有开始做，明天也多半开始不了。

对于第二种形式的拖延症，即"拖延着不结束"，最好的办法是明白完成比完美更重要。片面追求"完美"，会导致行动上的拖延，导致工作无法按时完成。完美主义者通常在内心深处有个声音在说：只要我没有做完，就不会面对不完美的结果；只要我再多努力一些，就能做得更完美。

对此，我们要做到两点。在思想上明确，完成比完美更重要。对于做事的人来说，完美是可望而不可即的。先完成，然后继续快速迭代，可能是在这个复杂世界做成事的最好选择。扎克伯格创业初期，在 Facebook 的办公室墙上贴了这么一条标语：比完美更重要的是完成。在行动上，明确设置最后期限（deadline）和制订细化的工作计划，要求每个时间节点都要见到成果，即便舍弃内容、降低要求也要保证获得一个完整的成果。

特别提醒，投行人士必须尽量避免使用"尽快完成"这个词。"尽快"这个词给予了拖延借口，而且不明确的指向也违背了时间管理的原则。给"尽快"规定一个期限，是我们必须养成的工作习惯。

> **重点提示**
>
> 自律是一种抵御外界的感性诱惑，坚定实现理性目标的能力。真正的自律是过以原则为基础的生活并形成习惯，这也是成本最低、效率最高、最节约注意力与心力的生活方式。
>
> 时间管理的核心是优先级排序，必须要事优先。尤其是，需要有足够的时间做那些"重要的事"，重要而不紧急的事往往是能长远左右你成长的大事。
>
> 具备深度工作的能力，不仅可以让你更好、更有效地完成工作，还可以有效提升幸福感，使你进入"心流"状态。不能深度工作，最大的危害是时间浪费（直接的时间浪费和状态切换带来的时间浪费）和分心带来的效率损失。
>
> 对于"拖延着不开始"，最好的办法是立即行动。对于"拖延着不结束"，最好的办法是明白完成比完美更重要。设置最后期限，先完成，再继续快速迭代。

进一步阅读

[1] M 斯科特·派克. 少有人走的路：心智成熟的旅程 [M]. 于海生，严冬冬，译. 北京：中国商业出版社，2013.

[2] 博恩·崔西. 吃掉那只青蛙：博恩·崔西的高效时间管理法则（原书第 3 版）[M]. 王璐，译. 北京：机械工业出版社，2017.

[3] 米哈里·契克森米哈赖. 心流：最优体验心理学 [M]. 张定绮，译. 北京：中信出版社，2017.

[4] 卡尔·纽波特. 深度工作：如何有效使用每一点脑力 [M]. 宋伟，等译. 南昌：江西人民出版社，2017.

[5] 简·博克，莱诺拉·袁. 拖延心理学［M］. 蒋永强，等译. 北京：中国人民大学出版社，2009.

[6] 史蒂芬·柯维. 高效能人士的七个习惯（30 周年纪念版）［M］. 高新勇，王亦兵，葛雪蕾，译. 北京：中国青年出版社，2018.

第二节　干好投行所需的软实力

持续学习能力

金融行业是一个对专业技术能力要求很高的行业。而在金融行业中，投资银行又是知识最密集、能力要求高的。具备持续学习能力，是每一个投行业务人员的基本功。

投行业务人员的持续学习体现在这些方面。第一，因为知识结构涉及面广，所以对于自己学历结构中欠缺的部分必须补课。第二，由于专业知识所涉及的新法规、新政策会随时颁布，新案例、新交易结构会随时发生，与之相伴随的是招股说明书、重组报告书随时需要学习。第三，投行不仅要求专业知识更新，还要求对所关注的行业有较为深刻的理解，而行业里的变化随时发生，新商业模式、新行业随时涌现。第四，除了学习知识，更重要的是学习与掌握投行思维，并在实务操作中锻炼与体会。

因此，对于投行业务人员来说，学习是一个与时俱进、毫不停息的过程，学习也是一个随时随地发生、时时刻刻长进的过程。

在这里，针对投行的持续学习，我也提供几个建议。其一，系统学习与准备考试要趁早。一般来说，初进入投行的时候，工作难度与工作压力相对较小，个人的记忆力也相对较强，这个时候是系统学习（例如法律背景的人员集中学习财务知识）和准备考试（例如准备保荐代表人胜任能力考试、把 CPA 的剩余科目考完等）的好机会。随着自己成长，时间往往会越来越紧张。

其二，项目间隙期是集中学习的好机会。投行项目，特别是对于基层承做人员来说，是有不均衡性的，可能在一段时间内多个项目交织，特别紧张；也可能在一段时间内遇到空档，相对空闲，也不用出差。这也是难得的集中学习的好机会。

其三，充分利用碎片化时间学习。投行因为工作性质，出差多，外出多，拥有的碎片化时间也特别多。现在我们的手机不仅智能化，而且拥有大屏。因此，我们应该利用这个时间，不能轻易浪费掉它，切忌碎片化时间不能被"算法"推荐的八卦信息、社会热点轻易占据。这个时间，除了可以处理简单、着急的工作，也可以用来看最近出台的法规、阅读一份招股书或者反馈意见答复等。目前，一些高质量的行业公众号，每天推送新法规解读、新案例剖析、行业深度分析等。我建议大家关注这些公众号，利用碎片化时间阅读学习，而非"刷"朋友圈。此外，微博上也有一些行业一线从业人员提供的案例解读和深度分析等，我建议将这些微博号设置为"特别关注"。这样一来，大家打开微博时只看特别关注号所发的微博，不会被"热搜"等吸引。

其四，高度重视对招股说明书、重组报告书、反馈意见答复等的学习。对于投行人员来说，干中学当然是最重要的，但是再厉害的投行人员，在职业生涯中接触的项目也是有限的，通过案例学习的方式来学习就非常重要了。特别是，目前投行还处于核准制开始向注册制过渡的时期，监管部门的实质性审核仍然非常重要。

学习这些文件有三个方法。第一，从业初期，坚持阅读一定量的招股说明书。古人说，"熟读唐诗三百首，不会吟诗也会吟"。对于初入投行的人来说，长期坚持阅读一定数量的招股说明书，对于找到投行从业的"感觉"非常重要。一份招股说明书，好几百页，其实有价值，对我们了解行业、学习投行技术、解决问题有启发的只有几章（风险因素、业务与技术、发行人基本情况、管理层讨论与分析、同业竞争与关联交易等）而已。我自己从业初期,坚持每天认真阅读至少一份招股说明书,并做好读书笔记。两三年下来,受益终生。第二,在业务工作中学习。例如,你在承做证券行业某公司的 IPO 业务,那么学习已上市证券公司,特别是同等规模或者近期上市的公司的招股说明书,就非常有意义。第三,学习感兴趣的东西。例如,在看微博时发现一例上市公司重组事项的交易结构的设置有新意,就可以去找相关重组报告书来进行专门学习。

其五,投行的精髓是干出来的。最重要的东西很难通过书本、文件学习,因此要高度重视实践,在实践中学习。认真学习自己团队领导、其他中介机构领导、企业老板的做法与思维方式,找到干投行的感觉,进而培养自己的投资银行思维,这非常重要。

沟通和协调能力

沟通和协调能力对于投行人员来说也非常重要。原因在于,投行的主体是前台业务岗位,这就是一个需要持续与各方面打交道的岗位。对内是项目组内部的沟通协调,与投行业务部门内部质控、资本市场等部门的沟通协调,与证券公司内部质控、合规、风险管理乃至办公室(例如需要公司盖章、出具红头文件等)的沟通协调。对外就更复杂了,包括与发行人各层级、各相关部门的沟通协调,与其他中介机构的沟通协调,与监管部门的沟通协调,与投资者的沟通协调。也就是说,投行的每一步工作都涉及沟通协调。缺乏良好的沟通和协调能力,可能寸步难行。

培养自己的沟通与协调能力的方法很多,也有很多这方面的专业著作。例如,巴菲特就曾提到其幼年时,受到戴尔·卡内基(Dale Carnegie)所写的《卡内基沟通与人际关系》(*How to Win Friends and Influence People*)一书的重要影响。[⊖]我个人也认为,一个人的沟通和协调能力与这

⊖ 资料来源:艾丽斯·施罗德. 滚雪球:巴菲特和他的财富人生[M]. 覃扬眉,等译. 北京:中信出版社,2009:81.

个人的情商有很大关系。

因此，要提升沟通与协调能力，我建议进行专业学习。我根据个人的经验，在这里提出几个建议。

其一，真诚待人。现在有句流行的话，"没有任何道路可以通向真诚，真诚本身就是道路，"这是有道理的。真诚与从同理心出发、讲究方式方法并不矛盾。

其二，树立团队意识，塑造开放分享的心态。投行项目都是团队作战，特别是对初入投行的人来说，对自己成长影响最大的往往首先是自己的团队领导和朝夕相处的同事。一名优秀的投行人员必须有强烈的团队精神，只有把自己融入一个强有力的团队，并在其中最大限度地发挥自己的能力和潜力，才有可能不断取得事业上的成功。投行工作是不可能靠单打独斗完成的。一个有团队意识、心态开放、善于分享的人，会有更多的人愿意与之合作。

人在合作中，经常犯两个错误。第一个是总是把自己的失败归结于运气，或者别人不配合，而把自己的成功归结于努力。第二个是总以为别人对自己的尊重，是因为自己很优秀。但实际上，多把成功归结为运气和团队协作，会让你成为更受欢迎的人。而且，这也往往更接近于事实。别人尊重你，是因为别人很优秀。优秀的人更懂得尊重别人，对人恭敬其实是在庄严你自己。

其三，学会更好地与后台部门相处。这有助于提升工作效率。开展投行业务，投行业务人员不可避免地要与投行业务部门内部的后台部门及证券公司的后台部门相处。你会发现，有的投行业务人员善于与后台人员保持很好的关系，有的却总是与后台人员关系紧张，经常"干架"。我个人认为，前后台关系处理在任何行业、任何公司中都是一门学问，出现问题的关键主要是不能换位思考。前台人员总认为，我拼命干活，是为了整个公司好，你后台人员是靠我们业务人员养活的，你就得为我们服务好。但实际上，前台业务人员往往并不理解后台人员工作的烦琐和工作量的巨大。前台业务人员总觉得自己这件事是最重要的，后台人员拖沓，不及时处理工作，但可能不知道这段时间正好事情集中，后台人员手中有好几件着急的事。前台业务人员总觉得，自己项目的时间非常紧张，后台人员应该高度重视，加班处理，但可能不知道这个后台人员已经加班好几天了，或者今晚是后台人员母亲的六十大寿寿宴。那么怎么办？最好的办法就是在相互换位思考的基础上多沟通，例如前台业务人员应该根据自己项目的进度和重要程度，提前与后台人员沟通，以便后台部门提前予以安排。

此外，前台业务人员与后台人员保持经常性的沟通，建立一定的私人关系也是一种技巧，我把它称为具备让后台人员"公事私做"的能力。例如，后台人员确实应该勤勉尽责，但按正常程序，她工作很多，两天内审核完这份合同，都是正常的，这就是"公事公办"。如果她能充分理解你工作的紧迫，立即或者愿意加班给你审核，这就是"公事私办"。

其四，重要的事、复杂的事，特别是容易引发歧义的话，不要通过邮件、微信等途径表达。邮件带来的问题是双方不能立即反馈；微信带来的问题是即便能及时反馈，可能没法完全体会对方的情绪。因此，我建议重要的问题采用当面沟通、微信视频沟通，至少是电话沟通的方式，以避免沟通产生歧义和其他问题，影响事情的解决。

社交与人脉

投资银行需要通过做项目来取得成就，项目的来源多样，投行业务人员的社交和人脉与之关系重大。投行的项目往往要通过销售才能最终完成，完成销售，往往也与投行业务人员的社交和人脉有关。

社交与人脉是一门大学问，有很多专业图书指导我们。就个人的感受，我提供一些建议。第一，社交与建立人脉要防止两个倾向：一个是自我封闭，对这个有畏难情绪；另一个是把建立人脉误认为要多认识人，花太多时间与精力建立了很多浅层关系,并不能形成真正的人脉。

我个人认为,把自己变成一个有价值的人,是一切社交和建立人脉的基础。要成功地开展社交与建立人脉,第一步是使自己变得优秀,第二步才是主动参加社交活动。查理·芒格说的那句名言"一个人想得到某样东西的最好办法是让自己配得上它",当然是对的。

第二,如何找到与人建立深度连接的"钥匙"?必须承认,人与人之间是存在"气场"效应的,有些人之间很容易建立连接,有些人之间却怎么也找不到感觉。如果非要找寻一些办法,我个人认为是以下三点。

(1)建立深度连接最好的出发点是相互吸引。各自吸引对方的可能并不是同一个东西,但这些东西都如此强烈,就产生了吸引力。对方吸引你的可能是在某个领域中的崇高地位,而你吸引他的是你的某项特殊技艺。

(2)找寻共同点,是一种建立连接的有效手段。"物以类聚,人以群分",同类聚在一起,是对自身安全的一种天然保障。一项研究表明,人们总是更喜欢和自己相似的人。人们会不自觉地把和自己相似的人当成"自己人"(self),把与自己不同的人当成"其他人"(others)。人和人之间的共同点可以表现在多种方面,比如地域、就读专业、就读学校、宗教信仰、兴趣爱好等。

(3)找到对方的关注点。心理学家认为,人心中最关注的是自己是否被重视,是否被认可。所以,以对方为中心就是找到对方关注点的基础。营销学中的一个观点是,一定要把你销售对象的详细背景调查清楚,包括但不限于简历、家庭、兴趣爱好等。通过分析这些,也许就能找到共同点或者对方的关注点。

第三,建立一些系统化地管理人脉的好习惯。一般来说,投行业务人员接触与认识的人很多。与一个人初次见面,不论以何种方式结识,在交换名片或者添加微信后,要把这次见面的具体信息(例如时间、地点)和谈话的主要内容记在手机联系人或者微信联系人的备注项里,特别是通过这次谈话了解到的自己与对方的共同点或者对方的关注点必须记录下来。

如果与这个人有继续交往或者建立深度连接的想法，那么就应该及时跟进，例如在见面的第二天发一个微信，除了致谢外，提及对方感兴趣的事，发一个对对方有用的专业信息都可以。这可以加深你留给对方的印象，给对方留下一个可信、靠谱的印象。

写作、表达与演讲能力

对于投行业务人员来说，写作能力、表达能力与演讲能力都是不可回避的重要能力。

无论是对相对低阶，需要做大量文字工作（录入、撰写招股说明书）的投行业务人员，还是对相对高阶，主要做管理工作的团队领导，写作能力都是必须具备的。随着层级的提高，需要动手写东西的机会可能越来越少，这些需要写作的东西却越来越重要。

由于投行包括大量的文书工作（paper work），扎实的写作功底，包括流畅、清晰的文字表达、严密的逻辑十分重要。而且，写作能力不仅对于完成工作非常重要，同时也是自身学习与提升的重要手段。更好地理解一个概念，最快捷的方式就是把这个概念教给别人。写作就成了实践这种想法的最佳途径。同时，很多时候，也只有通过写作，你才能发现你是否真正理解了这个东西或者观点，你的思维闭环往往只有通过变成文字才能真正厘清。

持续写作很可能是锻炼学习能力、思考能力、分析能力、沟通能力的最直接、成本最低的方式。写作训练没有秘密，就是写，而写的第一步，就是马上写。

对于投行业务人员来说，每一项工作都是在与人沟通与交流，每一项工作的完成都要靠自己的表达能力。我们经常发现，出色的投行业务人员，往往具备非常出色的表达能力。这里所说的出色不是"口若悬河"，而是"清晰简洁，直达要害"。表现不佳的投行业务人员经常说了很长时间,大家还不知道他的主要观点。可以说,表达能力是综合素质的体现,是个人分析能力、逻辑思维、观察能力和情商的综合体现。表达能力是可以提高的,但前提是你真正重视表达能力,并采用正确的方法去改善。

针对表达能力,我有两个重要的建议。第一,表达能力强,最关键的因素是逻辑。表达时,普通话标准、发音清晰、语速适宜、注意节奏,这些都非常重要,但不是最关键的。我们看到很多人,说话不流畅、方言浓重,但表达效果并不差,原因是他的表达思路清晰、逻辑严密与内容有深度。所以说,改善表达能力首先应该练习逻辑。

一个简单的办法是论述观点时一点要有条理,把使用"第一""第二""第三"养成习惯,把使用解决问题的"架子"(问题—原因—解决方案)养成习惯。学会掌握这样的具体方法,才能用最简练的语言,传递最有价值的信息,成为高效表达者。此外,前面说的练习写作也是一种好的思维训练武器,在很多说不清楚的情况下,先尝试写下来。写的过程就是思考的过程,写作表达就是运用框架的时候。能写清楚的事情最终也可以说清楚。

第二,表达能力好坏主要在于,是否清晰地传达了自己的想法并达到影响对方的目的。有些人把表达能力误认为语言上不吃亏,一定要分出个输赢,这是完全错误的。大家一定要注意,表达是要达到目的,而不是分出输赢。

演讲越来越受到重视。随着你在投资银行内职位的提升,越来越多的场合需要你具备演讲能力。有所不同的是,除了语言与内容,肢体语言和声音也对演讲效果起到很重要的作用。一个好的演讲,是把精心准备的信息、内容传递出去,并且利用好肢体语言和声音,通过这三者的综合作用产生效果。

此外,就个人经验而言,演讲要达到效果,抓好三个点非常重要。第一是注意开场这个点。一个好的开场能够充分吸引听众的注意力,这需要认真设计。

第二是按照峰终定律(peak-end rule)的原理精心设计整个演讲的高

潮和结束语。2002年诺贝尔经济学奖获奖者、心理学家丹尼尔·卡尼曼经过深入研究，发现我们对体验的记忆由两个因素决定：高峰时（无论是正向的还是负向的）与结束时的感觉，这就是峰终定律。这条定律告诉我们，体验一项事物之后，人们能记住的只是在"峰"与"终"时的感受，而过程中的好与不好，对记忆几乎没有影响。例如，在演讲结束时不是简单地谢谢大家，而是以一个自己或者名人的、与演讲内容相关的警句收尾，引发大家的思考与共鸣，就是一个创造好的"终"的方式。

形象与衣着

投行业务人员首先是一个专业人士。形象与衣着，对于传递专业形象非常重要。很多投行人员特别是男士，对此不够重视，这是不对的。其实，穿什么衣服，保持什么样的形象，既是专业形象的体现，也体现出一种对生活的态度。这其实也是一门学问，需要进行专业学习，也有很多这样的专业图书可以用来借鉴与学习。

我根据自己的经验，提供几条建议。其一，注意衣着与形象不等于一定要穿正装，而是要根据具体的场合选择合适的着装。

在工作时尽量穿西装是一个非常好的习惯，特别是对于初入投行的人员而言。这不光有助于体现对企业客户的尊重、让自己显得成熟专业，还有更为重要的原因。很多人不愿意着西装，主要原因就是着西装远比穿休闲服要麻烦费事，让人感觉受到拘束、不舒服。但实际上，正是这种拘束效果，可以让你在工作时随时注意自己的身型体态和举止行为，避免过度放松和随意。这种习惯其实是对自身整体形象气质的一种打造。

其二，为自己置装时遵循"断舍离"的原则，买少的，买好的。所谓断舍离，并不等于节约，本质是通过这样一种思维方式过上一种健康而更有品质的生活。因此，对于重要的着装，例如大衣、风衣、西装、皮鞋等，尽量买经典款、质地上乘的。这一点对男女都适用。

我一直认为，一件东西的成本不是其标价，而是其单位使用时间成本。例如，一件经典款的大衣，虽然价格昂贵，但板型好、面料上乘、穿着舒服，每年冬天穿的时间很长，而且可以穿好几年，具体到每天的穿着成本而言，并不贵。与之相反，贪图打折，买了一件普通大衣，穿着时感觉不好，不到一个冬天就舍弃了，算下来单位时间成本其实更高。同理，量身订制一套比较好的品牌质料较好的西装，配备几件高质量的衬衫，对男士而言，是绝对值得的投资。

顺便说一下，从这个意义上来讲，你使用的手机、家里用的床及床品，也一定要用好的，因为这两样可能是你一天中使用最多的物件。其质量不仅直接关系到生活和工作品质，而且算下来，实际单位时间使用成本很低。

其三，注意细节非常重要。例如，一双干净的皮鞋、一双经常修剪指甲的手，定期用一个好的鼻毛修剪器修剪鼻毛……是非常重要的。又如，就衣服而言，不合身是最不能容忍的。纯色的衣服比复杂图案的衣服更显得高档和有质感。

其四，高度重视体重管理。保持身材标准，避免臃肿与肥胖不仅直接关系个人的健康状态，而且对职业形象的影响越来越大。身材管理差的人，会给客户意志力薄弱、自我管控能力较差的"联想"。当前，医学界认可的、科学健康的体重管理方法无非两点：管住嘴、迈开腿。除了坚持定期锻炼外，减少和避免食用高热量、高碳水、高脂肪、高糖分的食品非常重要。其中，糖分往往是体重管理最大的敌人。

| 重点
| 提示

投行是知识最密集、能力要求高的行业，必须具备持续学习能力。

投行是一个需要持续与各方面打交道的工作，沟通和协调能力非常重要。

要成功地开展社交与建立人脉，第一步是使自己变得优秀，第二步是主动参加社交活动。

写作能力、表达能力与演讲能力都是投行业务人员不可回避的重要能力。

衣着和形象既是投行业务人员专业形象的体现，也体现一种对生活的态度。

> **进一步阅读**

[1] 戴尔·卡内基. 卡内基沟通与人际关系[M]. 詹丽茹, 译. 北京：中信出版社, 2013.

[2] 罗伯特 B 西奥迪尼. 影响力（经典版）[M]. 闾佳, 译. 北京：北京联合出版公司, 2016.

[3] 菲利普·科特勒, 等. 营销管理（原书第15版）[M]. 何佳讯, 等译. 上海：格致出版社, 2016.

[4] 康妮. 如何结交比你更优秀的人[M]. 北京：中信出版社, 2019.

[5] 彼得·迈尔斯, 尚恩·尼克斯. 高效演讲：斯坦福最受欢迎的沟通课[M]. 马林梅, 译. 长春：吉林出版集团有限责任公司, 2013.

[6] Spenser. 写作是最好的自我投资[M]. 北京：中信出版社, 2018.

[7] 张皓翔. 声音的魅力[M]. 长沙：湖南文艺出版社, 2019.

[8] 英格丽·张. 你的形象价值百万（12周年增补版）[M]. 武汉：长江文艺出版社, 2015.

第三节　持续干好投行的源泉：身心健康

规律作息

对于从事类似投行这样长期持续性高强度工作的人士来说，在可能的情况下，每天尽量按点睡觉、起床，形成规律的生活方式是保持身体健康的重要基础。

做到规律作息是身体健康的重要基础性建设，其形成的生物钟同时是保证精力充沛的关键，而且也是考虑一个投行专业人士自律能力的试金石。用医学语言来说，有规律的生活能使身体的交感神经和迷走神经进入自动运营状态，无须大脑的意识神经指挥，有利于保持健康和精力充沛。

对于生活规律，有两个误区。

其一，投行这样的高强度特殊性职业无法做到生活规律。投行人员出差频繁，而且项目制的工作方式确实也存在工作时间不均衡的情况，经常面临限时高强度工作的问题。但这不是不能做到生活规律的理由。投行长期高强度工作的性质，反而对于规律作息以保证身体的长期健康要求更高。要知道，猝死、抑郁等问题在投行人士中并不鲜见。特殊时期的状况与尽可能做到规律作息并不矛盾，关键是自己心里要有这根弦，而不是以此为理由放弃。

其二，规律生活不等于必须早睡早起。每个人有自己的生活方式与生理节奏，关键是掌握自己的节奏并尽量使之规律化、固定化。

做到规律作息，特别重要的是管理好自己的睡眠。科学研究已经表明，每个人情况不一样，并没有一个统一标准的睡眠时长，睡眠时间长短各异本身是正常的。我建议做到以下三点。

其一，睡眠时长以自己得到充分休息，第二天不疲惫为原则，确定后就长期按照这个时长来安排睡眠。

其二，尽量按时作息，能够保证按点起床，并形成生物钟。例如，一个人确定自己的睡眠时长是7个小时，每天11点半睡觉，6点半起床，那么就以这个为标准，长期坚持下去。

投行人士可能会面临两个挑战。一个是因为加班或者夜班飞机，晚上没能在11点半睡觉。在这个情况下，我仍然建议不要轻易打破生物钟，坚持6点半起床。如果特别疲惫，可以考虑白天加一个午睡，但不要轻易打破起床时间。另一个是平时很忙,周末睡懒觉,没有按照平时的时间起床。周末打破生物钟睡懒觉不是一个很好的休息方式,打乱作息换来的往往是一天的疲惫。周末时间相对宽裕,希望多一些睡眠,更好的方式是头天晚上提前睡觉,而不是第二天早上延后起床。

其三,为了养成良好的作息习惯,我们可以借助科技手段,例如智能手机的"就寝模式"就是一个好的选择(示例如图9-3所示)。此外,智能手环也可以帮助我们记录睡眠时长、睡眠规律,分析睡眠质量。

图9-3 手机睡眠模式示意图

饮食合理

什么是饮食合理?中国营养学会在《中国居民膳食指南(2016)》中

提出了10条原则：①食物多样，谷类为主，粗细搭配；②多吃蔬菜、水果和薯类；③每天吃奶类、豆类或其制品；④常吃适量的鱼、禽、蛋和瘦肉；⑤减少烹调油用量，吃清淡少盐膳食；⑥食不过量，天天运动，保持健康体重；⑦三餐分配要合理，零食要适当；⑧每天足量饮水，合理选择饮料；⑨如饮酒，应限量；⑩吃新鲜卫生的食物。

我个人感觉，合理饮食应该特别注意以下三个方面。

其一，饮食多样化。人类是"全才"，在进化过程中能打败其他物种生存下来，与强大的适应能力有关。人类在适应环境的过程中，也适应了各种食物。进化不仅使人类能吃多样化的食物，食物多样化也成了人们健康的必要条件。不要轻言某种食物有害，因为俗话说得好，"脱离数量级谈任何效应都是耍流氓。"中国营养学会编著的《中国居民膳食指南（2016）》也体现了"饮食多样化"的特点，建议每人平均每天摄入12种以上食物，每周摄入25种以上。

其二，饮食结构合理。《中国居民膳食指南（2016）》以"中国居民平衡膳食宝塔"（见图9-4）的形式提出了中国居民各类食物的适宜消费量。宝塔分五层，水和谷类食物居于底层，每人每天应喝水1500～1700毫升，每人每天摄入全谷类和杂豆类50～150克、薯类50～100克；蔬菜和水果占据第二层，每人每天摄入蔬菜300～500克、水果200～350克；鱼、禽、肉、蛋等动物性食物位于第三层，每人每天摄入禽畜肉40～75克、水产品40～75克、蛋类40～50克，每人平均每天摄入总量为120～200克；奶类和豆类食物占第四层，每人每天摄入奶及奶制品300克、大豆及坚果类食品25～35克。第五层塔尖是油脂和盐，每人每天摄入油25～30克、盐少于6克。

特别需要注意的是，我们需要减少精加工食品的摄入，减少能量密度高的碳水化合物，例如点心、饼干等的摄入；减少反式脂肪酸，如减少油炸食品等的摄入；减少糖类的摄入，因为很多食物中其实都包含糖类，糖分而非脂肪往往才是肥胖的主要原因。此外，如果我们能从食物中获得充足的微量元素、蛋白质和不饱和脂肪酸，就没有必要食用药物、营养添加剂以及保健品。

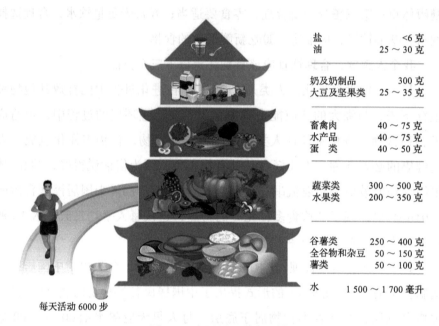

图 9-4　中国居民膳食宝塔

其三，注意消化系统健康。消化系统正常运作是人体身心健康的关键。消化系统有两个主要功能：一个是以适当的化学分解及细菌分解将食物分解成生物体可利用的营养素；另一个则是按时排出利用不到的废物。食物必须咀嚼足够的时间，直到变成被充分润滑、松软甘甜的糊状物再吞下去。这种润滑作用必须靠唾液来完成，而不是借助水或汤，如此才会刺激整个唾液系统发挥最佳功能，产生酶。因此，我建议饮食不过量，并遵循小口、细嚼慢咽的规则。此外，利用每天如厕时间检查自己粪便的情形，也是随时判断身体健康状况的最方便的途径之一。

对于投行人士，我特别提出两点建议。

其一，不要以过度节食的方式来减轻体重。因为这种方法消耗的脂肪有限，减掉的主要是水分，还有蛋白质；在恢复正常饮食后体重会很快反弹。此外，其带来的免疫力和精力下降，是我们投行人士不能接受的。

我个人比较推崇定时进行"轻断食"，让消化系统得到休息。过量且失衡的饮食导致我们的消化系统长期过度负担，从消化系统开始进行身体的"内在清洁"是必要的。我建议大家每个月选择一天进行"轻断食"，在这一天里停止正常的一日三餐，但可以食用蔬菜汁、果汁等。

我自己的经验是，每个月至少进行一次36个小时的"轻断食"。从第一天的晚餐时间之后开始到第三天的早餐时间结束，在此期间不吃饭、不吃零食和水果，仅食用水和果汁。第二天的晚上可能会有强烈的饥饿感，但坚持过去之后，第三天早上醒来会有神清气爽的感觉。断食期间食用蔬菜汁、果汁、蔬菜汤等，比只喝水更能达到断食的目的。断食期间如果只喝水，肠道反而容易因缺乏膳食纤维而减缓蠕动，不利于排出废物和毒素。

其二，不要轻易完全素食。我本人一直推崇多吃素食，也相信这样一种说法：从人体构造（牙齿、肠道长度、消化液）来看，人类更适合素食。人的肠道很长，更像食草动物，肉吃多了在里面会腐烂，产生毒素、宿便等。食肉动物胃肠短，可快速消化肉类，在肉类腐烂前将其排出体外，避免残渣在肠道中产生毒素。但是，完全的素食对于整个营养搭配的要求非常高，需要科学而专业的指导，否则就会出现严重的营养问题。投行这一职业对投行业务人员的精力和体力的要求非常高，对他们而言，优质蛋白质的补充非常重要。

所以，吃素不等于健康。对投行人士而言，健康的饮食方式应该是多吃素食（蔬菜＋粗粮）的同时，搭配适量的优质蛋白质。

乔布斯有一句名言，"Think big, think long; stay hungry, stay foolish"。

这句话比较好的翻译是"格高局远,虚怀若谷"。就我看来,"stay hungry"的字面意思也很重要。给胃肠减负,多吃菜少吃肉,保持饥饿感,既对身体好,也有助于心智清明。

坚持锻炼

运动与锻炼为什么那么重要?我想有以下三个原因。

其一,运动是人天生需要的,是保持身体健康的关键。运动能增强心肌的收缩力,训练副交感神经,让心率更慢,更稳定,对抗心律失常,还能提高心脏对缺血状态的适应性,降低血糖,提高对胰岛素的敏感性等。反之,缺乏身体活动是至少 20 种慢性疾病潜在的诱因。

其二,运动影响大脑健康,甚至会改造大脑。运动会引起重要神经递质如多巴胺、去甲肾上腺素以及脑源性神经营养因子的释放,从而促进脑细胞的成长和功能发挥。1990 年,美国伊利诺伊大学的生物学家亚瑟·克莱默(Arthur Kramer)设计了一个实验,让一群平时不爱运动的人坚持进行 6 个月有氧运动,然后测试他们思维能力的变化,发现确实有很大程度的提高。研究结果被写成论文发表在《自然》杂志上。

其三,运动与锻炼有助于提升体力、精力和抵抗力。对于投行这样的长期持续性高强度的工作,要变得优秀拼的不光是脑力,更是体力。投行人士在职业生涯中可能面对更多的意外、自然灾情等特殊情况,有一个强健的身体,就会有更多的生机。

对于如何锻炼,我也有四个建议。

第一,明确锻炼的目的。对于投行人士来说,坚持锻炼,目的是保持健康的身体状态,让自己获得充沛的精力来应对工作和生活,而不是一定要获得某项特殊的技能。自己有特殊的爱好(例如爱好健美、马拉松等),按照专业的方式去训练不是这里所讲的锻炼。

第二,锻炼需要一定的运动量。心肺功能是保证精力充沛的第一要素，与身体状态以及寿命呈正相关关系，所以心肺功能的训练是运动的首要任务。为达到或维持健康心肺功能的基本水准，我们每周需要的运动总量应该至少达到 1000kcal。例如，一个 70kg 的成年人，以 8.5 公里/每小时的速度跑步，每周至少要跑够 90 分钟，可以安排 3 次，每次 30 分钟；以 5 公里/每小时的速度快走，每周至少需要 4 个小时，可以安排 5 次，每次近 50 分钟。同时，每周最好再加上两三次力量训练，以保证每个大肌肉群的肌肉量、肌肉力量和耐力。我建议每次运动前要热身，运动过后要放松和整理，而且不能运动过量。

第三，最重要的是长期坚持，不能进行临时性的剧烈运动。之前没有运动习惯的人，一定要从低强度开始，逐渐过渡到中等强度，最后到高强度。更重要的是要坚持下去。切忌在高度疲惫的状态下突然进行高强度运动。

第四，利用一切可能的机会运动和锻炼，而不是非要特殊的时间与专门的场地。因为投行工作的特殊性，这点就更重要了。例如，长期在企业项目现场工作，每天从酒店到办公室，可以选择往返或者单程步行。如果出差下榻的酒店有健身房，早起后坚持去健身房跑步和进行简单的无氧运动，也是一种非常好的方式。

心理健康

心理健康的标准说法应该是"精神卫生"（mental hygine），这是相对于个人生理卫生（personal hygine）而言的。1843 年，美国精神病学家威廉·斯威特第一次提出了"精神卫生"，这个概念在美国社会也就逐渐被普遍接受。精神卫生就是指心理健康的状态，它要求不仅自我情况良好，还要和社会和谐相处。

根据统计，30% 的美国人会定期做心理咨询，80% 的人会不定期去心理诊所，美国还在白宫设立了"总统心理健康委员会"。大多数美国人把咨询心理医生和保持精神卫生看得很平常，就像感冒以后去看门诊一样。

在中国，在迈入小康社会之际，人们的物质生活条件和个人生理卫生方面取得了极大的进步及改善。但精神卫生方面尚没有引起足够的重视，人们甚至经常混淆心理疾病、精神病和神经病等概念。

心理疾病（mental disorder），直译过来就是"心理障碍"，包括常见的焦虑症、抑郁症、强迫症等。其实，这是大多数人或多或少都可能会有的心理问题。根据世界卫生组织的数据，每4个人中，就会有1个人在人生的某个阶段中被心理障碍困扰。精神病（psychosis）是非常严重的心理障碍，精神病患者通常需要服用精神科医生开的处方药，严重的还需要住院治疗。精神病只占心理障碍的很小一部分。

怎么保持精神卫生，或者说心理健康呢？我个人感觉应使用与保持身体健康一样的办法。保持身体健康要求我们平时养成好的健康习惯（也就是前面所说的规律作息、饮食合理和坚持锻炼），增强抵抗力，尽量避免疾病的发生；真的生了病，也要根据情况及时就医，采用正确的治疗方法。

保持心理健康，同样也要重视两个方面。第一，在平时培养阳光健康的心态。第二，有毛病时正确治疗。就第二个方面而言，说起来相对简单，但不是所有人都能理解。大家一定要明白，确实出现问题了，不是仅仅靠自己或者亲人、朋友的开导、疏导就可以解决的。当问题较轻时，可以像美国人一样，通过职业的心理咨询方式获得专业指导；当问题严重，发展成抑郁症时，要接受专业的治疗，包括服用药物。

就第一个方面而言，办法与方式比较多，每个人都可以找到适合自己的。既然我们承认内心像身体、肌肉一样，是可练可治的，那我们的内心就像肌肉那样，可以借由训练，达到更好的状态。而且，就像身体需要定期锻炼一样，要找到一种适合自己的调节心理的方式，通过定期的精神运动来"修炼"自己的内心。

例如,威斯康星大学心理学教授、哈佛大学心理学博士理查德·戴维森等人撰写的《大脑的情绪生活》就提出了一种幸福疗法(well-being therapy),它旨在帮助人们在生活态度维度上向"积极"的一端移动,提升保持积极情绪的能力,从而提升自主性,确立生活目标,驾驭环境,建立积极的人际关系,促进个人的成长。所谓幸福疗法,基于对幸福的构成要素背后的大脑回路的了解,使人们能够重新建立前额皮质同其他掌控情绪的脑区之间的联系。同时,该书还融入了东方智慧,把禅修当作提升自己的幸福感和增进对人生奥秘的勘破功力的主要途径。戴维森博士本人也长期坚持禅修,并认为从中受益无穷。

在心理健康问题上,我个人还想特别提示两点。

第一,能够控制自己的情绪是心理健康的重要表现。有句俗话说,"人活得好不好在于心态,有没有好好活在于情绪",这是非常有道理的。情绪化是需要控制的。方法同样有很多。

我在这里介绍一个最简单的方法。台湾已故的圣严法师在其所著的《禅与悟》中说:使情绪化的心境净化平衡,最常用而简便的方法就是双手合掌,然后用你的两眼看着你两手中指的指尖,专注地保持这个姿势,30秒至一分钟以后,你的心绪自然平衡下来。

需要特别提醒,对于干投行的人来说,避免情绪化非常重要。大家可以借由这个办法,先让自己平静下来。平静非常重要。先平静,再下判断,再处理事情,效果可能完全不一样。

此外,本讲第一节中讲到通过用日记、录音等方式来培养避免"痛苦遗忘"能力的办法,这也是有用的。我们要尽量避免发脾气。如果这种情况发生了,就一次一次地记下来。这有助于改善这个问题。

第二,一定要重视身心平衡。身心两者相互影响,而心是身之本。很多身体疾病的根源往往在于心理问题。人心理健康,更积极地面对生活,有助于身体疾病的痊愈。

《脊椎告诉你的健康秘密：身心柔软与平衡的智慧》一书就明确指出：健康是指人在身体、心理、社会适应能力方面的一种良好状态。平衡就是健康。如果我们每天处于愤怒、焦虑、恐慌、内疚等情绪当中，我们传递给身体的是什么信息呢？身体表达出来的又是什么状态呢？当一个人真正用自己的接纳、包容、柔软的心面对身体每个信息的时候，我们的身体就恢复了正常。

这给了我们很大启示，很多身体表现出的行为，例如疾病，其根源是心理问题。例如，长期忧虑和焦虑的人，肠胃和脾往往会出现问题。身体是智慧的，它就像一个账本，记载着我们一生的经历和情绪，反映我们的健康状况。健康是一个系统工程，疾病有可能就是一种生活习惯、一个情绪、一段人生经历演变而来的。如果只是解决了身体的问题，而不改变造成疾病的生活习惯，不梳理情绪和心理问题，同样的疾病就会卷土重来。

最后，以《黄帝内经·素问》那句著名的话收尾吧："上古之人，其知道者，法于阴阳，和于术数，食饮有节，起居有常，不妄作劳，故能形与神俱，而尽终其天年，度百岁乃去。"其中，"食饮有节，起居有常，不妄作劳"也就是本节要想说的。

从时间管理到精力管理

本讲已经讲述了时间管理的意义和价值。吉姆·洛尔等人在《精力管理》这本书中进一步提出，更重要的是管理你的精力，而非仅仅是时间。这本书中有一张图（见图9-5）对比了时间管理和精力管理的区别。

按照吉姆·洛尔的观点，精力管理的理念比时间管理更积极，更追求效率。专业人士需要像专业运动员一样对你的精力进行科学的管理。对于持续高强度学习与工作的投行人士而言，这显然是非常有价值的。

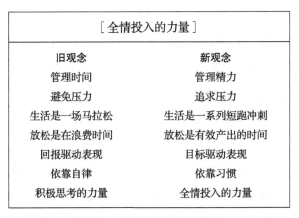

图 9-5　时间管理与精力管理

精力包括身、心两个层面,包含体力、专注力、意志力等多个维度。投行人士的精力管理就是要主动、全面地掌控自己的体力、专注力和意志力,让自己长期保持收放自如的状态,有可持续的信心和能力去应对挑战和变化。特别提醒的是,"可持续"非常重要。一时的精力充沛不难,不做管理也可以达到,投行人士几乎都有像"打了鸡血"一样的时候。但精力在短时间内达到峰值,之后又跌到谷底,或靠外在的短暂刺激获取一时的巅峰状态,都不是管理精力的正确方式。

精力管理的本质就是让人体持续表现出最佳性能。要做到这一点,就要做到前面提到的简单的四条——规律作息、饮食合理、坚持锻炼和身心健康。精力管理不是通过某项单一行为来实现的,而是由各部分因素组成的系统来完成的,必须是一个努力坚持、长期持续的过程。

在这里,我要特别提醒大家注意两个方面。第一个方面是找准自己的"节律"。

投行的工作内容比较庞杂,其中还交织着自我学习与提升的内容,因此每个投行人士首先要做的是不断了解自己的心理与生理特点,了解自己什么时候精力充沛,什么时候精力不足。在精力充沛的时候,做最重要的事情，在精力不足的时候做一些轻松的事情，学会休息，学会恢复精力，围绕"精力"做事，工作与学习效果会更好。一天的时间是固定不变的，但每一人的精力根据环境的不同而不同，按精力管理的方式进行重新调整和改善，可以让我们在同样的时间里发挥更大的能力。

第二个方面是正确对待休息。

在大多数人的心中，投行是一个高强度的职业，却忽视了投行也是一个长周期的职业。因此，大家必须首先明白，休息与放松让人迅速恢复精力，对于精力管理来说是非常重要的。长期高强度的工作本身没有问题，但必须搭配合理的休息与放松。可以说，人体是一个典型的塔勒布所说的"反脆弱"系统。能恢复过来，就是反脆弱，会变得更强大；恢复不过来，可能就废了。例如，2016 年 8 月，某证券公司保荐代表人突发心肌梗死，当天去世，年仅 33 岁。

丹尼尔·平克在《时机管理》中也说，休息不是懒惰的象征，而是力量的标志（Breaks are not a sign of sloth but a sign of strength）。我早年对此有认识误区，多年没有休年休假，之后意识到这是不正确的。后来，我早早安排休年休假，并在完整的年休假中陪伴家人并获得充足的休息，这成为我每年的必修课。同时，我也积极支持员工用好年休假。

除了高度重视休息外，还必须正确、高效地休息。休息必须达到效果，否则就可能不是休息，反而是消耗。对于什么是正确、高效的休息，可能有很多误区。其中最大的误区是把娱乐（"玩"）误认为休息。

本质上，休息和娱乐（"玩"）不是一回事：休息是恢复活动，是精力管理的手段，是以储备充电为目的的；"玩"是娱乐活动，以爽快身心为目的，可能是非常耗费精力的活动。

我们可能有过这样的经历，连续出差忙乎了一周，好不容易有个完整的周末，本来计划的是休息与放松，但实际上是大吃大喝、深夜追剧、夜宵喝酒等。两天下来，比工作还累，感觉身体被掏空了。又比如，好不容易休年休假，但旅游活动安排得过满，全程早起夜宿、舟车劳顿、人困马乏，比平时高强度的出差还累。这些显然都不是休息的正确方式。它们不仅没让你放松与休息充电，反而过度消耗了你，让你更加疲劳。

真正的休息，作为精力管理方式的休息，不是消耗，而是储备，是为了更好地工作。真正的休息放松在生理上和娱乐完全不同。休息放松的本质是通过激发副交感神经系统，关闭原来兴奋的"下丘脑—脑垂体—肾上腺轴"，让人暂时离开"搏斗或逃跑"反射。在放松的过程中，人的心率、呼吸频率、血压都会降低，皮质醇水平也会跟着下降，大脑还能测出一种特定的脑电波——Alpha波。在娱乐的时候，人会觉得"爽"，是因为大多数的娱乐都会刺激我们的大脑，通过快速短暂地分泌多巴胺来让我们获得快感。但有快感并不意味着放松。我们需要的是真正的、正确的放松和休息方式。

用静享来深层放松

投行是一个必须长期承受高强度压力的职业。一方面，环节多，工作压力大；另一方面，竞争激烈，结果具有高度不确定性，随时体会"无常"的滋味。使用"静享"的方法来减压和进行深层放松，是我一直倡导也身体力行的。

"静享"是我自己发明的一个词。在不同的话语体系里，大家可以把它叫作以下方式或者与以下方式有一定共同之处的其他名称：冥想、内观、打坐，等等。我使用这个自创的词语，有两个原因。其一，没有用"冥想"等词语，主要是不想被误认为带有宗教或者信仰的意味。这只是一种简单、朴素、有效的"大脑体操"。其二，与带有一定环境、姿势要求的"打坐"等不同，这是一种随时随地都可以进行的放松方式。

但在介绍时，我必须先提到正念冥想这个带有一定神秘感的概念。"正念"和"冥想"这两个词，都来自古印度。在古印度的佛教传统中，冥想是一种修行方式，佛陀释迦牟尼在菩提树下打坐沉思，最终觉醒和开悟，就是通过冥想实现的。正念则是佛教"八正道"，也就是八种达到涅槃的修炼办法之一。正念这个词的本义就是深入观察，通过观察自己的身体、心灵，和观察对象融为一体。

抛开宗教色彩和神秘感，简单来说，"静享"就是在一个安静的环境里闭目养神，调整呼吸，然后引导自己的思维扮演一个观察者的角色，不加评判，也不带感情色彩的干扰，只是单纯地关注当下自己的身体状态、情绪状态、脑海里的各种想法。观察的对象，可以是每次呼吸时鼻尖对空气的感觉，也可以是四肢肌肉的紧张状态，还可以是自己脑海里刚刚跳出来的一阵悲伤的情绪。

这种把自己的思维和自己的身体分离开，让思维观察身体的状态，就是正念冥想试图达到的目标。用浙江大学生命科学研究院教授王立铭的说法，这是直接调动大脑当中的理性元素，调动大脑的皮层，去和情绪交手。

美国麻省大学荣誉教授乔恩·卡巴金则是风靡世界的正念减压疗法的创始人。他在《多舛的生命：正念疗愈帮你抚平压力、疼痛和创伤》（原书第2版）[⊖]中指出，正念冥想以一个指数级增长的速度进行着。从根本上来说，正念就是一种加以注意的特别的方法以及随之而来的觉知。它是秉持着自我探索和自我理解的精神，深深地去看见自己的方法。正念减压和所有其他以正念为基础的课程的主要优点之一就是它们不依赖于任何信仰系统或者思想体系。因而，它们潜在的益处可以为所有人所触及，并亲自去验证。

总结起来，静享并不神秘，我们可以把它理解为与正念冥想等类似的一种大脑体操和放松方式。

静享的好处是非常明显的，总结起来有四个方面。

⊖ 本书中文版已由机械工业出版社出版。

第一，让大脑真正的放松，获得更好的休息。压力尤其是慢性压力，会极大地影响大脑的结构和功能，造成对大脑的损伤。皮质醇是人体应对压力的最重要激素，如果长期处于压力状态下，皮质醇长期分泌过多，就会给大脑带来很多问题。因为其会迫使身体将大量葡萄糖或养料优先传输到肌肉部分，大脑获得的养料就会减少。其还会导致神经元之间突触连接减少，引起大脑的萎缩，尤其是前额叶皮质的萎缩。它是掌管我们大脑注意力、决策制定和社交互动的部分，它的萎缩会直接导致我们难以集中精力，没有办法做出有条理的决策，社交动力也会随之下降……而且，皮质醇水平长期较高的人，患老年痴呆的风险也比较高。

为了避免这种情况发生，我们需要主动地放松。但正如前面一节描述的那样，娱乐不等于放松。要进入真正的放松状态，静享是一个好办法。有心理学家说，冥想五分钟可以达到一个小时睡眠的效果。无论这个说法是否有充分的依据，至少冥想对于获得高效休息是一定有效的。

第二，排解焦虑与压力。很多认知心理学家把正念冥想推荐给病人来对抗焦虑与抑郁，这种方法被看作对抗压力的良方。这是因为，快节奏的今天，我们的生活充满了各种干扰——电子邮件、微信、短信，这些让我们时时刻刻都在和科技连接，而很少有机会和自己的内心独处，这加深了很多人的焦虑感。对于投行人士而言，由于一个项目从承揽到完成需要经历的环节太多，时间太长，其对"无常"和不确定性的感受也就更深，更需要有一定的手段提供帮助，以获得保持平静心绪的能力。

第三，训练觉察力与专注力。静享或者冥想练习，是一个觉察不断走神的过程，需要不停地把你的注意力带回到呼吸上。通过反复做，我们会发现一种自然的、开放的、不带判断的、对身体和感觉的觉察，这显然有助于训练自我的觉察能力，同时也能提升专注的能力。

谷歌有一个内部的正念课程叫作"搜寻内在的自己"。这个长达7周的课程由谷歌的一个工程师率先提出，每年会举办4次，地点是谷歌所在的加州的 Mountain View 园区。通过这项课程，数千名谷歌员工已经学习到了集中注意力的技巧。这还可以帮助他们拓展思维空间，以激发创意和大思维。

据说，在谷歌，很多小组讨论会议开始之前，会让参会者静坐 1～2 分钟，主持人提醒每个人关注自己的呼吸，让自己平静下来，让自己活在当下这个时刻。这样有助于参会者在一种更专注的状态中，开始会议，讨论工作。当人们的思想处于平静、不应激的状态时，更有可能创造性地解决问题。

我们很熟悉的对冲基金管理人、《原则》一书的作者瑞·达利欧每天做两次冥想，每次 20 分钟。他曾经在接受采访时说："我每天都会做冥想，这是一个很明智的投资。冥想给我带来了源源不断的创造力和开放性思维，使我头脑更清醒，处事更平静。通过冥想习得的专注力，是我获得成功最重要的因素。"

此外，我自己还有个经验。由于从事投行工作，我偶尔会饮酒。在饮酒较多有宿醉或者不适感时，采用静享方式比睡觉更能缓解。

静享的好处已经被普遍认可，那么，我们怎么开始呢？除了去参加专业人士指导的正念冥想系统课程外，我结合自己的实践，提供三种方式。

第一种方式是标准方式。

找到一个安静的空间和一个不受打扰的时间，打开定时器（手机即可），采取一个舒适而又挺拔的姿势坐好。建议坐在一把直靠背的椅子上，也可以坐在地板或者地毯上放置的垫子上。无论是坐在椅子上还是垫子上，都需要把身体挺直，感觉脊柱从下向上延伸，支撑着你的身体。身体需要挺拔，同时又是放松、不僵硬的。眼睛可以微微闭上，或者让目光柔和，朝前方地面望去。双肩自然下垂，放松；双手安放在膝上，或者腿上。

坐好的同时，调匀自己的呼吸，最好采用腹式呼吸法。腹式呼吸是让腹部参加呼吸的一种呼吸方式。说得通俗一点，就是吸气时除了胸廓扩张之外，让肚子也鼓起来，呼气时随着胸廓回缩，肚子也回缩。一般认为，使用腹式呼吸法会调用肺脏的全部能量，全身获取的氧气更多，可以很好地滋养我们的脏腑。而且，从脾胃的角度来看，腹式呼吸其实是对腹部进行了一种良性按摩，可以促进胃腹运动，改善消化机能。

静享时可以从腹部平坦状态开始"呼气"，也就是从吐气开始。吐啊吐，吐到不能再吐再吸气，吸气会在无意识中自然进行。

除了呼吸，最关键的一点就是要管理好自己的念头。建议采用数息的方法，把集中念头与感受呼吸结合起来。先呼气，再吸气，随着每次的呼气在心里数数。呼一次数一个数，从数字 1 一直数到 10，然后再从 1 开始，一再重复。数息时，心中不能再有任何念头，唯一觉察到的只有呼吸和数字。如果在数息过程中有了任何念头和想法，那么就需要回到 1，从头开始数。对于没有经过训练的人来说，老是有妄想杂念打扰，很难数到 10。经过一段时间的训练，你就可以比较容易地完全将注意力集中于数数和呼吸，不再被打扰，也能顺畅地从 1 数到 10，然后周而复始，直到自己设置的手机定时器响起，结束静享练习。

训练到一定时候，也许在不数息的情况下，你也可以清楚地觉察到呼吸，同时也没有任何其他念头浮现。这个时候，可以不再数数，单纯地把注意力放在腹部，注意它随着呼吸而起伏。这叫作随息。

到底采用数息还是随息的方式，你可以自己决定，关键是要做到不被其他任何念头打扰。对于多数人而言，没有经过数息训练，很难做到随息。

这样的静享训练建议可以早晚各一次，一次一刻钟到半小时。当有较为充足的时间（例如在假期）或者特别疲惫时，可以考虑延长时间。

第二种是简易方式。

简易方式抛弃了对场所、时间、姿势等的要求，只保留数息或者随息这一基本要求。也就是说，在任何时候，只要你能做到仅关注呼吸、摒弃任何妄想杂念，伴以数息或者随息，那也就是静享。

简易版的静享在任何场景中都能进行。在你感到疲惫、精力不集中等，甚至无聊时，或是在工位上、在坐车途中、在飞机起降时，都可以使用。只要认真做了，即便仅持续两三分钟，你的身体和大脑也会受益。

第三种是复杂方式，类似于禅坐方式，也就是在标准静享方式的基础上增加盘腿，可以根据实际情况以单盘或者双盘的方式安坐。这时，为了保持脊椎垂直，臀部应垫上一个较高的软垫，以便以两个膝盖作为接触地面的支撑点。

一般认为，盘坐的好处包括：①提高身体柔韧性，锻炼筋骨，打开经络；②锻炼腿部、腰部力量，由于脚踝压住了大腿内侧的大动脉，为了打通动脉，心脏会加大力量泵血，因而能打通腿部血脉；③使得血液集中在上半身，能够改善脏腑机能，促进大脑供血；④有助于改善脊椎问题。

需要提醒的是，在采用复杂的静享方式，或者进行标准的禅坐时，重点仍然首先是将精力集中在呼吸上，然后才是盘腿的姿势。

重点提示

最重要的健康要诀就是16个字：作息规律、合理饮食、坚持锻炼、心理健康。

通过规律作息形成的生物钟是保证精力充沛的关键，特别重要的是要管理好自己的睡眠。

合理饮食应该特别注意饮食多样化、饮食结构合理和消化系统健康。

坚持锻炼是保持身体健康和改造大脑的关键，还有助于提升精力和抵抗力。

保持心理健康要求在平时培养阳光健康的心态，保持身心平衡和避免情绪化非常重要。

精力管理的理念比时间管理更积极，更追求效率，我们需要像专业运动员一样对精力进行科学的管理。以正确方式休息与放松，能够让人迅速恢复精力，对于精力管理来说非常重要。

静享练习，可以让大脑得到真正的放松，获得更好的休息，还可以排解焦虑与压力并训练觉察力、专注力。

进一步阅读

[1] 劳伦斯 J 爱泼斯坦，史蒂文·马顿. 如何睡个好觉：哈佛医学院睡眠指导书 [M]. 杜芯宁，译. 北京：机械工业出版社，中国纺织出版社有限公司，2019.

[2] 中国营养学会. 中国居民膳食指南（2016）[M]. 北京：人民卫生出版社，2016.

[3] 吉姆·洛尔，托尼·施瓦茨. 精力管理：管理精力，而非时间 [M]. 高向文，译. 北京：中国青年出版社，2015.

[4] 乔恩·卡巴金. 多舛的生命：正念疗愈帮你抚平压力、疼痛和创伤（原书第 2 版）[M]. 童慧琦，高旭滨，译. 北京：机械工业出版社，2018.

[5] 一行禅师. 和繁重的工作一起修行：平和喜乐地成就事业 [M]. 郑州：河南文艺出版社，2015.

第十讲

投行的职业路径

第一节　投行的组织架构与职级

境外投行的组织架构

本节所讲的投行的组织架构，指的都是狭义投行（证券公司中的投资银行业务部门）的组织架构。

对于境外大型投资银行的投资银行部（investment banking division，IBD）一般会按照行业、产品和地域三个维度或者行业、产品两个维度来划分，对应的就是不同的行业组（industry group，也称为sector team）、产品组（product group，也称为product team）、地域组（country group，也称为country team）。

就行业组而言，就是按照行业不同划分为不同的组，常见的行业组包括科技媒体电信（technology, media & telecommunications，TMT）、金融（financial institutions group，FIG)、医疗健康（healthcare）、资源（natural resources（oil & gas and metals & mining））、零售（consumer retail）、制造业（industrials）、房地产（real estate）等。每个行业组的成员通常只负责这个行业里的客户的项目。

就产品组而言，就是按照投资银行的主要业务类型分组，例如主要负责企业股权融资（包括IPO、再融资的）资本市场（equity capital markets，ECM）、主要负责债券融资的债券类资本市场（debt capital markets，DCM）、主要负责并购交易业务的M&A Advisory、主要负责企业重组的Restructuring、负责并购融资的Leveraged Finance等。其中，股权资本市场和债务资本市场有时候被统称为资本市场部。

就地域组而言，就是按照客户所在的地域分组。但是每个投行对地域组的定位不同，有些地域组也要负责这个地域的项目执行，有些地域组则主要负责承揽和客户关系维护（coverage）。

一般而言，一个项目很可能由行业组、产品组和地域组合作完成。例如，很多融资和重组项目，都是由熟悉行业与客户的行业组牵头找到本行业的客户，再根据客户的具体需求，找对应的产品组一起执行。

这里说的行业组、产品组和地域组的划分是投资银行部的内部划分。对于境外大型投资银行来说，还有两个部门与投资银行部关系密切，共同构成了卖方（sell side）部分。这两个部门是销售交易部（sales and trading，S&T）和研究部门（sell side research）。

销售交易部的主要业务是给市场上的机构投资者或者高净值客户提供交易的建议，比如购买某种证券产品。研究部门和销售交易部门密切相关，它们研究股票、撰写研究报告后，与机构投资者沟通。

虽然销售交易部属于"卖方"，但是在一个股票发行IPO项目中，他们通常代表"买方"（指机构投资者）的利益。因为，与IBD不同，机构投资者才是他们的"衣食父母"。如果机构投资者因为投资这个股票亏损了，他们就可能失去这个机构投资者。通俗地说，发行人的生意可能只做一次，而机构投资者是每个交易都要碰到的。因此，在IPO项目中，在投资银行内部，也可能有一个平衡机制。在能够销售成功的基础上，IBD更多地站在发行人角度上，倾向于高定价，以取悦客户和取得更多的承销佣金，而S&T更多地站在机构投资者角度上，倾向于给机构投资者更大的获利空间。

中国内地投行的组织架构

与境外投行类似，中国内地投行内部大多也是按照产品、地域、行业来进行机构设置的。按照产品、地域设置是主流，少数大型投行会按照行业设置。

以中信证券为例，根据其年报披露的组织架构图（见图10-1），该公司设立投资银行委员会负责投资银行业务。

中信证券在年报中专门描述了投资银行委员会的组织构成：投资银行管理委员会下设金融行业组、能源化工行业组、基础设施与房地产行业组、装备制造行业组、信息传媒行业组、医疗健康行业组、消费行业组、综合行业组（北京）、综合行业组（上海）、综合行业组（深圳）、投资银行（浙江）分部、投资银行（山东）分部、投资银行（江苏）分部、投资银行（广东）分部、投资银行（湖北）分部、投资银行（湖南）分部、投资银行（河南）分部、投资银行（四川）分部、投资银行（福建）分部、投资银行（陕西）分部、债券承销业务线、资产证券化业务线、并购业务线、股票资本市场部、债务资本市场部、质量控制组、人才发展中心、运营部等部门/业务线。㊀

这一设置就是典型的既包括行业分组（分为金融、能源化工、基础设

㊀ 资料来源：中信证券股份有限公司《2018年年度报告》，http://www.cninfo.com.cn/new/disclosure/detail?plate=sse&orgId=gssh0600030&stockCode=600030&announcementId=1205924023&announcementTime=2019-03-22#，2020年1月31日访问。

施与房地产、装备制造行业、信息传媒行业、医疗健康、消费等），也包括地域分组（例如浙江、山东、江苏、广东、湖北、湖南、河南、四川、福建、陕西等），还包括产品分组（债券承销、并购、资产证券化等）。同时，设立资本市场部（分为股权资本市场和债务资本市场，负责发行工作）、质量控制、运营等中后台部门。

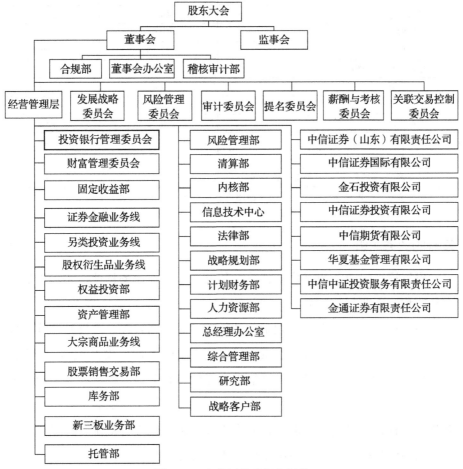

图 10-1 中信证券的组织架构

与境外投行把资本市场部（股权资本市场、债务资本市场）通常视为产品组不同，中国内地投行的资本市场部一般是独立的。

根据中国证券业协会的调研数据，主要按照产品来区分，我国内地投资银行业务部门内部的人员构成如表 10-1 所示。

表 10-1 2018 年我国内地证券公司投资银行部门内部业务人员构成表

统计项目 业务单元	人员构成占比（%）	人员增长率（%）
股权融资	44.58	-5.11
债券融资	19.98	10.53
新三板融资	11.33	-24.40
并购重组财务顾问	2.96	16.75
资产证券化业务	2.46	30.75
资本市场	3.98	4.95
质量控制	4.12	11.99
内核	1.17	176.47
存续期管理、持续督导、合规风控	4.66	52.80
综合管理（运营、人事、财务、行政等）	4.76	14.87

资料来源：中国证券业协会发布的《2018 年证券行业人力资源管理研究报告》提供的 2018 年行业人力资源管理问卷调研。

投行的业务职级

投资银行的业务职级比较特殊，其设置考虑了业务特性，实际类似于一种职称，而非行政职务。

一个比较合适的类比是大学。助教、讲师、副教授、教授是职称，校长、副校长、院长、副院长、系主任、副系主任等是行政职务。一个副教授可能是系主任，一个教授也可能没有任何行政职务。投行的业务职级就类似于大学的职称，而不是行政职务。不同的是，大学的职称与行政级别名称不一样，而且含义很明白，完全不会混淆，但投行就不一样了，业务职称的叫法与行政职务的叫法完全一致，或者很类似。

业务职称以董事总经理（managing director，MD）为最高级别，并作为一种组织机制安排出现在投资银行领域中，其经历了一个逐渐演进的过程。董事总经理一词最初特指英国传统公司的最高决策者，后被欧洲其他国家和美国引入并采用。随着 IT 产业在美国的崛起，MD 这一职衔逐渐被首席执行官（CEO）代替，只在投资银行业中得以保留。

这样的名称便于与客户进行对等交流，至少在形式上可以做到。这完全可以理解，因为投行作为专门给企业做服务的机构，同时要服务很多企业。企业与企业之间的对等安排（例如，A 企业的董事长需要 B 企业的董事长对等接待），对于投行来说没法做到。那么，将业务职称命名为和企业职级近似的名称似乎是在形式上顾及面子的做法。

因此，在 MD 之下，为了便于与客户进行对等交流、沟通，陆续设置了执行董事（executive director，ED）、董事（director，D）、副总裁（vice president，VP）等业务级别。业务级别成为对投资银行人员进行分类管理的工具以及为投资银行人员提供的职业晋升通道。这一系列起初只是为了业务人员和客户交流时的"面子"而设计的业务职称，成为投资银行内部主导性的组织形式，而且影响了全世界，包括中国的证券公司，从大型券商到中小证券公司，从最初的投资银行业务部门（本书命名的狭义投资银行）到整个证券公司（本书命名的广义投资银行）。

投资银行的业务职称在总体相似的情况下，各公司也有细微的差别。从低到高为：分析师→经理→副总裁→董事→执行董事→董事总经理，这六级是普遍都有的。个别公司，在经理与 VP 之间设置高级经理（senior associate, SA），在 VP 与 D 之间设置高级副总裁（senior vice president, SVP）。

这一业务职称体系与行政级别没有直接对应的关系。也就是说，投资银行内部有两套独立的职级体系，一套代表业务职称，一套代表行政管理权限。例如，同样行政级别的两个投资银行业务部门或者行业组，这个部门的负责人可能是 MD，另外一个部门的负责人可能是 ED。再如，两人可能同样是 MD，一个 MD 要负责一个业务部门的管理，而另外一个 MD

可能没有任何行政管理权限。

投资银行要设立业务职级和行政职级两套体系，除了出于前述业务特性方面的考虑之外，也与投资银行是人力资本性行业密切相关。对于投资银行来说，专业人才至关重要，人是根本。但行政职级总是有限的，设立于行政职级体系之外的业务职级体系，有助于投行人员打通职业通道，规划更丰富的职业生涯。一个投行业务人员，可能最终没有晋升为团队、部门、公司的管理人员，但随着自身业务能力、从业年限、业务贡献等的积累，也能一步步获得晋升的机会。

由于投行的业务级别名称和职务级别名称太相似，不光是不熟悉投行运作模式的企业乃至社会公众容易混淆，就是证券公司内部有时也搞不明白。例如，VP这个级别，在投资银行内部只属于中等的业务级别，一个大型投行可能有成百上千个VP。但由于其与作为公司高级管理人员副总裁名称一模一样，所以很能"唬人"。早年，境外大型投行的中国籍VP回国创业，但媒体与大众误认为他是这个大投行的高级管理人员，闹出很多笑话。

中国的证券公司的高级管理人员过去一般都被叫作副总裁，但由于太容易被混淆，现在流行改称"执委"（公司执行委员会委员）。很多投资银行，为了避免混淆，不再给各级部门的行政负责人按通常的行政职务命名，而是统称行政负责人。例如，你收到某投行人员的名片，上面写着"执行董事、资本市场部行政负责人"，就是指他的业务级别是ED，他同时是资本市场这个业务部门的"一把手"。

| 重点 |
| 提示 |

境外大型投资银行的投资银行业务部门一般会按照行业、产品和地域三个维度或者行业、产品两个维度来划分内部结构。

内地投行内部大多也是按照产品、地域、行业来进行机构设置的。按照产品、地域设置是主流，少数大型投行会按照行业设置。

投资银行内部代表业务职称的职级体系，与行政管理权限是分割的。投行的业务职称名字是出于与客户对等交流而命名的。

投行通常都会设置分析师（analyst）、经理（associate）、副总裁（VP）、董事（D）、执行董事（ED）、董事总经理（MD）等业务职级。

| 进一步
| 阅 读

[1] 远志投资. 投资银行业入门必读书[M]. 北京：人民邮电出版社，2015.

[2] 约翰·罗尔夫彼得·特鲁珀. 华尔街的大马猴：投资银行家的双面人生[M]. 梁淡洁，译. 北京：中国人民大学出版社，2009.

[3] 班妮. 亲历投行：中国投行的若干传言与真相（从业十年增订版）[M]. 北京：中国法制出版社，2017.

第二节 投行职业发展的路径

境外投行的职业阶梯

在境外投行里，从分析师、经理到 MD，不光是一套完整而有序的晋升路径和职级阶梯，而且每一个业务级别都有相对较为明确的工作任务和职业要求。

分析师是投资银行里最初级的岗位，一般从优秀的本科毕业生中选聘。分析师的主要工作就是分析建模，为了财务分析、估值定价而和 Excel 模型打交道。分析师的上一级是经理。但经理绝大部分不是从分析师晋升上来的，而是直接招聘顶级大学的 MBA。其原因涉及每个业务级别对应的业务能力。

经理就开始真正接触交易了。在招聘经理时，投行就开始看重其沟通能力和能够介入交易的潜力。由于分析师基本是在和 Excel 模型打交道，基本没有接触客户的锻炼机会，所以即使做了 2～3 年的分析师，技能和经理的要求也不一定匹配。所以，投资银行更多地从优质 MBA 项目的应届毕业生中直接招聘经理。

对于已经工作两年的分析师来说，如果希望继续从事投资银行工作，大多会考虑去就读于顶级商学院，在获得 MBA 学位后再重新应聘投行。这其实也是一个很"精巧"的设计。因为，两年的分析师工作让你获得了读 MBA 的学费，投行的工作经历也有助于你被顶级商学院录取。一进入商学院学习，你就可以马上去应聘更好的投行的暑期实习项目，之后也就有很大的可能被这个投行录用成为经理。这样一个分析师→顶级商学院 MBA →经理的经历，也为你在投资银行里的发展奠定了很好的基础。

只有极少数的优秀分析师能够直接晋升为经理。另外，有时候经理也会直接去风险投资基金或者私募股权投资基金工作，转行做投资。

经理一般按照做经理第一年、第二年、第三年的时间来分组（例如，2017 组、2018 组、2019 组）。经理开始负责交易中的技术性工作和记录备忘录。他们对报告的质量、主要备忘录的数据和现金流以及交易的执行负责。此外，经理也负责管理分析师，并协助把控他们的工作质量。一个经理在升职到 VP 之前，通常需要工作 3～4 年。与 VP 的区别在于，经理会更多地承担投行项目的技术性工作。

VP 一般被视为投资银行高阶级别（D、ED、MD）与初级员工（分析师、经理）之间的桥梁，既要负责管理项目（对工作成果负责，监督与指导分析师和经理），又要在交易中承担大部分联系客户的工作。VP 一般需要 3 年左右的时间才能获得晋升。

再往上的职位是董事、执行董事，直至最高的董事总经理。他们的任务更多的是承揽投行项目，协调投行项目进行中的棘手问题，以及与客户高层保持密切的沟通。特别是对行业组的 ED、MD 来说，职责主要就是发展客户。甚至可以说，最优秀的 MD 就是那些可以拉来大量业务的人。晋升到这些级别一般不会有固定的时间，而是取决于不同投行的具体情况和个人能力、个人贡献。

除了营销、客户关系和管理交易外，一些 ED、MD 还可能承担更多的管理职责，成为某个部门或者小组的行政负责人，要负责相应的计划规划、人员考核与管理等工作。

总体来讲，经理需要能跟团队协调合作，基本功扎实；VP、D 就要具备更强的沟通协调和整体把控能力，能掌控项目的进程；对 ED 及最高的 MD 来说，最重要的是销售能力和综合管理能力。

一般而言，针对每个投行项目，不同业务级别的人员会共同组成一个项目组。一个典型的并购交易的项目组由 4 位投行人员组成：一位分析师、一位经理、一位 VP 或 D，一位 ED 或 MD。大型交易的项目组可能会增加人手。在这样的项目组中，通常分析师和经理负责基础工作，VP 或 D 负责统筹项目执行，ED 或 MD 负责拉来客户和决策重大问题。有人形象地把投行的每个项目视为一辆汽车，ED 或 MD 是陪客人坐后座的领导，主要负责把客人带进来，与客人寒暄，并且决定目的地和大方向，但并不驾驶。VP 是司机，也是真正对整个驾驶工作负责的人。经理是车的引擎，车的行驶离不开它。分析师则是轮胎，不负责方向，只负责听从司机和引擎的指令。

中国内地投行的职业阶梯

对于中国内地的投资银行来说，与境外投行相比，有与之相似的地方，也有明显的差异。

差异在于，境外投行对于每一个投行业务级别对应的能力要求、在投行工作中具体承担的任务，以及中下级业务级别需要历经的时间，已经形成了相对明确、一致的标准。

而在中国内地，虽然大部分证券公司都已经采用了这套业务职级体系，但总体还只是照搬形式，可以说只是"形似"而非"神似"。除了少数大型券商之外，多数券商规定的业务级别只是对应相应的固薪级别，而非与其能力和工作内容匹配。特别是由于各证券公司的工资标准差别较大，在发生人员流动时，业务级别就更加混乱了。例如，A券商因为业务需要从B券商引进一位VP，为了吸引这位人才，必须保证他的固薪不降低甚至有所提升。但是，由于B券商的工资标准比A券商高，因而可能需要将他定级到ED。

相似的地方在于，只要是在投资银行部门工作，你要往上走一个阶梯，你的技能就需要有转化、有提升。同时，经过一定时间的历练，你具备了更高一级的能力，给你提级也成为必然的事。否则，投行间的高流动性会给你其他展示能力的平台。所以，无论在哪里，投行既是一个充满压力和挑战的行业，也是一个赏罚分明的行业。

此外，在中国内地投行里，随着业务级别的进阶，有两个关键点是必须注意的。

第一个关键点是从承做到承揽，准确地说是具备承揽能力。

多数投行业务人员可能并不具备特殊的背景资源，从业之初都是从承做具体项目开始的。随着业务经验的积累和资历的丰富，投行业务人员必然面临一个从承做向承揽的转型阶段。承揽是投行业务人员的一个基本能力，承做与承揽也不是截然分开的。中高层级的投行业务人员往往兼具承做与承揽能力。

要具备承揽能力，需要首先提醒的是要具备意识，要具备承揽的主动思维。即便是低层级的投行业务人员，即便不具备特殊的资源和背景，仍然有可能参与到承揽过程中去，甚至直接承揽来客户。原因有二。其一，现在的承揽工作往往不是一个人、一个环节可以完成的，而是一个系统工程。在此过程中，即便偶然或者主动去搜索而获得的一个信息，也可能是整个承揽的开始。其二，投行项目多种多样，大小不一，也不排除抓住一些细微的机会而获得了项目。所以，入行初期的新人首先要做的是树立主动思维和承揽意识，明白承揽随时发生在身边。一些入行时间较长的投行业务人员，其实已经具备了比较多的经验与较强的能力，但缺乏主动意识，习惯了被动等着客户或者团队领导给他安排工作任务，这也是不正确的。

除了意识外，要构建承揽能力也有一定的方法。最重要的一点就是找到承揽工作的起点。投行业务是一种大客户销售，与一般的销售不同，它很难通过简单的拜访或者其他人的普通介绍，建立起业务关系。在这种情况下，投行业务人员必须高度重视自己服务过的客户、合作过的其他中介机构、接触和合作过的投资机构。这三者是最重要的起点。

如果在承做时，你就给客户留下了良好的印象，就可以继续跟进他们后续的服务，开展各种沟通联系。在跟对方已经熟识的基础上，再去加深双方的关系，并通过为这些客户提供优质服务，来打造自己的专业口碑。最理想的效果，就是客户在与你合作之后，能够主动地为你在当地、同行业中进行宣传。就是要通过这种方式，在整个区域、行业内，建立起自己的口碑和团队品牌。

对中介机构也是一样，如果在合作时配合得好，你的专业水平得到了其他中介机构（例如会计师事务所、律师事务所等）的认可，你就应该继续加强与它们的联系。中介机构互相推荐，是业务中经常出现的现象。客户往往也乐于见到中介机构之间保持良好的配合关系。而且，这种业务关系还具备发散性，有可能形成一个业务共享网络。

另外，你还需要高度重视风险投资、私募股权投资等投资机构。投资机构不仅接触客户的面广，而且还可能对客户有较大的影响力。你可以通过各种方式与投资机构建立信任关系，甚至可以共同去开拓项目，直接为客户提供一揽子服务。

顺便说一下不论是从哪个起点开始做承揽，你都必须明白：在与人建立关系的过程中，除了使用一些必需的"热络"方法，考虑正当的利益诉求之外，还要靠人品、专业和敬业精神来获得对方的欣赏与信任。这是最重要的基石。

第二个关键点是从参与项目到管理团队。

大部分投行业务人员都有一个从项目组成员到项目负责人，再到团队领导的过程。后两者都涉及管理团队的问题。对于投行业务人员来说，小到管理一个项目，大到管理一个团队，都是必须面对的事。所以，投行业务人员必须具备管理团队的意识和能力。什么叫管理？用管理学的说法，管理是通过计划、组织、领导及控制人员和其他组织资源来实现组织目的的过程。HR 的说法则是：了解组织架构并具影响力，建立内外部关系以达成绩效。

管理者必须练习充分利用组织资源来完成工作的艺术。管理者需要指导、培训、支持、鼓励并协助员工完成任务，并且努力争取员工的信任，包括倾听他们的意见，奖励他们，让他们尽量发挥自身的特长。

新晋管理者，无论是团队的管理者，还是项目的管理者，都会经历一个思维变化的过程，要从执行者的思维变成管理者的思维，从"自己做"变成"安排人做"。在这个过程中，制定清晰的目标、安排与授权、检查与及时反馈都非常重要。

作为一个项目的管理者，你必须对整个项目的进程具有全局观念，从自己接受任务"埋头干活"转变到系统把控整个项目的节奏和合理安排全体项目组成员的工作。这里特别提醒三点：其一，成为项目管理者，要有意识地从单凭自己干工作中脱离出来，但往往也不能完全脱离具体工作，仍然要直接承担一些重要内容和关键节点。其二，建立涵盖企业（发行人）和所有中介机构的工作制度。投行项目不仅是投行项目团队自己的事，要调动各方力量形成有效协作的工作机制。我过去直接负责项目时，往往高度重视第一次中介机构协调会。除了要求企业最高层、各中介机构的高层（例如会计师事务所、律师事务所的主管合伙人）、签字人员、现场负责人必须参加外，我会精心准备会议内容。我要通过召开这个会议，在充分沟通的基础上让所有参与人员明确项目的意义、项目时间进度表及各方的工作任务和完成时间节点、主要需要解决的问题等。时间安排和主要问题要反映在会议纪要中，并由各方签字确认。此外，宣布建立例会制度（每周定时举行视频或者电话会议、关键节点举行现场会议），建立工作通讯录和微信沟通群，建立项目周报制度（各中介机构每周定时向投资银行报送工作周报，投行汇总编辑后每周向企业报送工作周报，周报要反映当周主要工作内容、尚需关注和解决的主要问题等）。其三，要注意管控和充分协调其他中介机构的工作。这需要投行项目管理者在处理好与其他中介机构关系的基础上建立权威，充分取得其他中介机构的信任，使之积极配合。例如，一些尽职调查工作可以与会计师、律师同步进行并充分交流信息。再如，一些重要专业问题可以要求会计师、律师以备忘录的形式发表明确的专业意见。

团队的管理者面临的任务比单纯做一个项目时更多，一般包括：争取和获得项目，协调外部关系（包括与中后台、公司其他部门之间合作、争取资源支持等），管理内部团队（包括对团队成员的职业生涯负责）等。

我还要特别提醒新晋管理者处理好培养人才与完成即时任务之间的关系。面对新人时，新晋管理者有可能因为缺乏经验而导致工作的效果不佳。这个时候，一些新晋管理者会觉得安排工作给别人不如自己直接做效率高。但如果不经历这样一个过程，新晋管理者会永远难以完成角色的转变，团队成员的能力也得不到培养和成长。

很多公众号热文谈论如何选老板。有一篇文章认为选老板，最重要的是看三点：第一点，懂专业，即技术功底扎实，擅长授人以渔；第二点，会激励，即物质和精神并举；第三点，有担当，即不躲事，不怕事。

这样的老板是你向往的。换位思考，你做管理者，就应该这样带团队。

在中国，还有一个特殊的情况，那就是成为保荐代表人。上市保荐制度不是中国独有的，但保荐代表人的资格变迁却有着鲜明的中国特色。

2020年6月修订的《证券发行上市保荐业务管理办法》规定，首次公开发行股票并上市、上市公司发行新股、可转换公司债券等情形，发行人必须聘请具有保荐机构资格的证券公司履行保荐职责，保荐机构履行保荐职责，应当指定品行良好、具备组织实施保荐项目专业能力的保荐代表人具体负责保荐工作。也就是说，IPO和上市公司再融资必须由保荐机构保荐并由保荐代表人履行具体职责。

该办法同时规定了保荐机构资格与保荐代表人数量相关（不得少于4人），同时每个项目需要由两名保荐代表人具体负责（而且对保荐代表人同时签字负责的项目有一定数量限制）。在《证券发行上市保荐业务管理办法》2020年6月修订前，要成为保荐代表人，需要两个硬性条件：通过保荐代表人胜任能力考试（考试通过后一般被称为"准保荐代表人"，即"准保"）；在已成功发行的证券保荐发行项目中担任过项目协办人（每个保荐项目，除了两名保荐代表人之外，还可以指定一名项目协办人）。

在保荐制度实施的早期，由于保荐代表人的人数较少，其就具有了一定的"通道"性质。因为其数量决定了证券公司能否获得保荐机构资格，以及能够同时承做的项目数量。在这个时候，一个投行人员只要具备了保荐代表人资格，就相当于拥有了一个特许牌照，就在证券公司中拥有了特殊地位。一般来说，证券公司会给予保荐代表人一个固薪之外的月度津贴，以及为其签字保荐的每个项目额外给予一笔"签字费"。前者是对其特殊身份的"认同"，后者是对其工作的奖励和"签字"可能带来的风险的"补偿"。

这种状况随着两个情况的出现而改变。第一个情况是随着时间的推移,保荐代表人的数量大幅增加,其早已经不再是"稀缺"资源。对于绝大多数证券公司来说,保荐代表人已经不具备与保荐机构资格挂钩的价值,也不再对证券公司保荐项目的数量构成限制。截至 2019 年年底,我国已经有超过 3900 名保荐代表人,分布在 98 家证券公司。我国拥有较多保荐代表人的证券公司如表 10-2 所示。

表 10-2　保荐代表人数量前 10 名的证券公司

证券公司名称	保荐代表人数量
中信建投	239
中信证券	234
广发证券	189
国信证券	179
华泰联合	167
海通证券	155
国泰君安	145
国金证券	136
民生证券	131
招商证券	130

资料来源:从业人员执业注册信息公示,中国证券业协会官网 https://exam.sac.net.cn/pages/registration/sac-publicity-report.html,2020 年 2 月 29 日访问。

第二个情况是保荐代表人资格的获取难度大为下降。这体现在两个方面。其一是通过考试的难度下降,这包括参加考试的资格更易取得和考试本身的难度下降。经过多次改革,目前参加保荐代表人胜任能力考试已经几乎没有资格限制,尚没有进入证券公司的人员也可以参加考试。同时,考试的通过率也大幅上升。其二是随着 IPO 和上市公司再融资项目越来越多,投行业务人员成为协办人的可能性也大为增加。2020 年,随着新三板"精选层"改革的实施,在新三板公开发行并在精选层上市的项目中作为项目协办人签字的人员也可以注册成为保荐代表人。这必将进一步增加保荐代表人的数量。

由此可以看出,保荐代表人已经由一种具有特殊"通道"意义的资格开始向一种职业资格变化。绝大多数证券公司也不再给予保荐代表人特殊津贴。保荐代表人的身份对于一名投行业务人员来说，仍然具有一定证明自身业务经验与专业知识结构的价值，但仅凭这个资格就"身价百倍"的时代已经过去了。作为保荐代表人的投行人员仍然需要用自己实际的专业能力与业务贡献来在投资银行中获得认可。

2020年6月修订的《证券发行上市保荐业务管理办法》已不再要求注册成为保荐代表人必须担任过保荐项目协办人。其同时规定：中国证券业协会制定保荐代表人自律管理规范，组织非准入型的水平评价测试，保障和提高保荐代表人的专业能力水平。后续中国证券业协会会进一步出台相关政策。

如何成为优秀的"Banker"

"Banker"是资深专业的投行业务人员的英文叫法。"Banker"进阶到一定"段位"，似乎就可以被叫成投资银行家了。

要成为"Banker"，首先需要一种思维方式，我把它称为"投行思维"，或者更准确地说，是"投行家思维"。就像具备富足思维不一定是富翁一样，具备投行家思维不一定已经是投资银行家了，但是如果没有投行家思维，工作年限再长，可能本质上也还是所谓"金融民工"。

也就是说，有没有投行思维，与从事投行工作的时间长短并没有完全必然的联系。有些人从业多年，甚至有可能已经在多个保荐项目中作为保荐代表人签字了，依然有可能还是"金融民工"的思维。反之，即使是一名刚工作不久的投行新人，也可能具备"投行思维"，具备未来成为投资银行家的潜质。在本书第七讲描述的"中国式投行"的大环境之中，如果投行业务人员每天只是机械地完成工作任务，研究政策法规，琢磨既往案例，猜测监管动向，写招股说明书，即使四处奔波、加班加点，最终也可能只是一个高级"金融民工"。

正安中医馆的创始人梁冬先生曾经说：医学远不是我们通常理解的那种科学，与其说它是科学，不如说它是技术或技艺。作为一种技术，它就有显性知识和隐性知识的问题，医生的医术之间差别大，根本的原因并不在于他们在医学院多学或少学了什么知识，而在于医生在长期行医过程中，有没有形成那些不好用文字表达的隐性知识。面对一个病人，医生能否诊断出最重要的病因，这恰恰是由隐性知识所决定的。

其实，投行也有相似之处。投行的隐性知识，也就是投行思维最重要的着力点，就是如何发现价值和创造价值。

投行的职业经历应该是一段价值发现的修炼过程。当投行业务人员，随时有意识地用心思考如何发现价值、创造价值时，他们就开始有了投资银行家的思维。

一个投行业务人员有了这个思维，在具备必需的专业能力的基础上，加上对客户负责，力争把细节做到极致的工作态度，也就可以算是一个"Banker"了。当然，这也只是"Banker"的初级阶段。

"Banker"要继续进阶，就要能够读懂交易，撮合交易。这时候，投行业务人员需要在一定人生阅历和工作经历的基础之上，对人性、心理、博弈有深刻的理解。

再进阶，就是要在懂专业的基础上懂管理、懂战略，能真正与企业家共鸣。这个阶段的"Banker"，不仅懂专业，能发现和撮合交易，而且懂管理，懂战略，能够跟企业家真正平等地对话，成为企业家的伙伴或者挚友。

在此基础上，要成为投资银行家，还需要个人做出有足够影响力的项目，或者带出具有行业声望的团队。同时，这还应该是一个对整个行业有贡献的人，例如能够为行业的"基础设施"建设做出贡献；能够与监管层对话，代表行业向公众发声等。

总结起来，可以说是投行思维一种职业的思维习惯。有了这种思维，投行人士在看待项目或企业时，就会更主动地思考企业的价值点、价值度、组织架构或商业架构，着眼于未来的规划目标和路径图，从中发掘达到目标的资本运作机会。这也适用于对待投行人士自己。投行人士也必须发现和提炼自身的核心竞争力和价值点，把资源投入提升自身核心竞争力的地方，设计达成目标的路线图，有意识地锤炼自身，而不能只是沉浸于具体项目的技术细节中，一直停留在项目执行层面，甚至只是被"投喂"项目，做简单重复劳动的事。

避免投行职业生涯发展中的错误

我要特别提醒大家在投资银行职业生涯中不要犯错。这是一个好职业，这是一个在当前中国资本市场大发展背景下特别有成长性的行业，每一个投行人员首先应该做到别轻易"离席"。只要在行业里面健康"生长"，未来总体上是可期的。

在这里，我特别提醒两点。第一点是不要违规，不要为了短期利益牺牲自己的人品和声誉。本书第八讲花了很大篇幅来讲投行的职业道德与执业准则，还列举了很多案例，这里不再赘述。大家必须明白，这些都做到了，才能做到不"缺席"。

第二点是避免频繁跳槽。投行是一个高流动性的行业，跳槽是很常见的事。但是，对于投行业务人员来说，跳槽的机会成本是巨大的，必须非常慎重决策。

频繁跳槽的机会成本主要体现为以下四个方面。第一，错过业务周期。即便是在整体向上的环境下，投行的业务也会跟随各种外部条件的变化呈现出明显的周期。投行项目的运作，从承揽、承做到发行成功，通常需要一段时间。如果频繁跳槽，很可能错过周期，甚至长期一事无成。第二，时间转化成本。跳槽总会涉及旧公司交接工作、适应新公司环境等各种琐事，对于时间是一个损耗。第三，损失客户。即便有些投行业务人员具备带走客户的能力，但也总会是有损耗的。而且投行业务人员如果频繁跳槽，长期下来，总会给客户带来一些不方便，客户的信任感也会逐渐丧失。第四，经济损失。证券公司在固定时间发放奖金，而且根据《证券公司投资银行类业务内部控制指引》的规定需要分多年递延发放。频繁跳槽必然带来经济损失。

所以，我建议大家避免频繁跳槽。对其他情况下的跳槽，我也提几个建议。

跳槽去明显更好的投资银行或者能够让自己迈上一个明显更高的职业台阶，获得更大的发展机会，是可以考虑的。如果是因为一时对工作环境不满意，激愤或者赌气而跳槽，我个人建议一定要谨慎。面对工作环境，首先要做的还是先找找自己的原因，通过改变自己的思维方式等多种途径，尽量适应这个环境。跳槽是最后的选择。同时，我也建议不要因为一时工资待遇不佳而跳槽。投行生涯是一段长跑，不能仅看眼前与短期的利益。至于另外一种常见情况，即是否跟随自己的直接领导跳槽，就需要具体问题具体分析了，包括准确把握领导跳槽的原因、之后获得的工作平台的具体情况、自己与领导的关系与彼此的信任程度、自己在领导将来工作中的定位情况等。

重点提示

在境外投行里，从分析师、经理到 MD，不光是一套完整而有序的职级阶梯，每一个业务级别都有较为明确的工作任务和职业能力要求。

在中国内地投行里，随着业务级别的进阶，有两个关键点是必须注意的，一个是从承做到承揽的能力，一个是从参与项目到管理团队的能力。

要成为专业资深的"Banker"，必须具备投行思维，并且不断进阶。

避免投行职业生涯发展中的错误，最重要的是不要"缺席"，也不要频繁跳槽。

进一步阅读

[1] 詹姆斯 A 朗德. 投行人生：摩根士丹利副主席的 40 年职业洞见

[M].唐京燕,CFA,NAV,译.北京:机械工业出版社,2017.

[2] 凯文·鲁斯.年轻资本:金融风暴后华尔街的八个故事[M].陈治宇,译.北京:中国青年出版社,2015.

[3] 瑞·达利欧.原则[M].刘波,等译.北京:中信出版社,2018.

第三节 投行的职业转型

为什么"转"

投资银行是一个可以长期从事的职业。正如本书第七讲在分析投行为什么是一份好工作时指出的,基于投行的意义感和给予个人的持续成长力,大家可以把投行作为长期事业。我们在国外的影视作品中,也见到过满头银发仍然神采奕奕的投资银行家。

投行毕竟有其自身的一些工作特性。长期的忙碌、频繁出差、持续专业学习对身体的压力,项目结果受多种因素影响、严格的考核对精神的压力,以及自身家庭状况等,都可能让投行业务人员产生转岗、转行的想法。

投行的内部转岗

常见也是相对容易的"转"的方式是从投行前台到中后台。

本书前面讲到的投资银行业务部门按行业、地域和产品来划分的业务团队均属于前台业务部门,它们的主要工作是从承揽到承做的业务过程。常见的中后台部门包括三类。第一类是负责投行业务项目质量控制和内核的项目审核部门。其中,质量控制部门要负责业务项目的前期立项、承做中的业务沟通、申报前的工作底稿检查和申报材料质量审核等。内核机构要负责申报材料审核、组织召开内核会等。第二类是负责股票与债券发行工作的资本市场部,他们主要负责对外联系监管审批机构,对内联系前台业务部门,协调两方共同处理有关项目发行、上市的相关工作。第三类是负责后勤的运营管理部门。

这里讲的从前台转到中后台，主要指的是从前台业务人员转到质控和内核部门负责投行项目的审核和风控工作。有较多业务经历的投行业务人员因为年龄、体力、家庭等原因不能承受前台业务的各种类型的压力，难以承担任务，但又不愿意离开投资银行业务，那么到后台审核部门就是一个较好的选择。

原因有以下三个。其一，长期的前台业务经历，特别是专业水平、过往的投行项目经验有助于他迅速"上手"后台审核工作。其二，对于后台审核部门而言，从前台业务人员转型而来的人员更能够理解前台业务流程，也能更好地与前台人员沟通，比直接培养新人更加合适。其三，投资银行实行业务级别和行政级别两套级别体系，固薪是按照业务级别来确定的。也就是说，业务级别较高的前台业务人员到后台审核部门，即使不承担审核部门的管理工作、不出任管理职务，仍然可以保留其业务级别，保证基本的薪酬待遇不降低。

需要说明的是，《证券公司投资银行类业务内部控制指引》自2018年7月实施后，"质量控制"和"内核"分别作为投资银行业务内部控制的第二道、第三道防线，在与投行业务部门的独立性上有着不同的要求。履行质量控制职责的质量控制部门可以独立于投资银行业务条线设立，也可以在投资银行业务条线内部设立。内核机构则应当独立于投资银行业务条线设立。目前，大多数证券公司将内核机构独立于投资银行业务条线（即本书讲的狭义投行），而将质量控制部门放在投资银行业务条线之内。也就是说，如果到质量控制部门，那么就还是在狭义投行的范畴之内；如果到内核机构，就相当于脱离了狭义投行，进入了证券公司的整个风控体系之中。

除了内部转岗到后台审核部门，还有一种接近于内部转换的可能，就是在证券公司内部转换业务岗位，例如到证券公司的资产管理、投资等业务部门。之所以转换去这些业务部门，是因为这些部门需要的基础专业能力与投行要求的有相似之处，而且之前可能有较多的业务联系，也相对熟悉。

这里要特别指出的是转岗到证券公司的私募基金投资子公司和另类投资子公司从事股权一级市场投资业务。

私募投资基金子公司和另类投资子公司从事股权一级市场投资业务来源于证券公司的直接投资业务（简称直投业务）转型。过去，证券公司一般通过设立直投子公司来开展一级市场股权投资业务。直投子公司的业务运行模式包括两种。第一种是使用自有资金直接进行投资。第二种是通过下属机构设立直接投资基金，通过募集资金，自己作为基金管理人来进行投资。

中国证券业协会于2016年12月30日发布《关于发布〈证券公司私募投资基金子公司管理规范〉及〈证券公司另类投资子公司管理规范〉的通知》（中证协发〔2016〕253号）（以下简称《通知》）。根据《通知》，证券公司进行股权一级市场投资，需要区分资金来源，分别由私募基金子公司和另类投资子公司进行。私募基金子公司只能从事与私募投资基金有关的业务，证券公司自有资金在私募基金子公司或其下设理机构设立的单只私募基金中的投资不得超过该只基金总额的20%。也就是说，私募基金子公司从事的是基金管理业务。而证券公司自有资金只能通过另类投资子公司来进行。《通知》明确，另类投资子公司不得向投资者募集资金开展基金业务，因此其资金来源只能为证券公司自有资金。

无论是私募基金子公司还是另类投资子公司，其从事的股权直接投资业务与投资银行业务有着天然的联系。从业务链条协作来看，投资银行业务与股权投资业务本来就需要联动发展。虽然监管部门对于"保荐+直投"有一些限制措施，但也没有禁止。符合规定的"直投+保荐"（直投后允许保荐，但保荐业务实质开展后不得直投）仍然是可以的。而且，未来有进一步松动的可能。再进一步，两者的业务协作不一定需要体现在"直投＋保荐"上，而是包括各种资源的共享、联动。此外，保荐机构在科创板 IPO 项目的强制"跟投"，也必须由另类投资子公司来进行。

顺便提一下，早在 2011 年，证监会发行部曾经出台《关于保荐代表人调任本公司直投子公司任职后保荐代表人资格问题的通知》（发行监管函〔2011〕185 号），规定保荐代表人调任本公司直投子公司任职后，可以保留其保荐代表人资格，但不能执行保荐业务，即不能签字推荐项目。由此来看，投行业务人员流动到股权投资业务部门，早已成为常见现象。

投行的外部转型

投行的外部转型是指投行业务人员离开投行这个职业，重新选择其他业务方向。

本书第七讲在分析投行为什么是一份好工作时，曾经分析投行这个职业具有较强的职业转换能力。投行职业对于业务人员各方面的专业能力、职业素质、学习能力要求较高，因此投行业务人员在转型时就有了更多可能性与机会。

总结起来，投行的外部转型，往往与自己之前从事的职业内容和具备的专业能力有一定的联系。这也是有原因的。

职业生涯设计课程中常有一个说法，即换行不换岗，换岗不换行。这是说，要换行业，最好是到相同或者相关的岗位上；要换岗位，最好在同一个行业里（例如前面提到的在证券公司里面从投行岗位转为投资岗位）。这是比较稳妥的做法。如果你要换行又要换岗，以前积累的职业经历就难以转化为资源，风险较大。

一般来说，投行人士常见的转型方向有四个。

第一个方向是成为资本市场的"买方"。投资银行业务是资本市场的"卖方"。很多人从"卖方"转向"买方"，主要集中加入公募或私募投资机构,转行做私募股权或风险投资等一级市场业务,或者股票投资等二级市场业务。前一种情况比较普遍。

创业投资和私募股权基金需要发掘企业价值,这也正是优秀的投行业务人员擅长的。同时,投资总是需要退出的,无论是IPO,还是被上市公司并购而退出,都需要熟悉资本运作,这正是投行业务人员的专长。换句话说,从投行业务人员转行到投资机构,相当于由帮助别人的企业上市,变成帮助自己投资的企业上市,从获取承销佣金到赚取资本收入。投行从业人员在判断一个项目是否有投资价值的时候,往往可以运用自身在投行练就的独到眼光,去评估这个项目未来上市及其他退出机会的可能性,利用自身各方面的资源(例如熟悉中介机构、熟悉监管等)来加快速度,提升成功的可能性。能够以后期资本运作的眼光看待前期项目投资的价值,是投行人员转向私募股权投资行业的优势。

在这里,我提醒两点。第一,买方思维与卖方思维有共通的地方,但在角度上也有很大不同,投行业务人员需要转换思维。第二,中国的资本市场正在经历注册制逐步推开的过程,投资机构的运作与盈利模式正在发生很大的变化,经历"从估值套利到价值投资""从被动获利到主动赋能"的两大变化。如果仍然只希望通过简单投资Pre-IPO项目进行估值套利,可能就会逐渐被市场淘汰。

第二个方向是前往企业工作。投行业务人员进入企业,利用自身拥有的专业技能,在企业中担任首席财务官(CFO)、董秘,分管资本运作、投资等部门的高管,或者进入这些相关部门担任部门负责人等。

很多时候,投行业务人员因为为相关客户服务,而被客户相中,邀请前往企业工作,或者被这个客户老板推荐给其他企业,或者被猎头推荐给企业客户。

在此过程中,甚至出现专门为企业IPO服务的"职业"董秘。他们利用自己的投行业务经验,在帮助企业实现IPO上市后,继续前往其他未上市的企业担任董秘等高管，协助企业上市。特别是，民营企业为了吸引和激励此类人员，可能给予其专门的股权激励。一旦上市成功，其将获得很高的个人财富增值。

这里有一种情况是必须专门提出来强调的。有些投行业务人员在长期为某个民营企业服务的过程中，可能与企业老板形成了较好的个人关系，被企业老板欣赏，力邀到企业担任高管工作。如果要做出此种选择，我建议投行业务人员必须提前慎重考虑自己是否有足够的能力处理以下情况。第一个情况是适应与企业老板身份角色的转变。进入企业前，你可能已经与老板有很深的默契，甚至称兄道弟，平等交往，但到企业之后要能适应角色转变。

第二个情况是能够处理好企业内部的复杂关系，作为外部专业人士观察与进入企业直接面对包括"老臣子"在内的各种复杂人事利益关系，是不一样的。

第三个情况是适应时间自由度的变化。在投行时时间相对自由，到了企业就完全不一样了。

第四个情况是高待遇伴随的高压力，以及企业上下尽快见效的期盼与客观环境的限制。

投行专业人员到企业直接为老板工作，很多时候不光是对自己能力的考验，还要考验自己和老板双方的格局与情商。

第三个方向是自己创业。自己创业也包括多种情况，包括去实业创业，选择自己喜欢、熟悉或者认为最有潜力的事业自主创业，也包括自己或者与熟悉的人合伙开创私募基金投资公司或者开创主要从事 FA 业务的"精品投行"等。

第四个方向是完全成为自由职业者等。现在，自媒体兴起，知识服务业也方兴未艾，也有投行专业人士选择成为自由职业者，开办专业自媒体，从事知识服务工作等。

> **重点提示**
>
> 投行业务人员相对容易的一个内部转岗方式是从前台业务人员到质控和内核部门负责投行业务项目的审核工作。
>
> 投行业务人员在证券公司内部转换，特别是转岗到私募基金投资子公司和另类投资子公司从事股权一级市场投资业务，是一个好的选择。
>
> 投行业务人员外部转型，往往与其之前从事的业务内容和具备的专业能力有一定的联系，常见的方向包括成为资本市场的"买方"，前往企业出任CFO、董秘等相关职位，自主创业或者成为自由职业者等。

进一步阅读

[1] 查理·芒格. 穷查理宝典：芒格智慧箴言与私人书单[M]. 李继宏，译. 北京：中信出版社，2017.

[2] 彼得·彼得森. 黑石的选择：黑石创始人彼得·彼得森的人生七堂课[M]. 施轶，译. 杭州：浙江人民出版社，2018.

[3] 唐宋_元明清. 金领炼成记：董秘的日常与他眼中的资本市场[M]. 北京：中国法制出版社，2019.

[4] 刘慈欣. 三体[M]. 重庆：重庆出版社，2008.

[5] 刘慈欣. 三体2：黑暗森林[M]. 重庆：重庆出版社，2008.

[6] 刘慈欣. 三体3：死神永生[M]. 重庆：重庆出版社，2008.

APPENDIX A 附录 A

证券业从业人员一般从业资格考试大纲
（2019）

第一部分　证券市场基本法律法规

第一章　证券市场基本法律法规

第一节　证券市场的法律法规体系

了解法的概念与特征；了解法律关系的概念、特征、种类与基本构成；熟悉证券市场法律法规体系的主要层级；了解证券市场各层级的主要法规。

第二节　公司法

掌握公司的种类；熟悉公司法人财产权的概念；熟悉关于公司经营原则的规定；熟悉分公司和子公司的法律地位；了解公司的设立方式及设立登记的要求；了解公司章程的内容；熟悉公司对外投资和担保的规定；熟悉关于禁止公司股东滥用权利的规定。

了解有限责任公司的设立和组织机构；熟悉有限责任公司注册资本制度；熟悉有限责任公司股东会、董事会、监事会的职权；掌握有限责任公司股权

⊖ 资料来源：《关于发布〈证券业从业人员一般从业资格考试大纲（2019）〉的公告》，中国证券业协会官网，https://www.sac.net.cn/pxzx/pxzdydg/201910/t20191009_140276.html，2020 年 1 月 31 日访问。

转让的相关规定。

掌握股份有限公司的设立方式与程序；熟悉股份有限公司的组织机构；熟悉股份有限公司的股份发行；熟悉股份有限公司股份转让的相关规定及对上市公司组织机构的特别规定。

了解董事、监事和高级管理人员的义务和责任；掌握公司财务会计制度的基本要求和内容；了解公司合并、分立的种类及程序；熟悉高级管理人员、控股股东、实际控制人、关联关系的概念。

熟悉关于虚报注册资本、欺诈取得公司登记、虚假出资、抽逃出资、另立账簿、财务会计报告虚假记载等的法律责任。

第三节 合伙企业法

掌握合伙企业的概念；了解合伙企业与公司的区别；掌握合伙企业的种类；掌握普通合伙人的主体适格性的限制性要求；掌握合伙协议的订立形式与基本原则。

掌握设立合伙企业的条件；熟悉合伙企业财产分割、转让以及处分的相关规定；掌握合伙企业经营中应当经全体合伙人一致同意的重要事项；了解合伙企业利润分配、亏损分担的原则；了解新合伙人入伙的条件；掌握合伙人退伙、除名的情形或条件；掌握特殊普通合伙企业的内容。

掌握有限合伙企业的合伙人、有限合伙企业的名称；了解有限合伙企业协议的内容；掌握有限合伙企业的出资；掌握有限合伙企业事务的执行；掌握有限合伙企业的特殊性；掌握有限合伙和普通合伙的转化。

了解合伙企业的解散事由；了解合伙企业的清算规则；了解合伙企业注销后的债务承担；掌握违反合伙企业法及合伙协议应当承担的主要法律责任。

第四节 证券法

熟悉证券法的适用范围；掌握证券发行和交易的"三公"原则；掌握发行交易当事人的行为准则；掌握证券发行、交易活动禁止行为的规定。

掌握公开发行证券的有关规定；熟悉证券承销业务的种类、承销协议的主要内容；熟悉承销团及主承销人；熟悉证券的销售期限；熟悉代销制度。

掌握证券交易的条件及方式等一般规定；掌握股票上市的条件、申请和公告；掌握债券上市的条件和申请；熟悉证券交易暂停和终止的情形；熟悉信息公开制度及信息公开不实的法律后果；掌握内幕交易行为；熟悉操纵证券市场行为；掌握虚假陈述、信息误导行为和欺诈客户行为。

掌握上市公司收购的方式；熟悉上市公司收购的程序和规则。

熟悉证券交易所的组织架构、交易规则和风险基金制度。

熟悉证券登记结算机构的设立条件、职能、业务规则和证券结算风险基金。

熟悉违反证券发行规定的法律责任；熟悉违反证券交易规定的法律责任；掌握上市公司收购的法律责任；熟悉违反证券机构管理、人员管理相关规定的法律责任及证券机构的法律责任。

第五节 证券投资基金法

掌握基金管理人、基金托管人和基金份额持有人的概念、基金份额持有人的权利、基金管理人、基金托管人的职责；了解设立基金管理公司的条件；熟悉基金管理人的禁止行为；掌握基金财产的独立性要求；掌握基金财产债权债务独立性的意义。

熟悉基金公开募集与非公开募集的区别；了解公募基金运作的方式；了解非公开募集基金的合格投资者的要求；了解非公开募集基金的投资范围；了解非公开募集基金管理人的登记及非公开募集基金的备案要求；了解相关的法律责任。

第六节 期货交易管理条例

掌握期货的概念、特征及其种类；熟悉期货交易所的职责；了解期货交易所会员管理、内部管理制度的相关规定；了解期货公司设立的条件；了解期货公司的业务许可制度；了解期货交易的基本规则；了解期货监督管理的基本内容；了解期货相关法律责任的规定。

第七节 证券公司监督管理条例

熟悉证券公司依法审慎经营、履行诚信义务的规定；熟悉禁止证券公司股东和实际控制人滥用权利、损害客户权益的规定；了解证券公司股东出资的规定；了解关于成为持有证券公司5%以上股权的股东、实际控制人资格的规定；掌握证券公司设立时业务范围的规定；熟悉证券公司变更公司章程重要条款的规定；了解证券公司合并、分立、停业、解散或者破产的相关规定；了解证券公司及其境内分支机构的设立、变更、注销登记的规定；熟悉有关证券公司组织机构的规定；掌握证券公司及其境内分支机构经营业务的规定；掌握证券公司为客户开立证券账户管理的有关规定；熟悉关于客户资产保护的相关规定；熟悉证券公司客户交易结算资金管理的规定；了解证券公司信息报送的主要内容和要求。

了解证券监督管理机构对证券公司进行监督管理的主要措施（月度、年度报告、信息披露、检查、责令限期整改的情形及可采取的措施）；了解证券公司主要违法违规情形及其处罚措施。

第二章　证券经营机构管理规范

第一节　公司治理、内部控制与合规管理

熟悉证券公司治理的基本要求；掌握证券公司与股东之间关系的特别规定；掌握对证券公司董事会、监事会、高级管理人员的相关要求；熟悉证券公司与客户关系的基本原则。

熟悉证券公司内部控制的基本要求；熟悉证券公司各类业务内部控制的主要内容；了解对证券公司业务创新的相关规定；了解对证券公司内部控制的监督、检查与评价机制。

熟悉证券公司合规、合规管理及合规风险的概念；掌握证券公司合规经营基本原则与应遵守的基本要求；熟悉证券公司合规管理基本制度的有关内容；掌握证券公司董事会、监事会或监事、下属单位负责人的合规管理职责；掌握证券公司工作人员在业务活动和执业行为中的合规管理职责；掌握证券公司合规负责人进行合规审查、合规检查、对公司违法违规行为或合规风险隐患的处理规定；熟悉证券公司合规部门、合规管理人员的相关规定；熟悉证券公司合规负责人和合规管理人员的独立性原则；了解证券公司合规报告的内容规定；了解对证券公司及有关人员违反合规管理规定的监管措施。

掌握证券公司管理敏感信息的基本原则和保密要求；熟悉各主体在证券公司信息隔离墙制度建立和执行方面的职责；掌握证券公司跨墙人员基本行为规范；熟悉证券公司观察名单、限制名单管理的基本要求。

掌握证券公司分类监管的概念；熟悉证券公司分类监管的评价指标体系及评价方法；熟悉基于分类监管要求划分的证券公司基本类别。

第二节 风险管理

掌握证券公司风险控制指标基本规定；了解净资本计算标准；掌握证券公司从事相关证券业务的净资本标准；掌握证券公司应持续符合的风险控制指标标准；了解证券公司编制风险控制指标监管报表相关要求；了解风险控制指标相关监管措施。

掌握全面风险管理的定义；掌握全面风险管理体系所包括的内容和覆盖范围；了解证券公司全面风险管理文化的要求；掌握证券公司全面风险管理的责任主体；了解首席风控官及风险管理部门的履职保障；熟悉证券公司应将子公司风险管理纳入统一体系的要求；掌握证券公司风险管理的政策和机制要求；了解中国证券业协会就证券公司的全面风险管理实施自律管理可采取的措施。

掌握证券公司流动性风险的定义；掌握证券公司流动性风险管理的目标；熟悉证券公司流动性风险管理应遵循的原则；了解证券公司流动性风险管理的组织架构及职责；了解证券公司流动性风险限额管理的基本要求；了解证券公司融资管理的基本要求。

第三节 投资者适当性管理

熟悉证券经营机构执行投资者适当性的基本原则；掌握经营机构向投资者销售产品或提供服务应了解的投资者信息；掌握普通投资者享有特别保护的规定；熟悉专业投资者的范围；掌握确定普通投资者风险承受能力的主要因素；熟悉划分产品或服务风险等级时应考虑的因素；掌握经营机构在投资者坚持购买风险等级高于其承受能力的产品时的职责；熟悉经营机构销售产品或提供服务的禁止性行为；熟悉经营机构向普通投资者销售产品或提供服务前应告知的信息；掌握经营机构需进行现场录音录像留痕的要求；掌握对经营机构违反适当性管理规定的监管措施。

第四节 证券公司反洗钱工作

掌握反洗钱的定义；掌握客户身份识别和客户身份资料与交易记录保存的基本要求；掌握洗钱和恐怖融资风险评估及客户分类管理要求；掌握可疑交易报告要求及可疑交易报告后续控制措施；熟悉涉及恐怖活动资产冻结的流程及要求；掌握证券公司反洗钱保密要求；熟悉证券公司对境内外分支机构和相关附属机构的管理要求。

第五节　从业人员管理

了解从事证券业务的专业人员范围；了解专业人员从事证券业务的资格条件；熟悉从业人员申请执业证书的条件和程序；了解从业人员监督管理的相关规定；熟悉违反从业人员资格管理相关规定的法律责任。

掌握证券业从业人员执业行为准则；熟悉中国证监会及中国证券业协会诚信管理的有关规定；掌握证券市场禁入措施的实施对象、内容、期限及程序；掌握廉洁从业有关规定。

掌握证券公司从事经纪业务相关人员的要求；熟悉从事证券经纪业务人员不得存在的行为；了解证券公司承担技术、合规管理和风险控制职责的人员不得从事的工作；了解违反经纪业务相关规定的人员承担的法律责任。

掌握证券经纪业务营销人员执业资格管理的有关规定；了解证券经纪人与证券公司之间的委托关系；掌握证券经纪业务营销人员执业行为的范围、禁止性规定。

掌握证券投资基金销售人员执业资格管理的有关规定。

掌握证券投资咨询人员分类及其执业资格管理的有关规定；掌握证券投资顾问与证券分析师的注册登记要求；掌握对署名证券分析师发布研究报告的基本要求。

熟悉保荐代表人的资格管理规定；掌握保荐代表人执业行为规范；掌握保荐代表人应遵守的职业道德准则；掌握保荐代表人违反有关规定的法律责任或被采取的监管措施。

熟悉财务顾问主办人应该具备的条件；熟悉财务顾问主办人执业行为规范。

掌握客户资产管理业务投资经理应该具备的条件；熟悉资产管理投资经理执业行为管理的有关要求。

了解证券资信评级业务人员有关规定。

第六节　证券公司信息技术管理

了解证券公司借助信息技术手段从事证券基金业务活动的一般规定；掌握证券公司信息技术治理中的权责分配机制；掌握证券公司信息技术合规与风险管理；掌握证券公司信息系统运行各环节的安全管理要求；熟悉证券公司数据全生命周期管理机制；熟悉证券公司信息技术应急管理的组织架构、应急预案、应急演练、信息系统备份能力要求相关规定；熟悉委托信息技术服务机构提供信息技术服务、信息技术服务机构的选取条件、信息技术服务协议及保密协议签署要求；了解证券公司信息技术管理的监管要求及监管措施。

第三章 证券公司业务规范

第一节 证券经纪

了解证券公司经纪业务的主要法律法规；熟悉证券经纪业务的特点；熟悉证券公司经纪业务中营销管理的主要内容、证券经纪人制度的主要内容、账户管理、客户适当性、客户交易结算资金三方存管、交易委托、异常交易行为管理、客户交易安全监控、佣金管理、指定交易及托管、转销户等环节的基本规则、业务风险及规范要求；掌握经纪业务的禁止行为；了解经纪业务风险防范的主要内容；熟悉监管部门对经纪业务的监管措施和自律组织对经纪业务的自律管理措施。

熟悉沪港通、深港通股票范围及主要交易规则；了解对证券基金经营机构开展港股通相关业务内部管理和业务流程的基本要求；掌握科创板定位、投资者适当性管理要求；了解上海证券交易所在科创板推出的交易机制改革措施；掌握存托凭证的定义、存托人与托管人职责、投资者保护机制；掌握沪伦通的定义、投资者适当性管理要求；了解沪伦通与深港通业务模式的区别。

第二节 证券投资咨询

掌握证券投资咨询、证券投资顾问、证券研究报告的概念和基本关系；掌握证券投资咨询机构及人员资格管理要求；掌握证券、期货投资咨询业务的管理规定；掌握监管部门对发布证券研究报告业务的有关规定；掌握监管部门对证券投资顾问业务的有关规定；掌握证券公司、证券投资咨询机构及其执业人员向社会公众开展证券投资咨询业务活动的有关规定；掌握利用"荐股软件"从事证券投资咨询业务的相关规定；掌握证券投资咨询机构及人员执业规范和行为准则；了解监管部门和自律组织对证券投资咨询业务的监管措施和自律管理措施。

第三节 与证券交易、证券投资活动有关的财务顾问

了解上市公司收购以及上市公司重大资产重组等主要法律法规；掌握财

务顾问业务的业务许可情况；熟悉从事上市公司并购重组财务顾问业务的业务规则；熟悉财务顾问的监管和法律责任。

第四节 证券承销与保荐

了解证券公司发行与承销业务的主要法律法规；熟悉证券发行保荐业务的一般规定；了解证券发行与承销信息披露的有关规定；掌握证券公司发行与承销业务的内部控制规定；熟悉监管部门对证券发行与承销的监管措施；掌握违反证券发行与承销有关规定的法律责任。

第五节 证券自营

了解证券公司自营业务的主要法律法规；掌握证券公司自营业务投资范围的规定；了解证券自营业务决策与授权的要求；掌握证券自营业务相关风险控制指标；了解证券自营业务操作的基本要求；掌握自营业务的禁止性行为；熟悉证券自营业务的监管措施和法律责任。

第六节 证券资产管理

熟悉证券公司开展资产管理业务的法律法规体系和基本要求；掌握资产管理业务类型。

掌握证券资产管理业务的一般性规定；掌握资产管理业务人员基本要求、合同签署及内容约定要求；掌握资产管理计划募集推广、委托资产的资产来源等要求；掌握资产管理计划成立及转让的条件；掌握资产管理业务投资者的权利与义务；掌握资产管理计划投资交易的要求；掌握证券公司以自有资金参与资产管理计划的相应要求；熟悉关联交易的要求；熟悉资产管理计划应当终止的情形；熟悉资产管理业务的托管要求；掌握资产管理业务禁止行为的有关规定。

了解私募资产管理业务的专项监管要求；了解对证券期货经营机构及相关销售机构销售资产管理计划的监管要求；了解委托第三方机构为资管计划提供投资建议的监管要求；熟悉从事证券资产管理业务活动的违法情形。

掌握金融机构开展资产管理业务遵循的基本原则、产品种类、适当性、内控要求、金融机构基本职责、代销要求、投资范围、资金池要求、估值要求、禁止刚性兑付要求、分级要求、通道及嵌套要求、人工智能、监管原则等。

熟悉证券公司开展资产证券化业务的主要规则；了解专项计划管理人主要职责；了解专项计划设立、运作的一般流程；了解资产支持证券挂牌、转让的相关规定；熟悉资产证券化业务的尽职调查规定；了解资产支持证券信息披露的相关要求；熟悉资产证券化业务基础资产负面清单。

了解合格境外机构投资者境内证券投资、合格境内机构投资者境外证券投资的相关监管规定。

掌握监管部门对资产管理业务的监管措施；掌握资产管理业务违反有关规定的法律责任。

第七节 证券公司信用业务

了解证券公司信用业务的主要法律法规；掌握融资融券业务管理的基本原则；了解证券公司申请融资融券业务资格应具备的条件；掌握融资融券业务的账户体系；熟悉融资融券业务客户的申请、客户征信调查、客户的选择标准；掌握融资融券业务合同及风险揭示书的基本内容；熟悉融资融券业务所形成的债权担保的有关规定；掌握标的证券、保证金和担保物的管理规定；了解融券业务所涉及证券的权益处理规定；掌握监管部门对融资融券业务的监管措施；了解转融通业务的基本概念及主要规则；了解转融通业务中资金和证券的来源及权益处理。

熟悉股票质押式回购、约定式购回、质押式报价回购业务的主要规则；了解股票质押回购、约定式购回、质押式报价回购业务的风险管理、违约处置及异常交易处理的一般规定。

第八节 证券公司全国股份转让系统业务及柜台市场业务

了解全国股转系统的性质、服务对象及主要功能；熟悉全国股转系统一般业务规则；掌握主办券商在全国股转系统开展业务的主要业务类别、业务申请条件及业务管理要求；掌握主办券商在全国股转系统开展业务的主要规则；熟悉全国股转系统对主办券商的自律管理措施。

了解证券公司柜台交易、柜台市场的概念、基本要求；熟悉证券公司可以在柜台市场发行、销售与转让的产品种类；了解柜台市场发行、销售与转让产品可采取的方式；熟悉柜台交易合同签订、财产担保的有关要求；熟悉柜台市场账户、登记、托管、结算的有关要求；熟悉柜台市场内控制度建设、投资者适当性管理、信息披露的有关要求；了解证券公司柜台市场业务的自律管理要求。

第九节 其他业务

熟悉代销金融产品的规范和禁止性行为。

熟悉证券公司中间介绍业务的业务范围；掌握证券公司开展中间介绍业务的业务规则与禁止行为；熟悉对中间介绍业务的监管措施。

了解证券公司另类投资业务的概念及投资范围；熟悉证券公司另类投资业务的主要业务规则；了解证券公司设立子公司开展另类投资业务的相关规定。

熟悉证券公司私募投资基金业务的主要业务规则；了解证券公司设立子公司开展私募投资基金业务的相关规定。

掌握非银行金融机构开展证券投资基金托管业务的条件与管理要求。

了解股票期权交易的主要制度安排；熟悉证券公司开展股票期权业务的条件与主要业务规则。

熟悉证券公司金融衍生品的交易范围、种类及其备案管理。

了解证券公司参与区域性股权交易市场的业务范围；熟悉证券公司在区域性股权交易市场提供业务服务的相关规定；了解证券公司参与区域性股权交易市场的自律管理要求。

第四章 证券市场典型违法违规行为及法律责任

第一节 证券一级市场

熟悉擅自公开或变相公开发行证券的特征及其法律责任；熟悉欺诈发行股票、债券的犯罪构成、刑事立案追诉标准及其法律责任；掌握非法集资类犯罪的犯罪构成、立案追诉标准并熟悉其法律责任；掌握违规披露、不披露重要信息的行政责任、刑事责任的认定；了解擅自改变公开发行证券募集资金用途的法律责任。

第二节 证券二级市场

掌握诱骗投资者买卖证券、期货合约的刑事责任的认定；掌握利用未公开信息交易的刑事责任及行政责任的认定；掌握内幕交易、泄露内幕信息的刑事责任、民事责任及行政责任的认定；掌握操纵证券期货市场的刑事责任、民事责任及行政责任的认定；掌握在证券交易活动中做出虚假陈述或者信息误导的法律责任认定；熟悉背信运用受托财产的犯罪构成、刑事追诉标准及其法律责任。

第二部分 金融市场基础知识

第一章 金融市场体系

第一节 金融市场概述

掌握金融市场的概念；熟悉金融市场的分类；了解金融市场的重要性；掌握金融市场的功能。

掌握直接融资与间接融资的概念、特点和分类；熟悉直接融资与间接融资的区别。熟悉直接融资对金融市场的影响。

第二节 全球金融市场

了解全球金融市场的形成及发展趋势；了解国际资金流动方式；熟悉全球金融体系的主要参与者。

了解国际金融监管体系的主要组织。

了解英、美、中国香港为代表的主要国家和地区金融市场结构和金融监管特征。

第二章 中国的金融体系与多层次资本市场

第一节 中国的金融体系

了解新中国成立以来我国金融市场的发展历史；熟悉我国金融市场的发展现状；了解影响我国金融市场运行的主要因素。

了解金融中介机构体系的构成；掌握商业银行、证券公司、保险公司等主要金融中介机构的业务；了解我国银行业、证券业、保险业、信托业的行业基本情况；熟悉我国金融市场的监管架构；了解"一委一行两会"的职责；了解金融服务实体经济的要求。

了解中央银行的业务（资产负债表）和主要职能；熟悉存款准备金制度与货币乘数的概念；掌握货币政策的概念、措施及目标；掌握货币政策工具的概念及作用原理；熟悉货币政策的传导机制。

了解我国金融业进一步对外开放的背景和主要政策措施；了解我国银行业、证券业、保险业、资本市场新一轮对外开放的实践措施。

第二节 中国的多层次资本市场

掌握资本市场的分层特性及其内在逻辑；掌握中国多层次资本市场的主要内容、结构与意义。

熟悉场内市场的定义、特征和功能；熟悉场外市场的定义、特征和功能；熟悉主板、中小板、创业板的概念与特点；熟悉全国中小企业股份转让系统的概念与特点；熟悉私募基金市场、区域股权市场、券商柜台市场、机构间私募产品报价与服务系统的概念与特点。

了解我国设立科创板并试点注册制的政策背景；熟悉科创板重点服务的企业类型和行业领域；了解科创板的制度规则体系；掌握科创板的上市条件及上市指标；掌握科创板制度设计的创新点。

第三章 证券市场主体

第一节 证券发行人

掌握证券市场融资活动的概念、方式及特征。

掌握证券发行人的概念和分类；熟悉政府和政府机构直接融资的方式及特征；熟悉企业（公司）直接融资的方式及特征；熟悉我国上市公司首次融资与再融资的途径；掌握金融机构直接融资的特点。

第二节 证券投资者

掌握证券市场投资者的概念、特点及分类；了解我国证券市场投资者结构及演化。

掌握机构投资者的概念、特点及分类；熟悉机构投资者在金融市场中的作用；熟悉政府机构类投资者的概念、特点及分类；掌握金融机构类投资者的概念、特点及分类；熟悉合格境外机构投资者、合格境内机构投资者的概念与特点；掌握企业和事业法人类机构投资者的概念与特点；掌握基金类投资者的概念、特点及分类。

掌握个人投资者的概念；熟悉个人投资者的风险特征与投资者适当性。

第三节 证券中介机构

掌握证券公司的定义；了解我国证券公司的发展历程；掌握我国证券公司的监管制度及具体要求；掌握证券公司主要业务的种类及内容；了解证券公司业务国际化。

熟悉证券服务机构的类别；熟悉对律师事务所从事证券法律业务的管理；熟悉对注册会计师、会计师事务所从事证券、期货相关业务的管理；熟悉对证券、期货投资咨询机构的管理；熟悉对资信评级机构从事证券业务的管理；熟悉对资产评估机构从事证券、期货业务的管理；掌握我国证券金融公司的定位及业务；掌握对证券金融公司从事转融通业务的管理；熟悉证券服务机构的法律责任和市场准入。

第四节 自律性组织

掌握证券交易所的定义、特征及主要职能；熟悉证券交易所的组织形式；了解我国证券交易所的发展历程。

熟悉证券业协会的性质和宗旨；了解证券业协会的历史沿革；熟悉证券业协会的职责和自律管理职能。

熟悉证券登记结算公司的设立条件与主要职能；熟悉证券登记结算公司的登记结算制度。

掌握证券投资者保护基金的来源、使用、监督管理；熟悉中国证券投资者保护基金公司设立的意义和职责。

第五节 证券监管机构

熟悉证券市场监管的意义和原则、市场监管的目标和手段；掌握我国的证券市场的监管体系；掌握国务院证券监督管理机构及其组成；熟悉《证券法》赋予证券监督管理机构的职责、权限。

第四章 股票

第一节 股票概述

掌握股票的定义、性质和特征；熟悉普通股票与特别股票、记名股票与不记名股票、有面额股票与无面额股票的区别和特征；掌握股利政策、股份变动等与股票相关的资本管理概念。

掌握普通股股东的权利和义务；掌握公司利润分配顺序、股利分配条件、原则和剩余资产分配条件、顺序；熟悉股东重大决策参与权、资产收益权、剩余资产分配权、优先认股权等概念。

熟悉优先股的定义、特征；了解发行或投资优先股的意义；了解优先股与普通股、债券及其他股债混合产品的比较；了解优先股票的分类及各种优先股票的含义。

了解我国各种股份的概念；了解我国股票按投资主体性质的分类及概念；了解我国股票按流通受限与否的分类及概念；熟悉 A 股、B 股、H 股、N 股、S 股、L 股、红筹股等概念。

第二节 股票发行

熟悉股票发行制度的概念；了解我国股票发行制度的演变；掌握审批制、核准制、注册制的概念与特征；掌握保荐制度、承销制度的概念；了解股票的无纸化发行和初始登记制度。

掌握新股公开发行和非公开发行的基本条件、一般规定、配股的特别规定、增发的特别规定；熟悉增发的发行方式、配股的发行方式；了解新股网上网下申购的要求。

熟悉股票退市制度。

第三节 股票交易

掌握证券交易原则和交易规则；熟悉做市商交易的基本概念与特征；熟悉融资融券交易的基本概念与操作。

掌握证券账户的种类；掌握开立证券账户的基本原则和要求；了解证券托管和证券存管的概念；了解我国证券托管制度的内容；了解证券委托的形式；掌握委托指令的基本类别；熟悉委托指令的内容；熟悉委托受理的手续和过程；了解委托指令撤销的条件和程序；掌握证券交易的竞价原则和竞价方式；了解涨跌幅限制等市场稳定机制；了解证券买卖中交易费用的种类；了解股票交易的清算与交收程序；了解股票的非交易过户。

熟悉股票价格指数的概念和功能；了解股票价格指数的编制步骤和方法；熟悉我国主要的股票价格指数；了解海外国家主要股票市场的股票价格指数。

熟悉沪港通和深港通的概念及组成部分；了解沪港通和深港通股票范围及投资额度的相关规定。

第四节　股票估值

掌握股票票面价值、账面价值、清算价值、内在价值的概念与联系；熟悉股票的理论价格与市场价格的概念及引起股票价格变动的直接原因；了解影响股票价格变动的相关因素；了解基本分析、技术分析、量化分析的概念。

熟悉货币的时间价值、复利、现值、贴现的概念；熟悉影响股票投资价值的因素；了解股票的绝对估值方法和相对估值方法。

第五章　债券

第一节　债券概述

掌握债券的定义、票面要素、特征、分类；熟悉债券与股票的异同点。

掌握政府债券的定义、性质和特征；掌握中央政府债券的分类；了解我国国债的品种、特点和区别；掌握地方政府债券的概念；熟悉地方政府债券的发行主体、分类方法；了解我国国债与地方政府债券的发行情况。

掌握金融债券、公司债券和企业债券的定义和分类；了解我国金融债券的品种和管理规定；熟悉各种公司债券的含义；了解我国企业债的品种和管理规定；了解我国公司债券的管理规定；熟悉我国公司债券和企业债券的区别。

掌握国际债券的定义、特征和分类；掌握外国债券和欧洲债券的概念、特点；了解我国国际债券的发行概况。

掌握资产证券化的定义与分类；熟悉资产证券化各方参与者；熟悉资产证券化的具体操作要求；熟悉资产支持证券概念及分类；熟悉资产证券化的主要产品；了解资产证券化兴起的经济动因；了解美国次级贷款及相关证券化产品危机；了解我国资产证券化的发展历史。

第二节　债券发行

掌握我国国债的发行方式；熟悉记账式国债和凭证式国债的承销程序；熟悉国债销售的价格和影响国债销售价格的因素。

了解财政部代理发行地方政府债券和地方政府自行发债的异同。

熟悉我国金融债券的发行条件、申报文件、操作要求、登记、托管与兑付的有关规定；了解次级债务的概念、募集方式；了解混合资本债券的概念、募集方式。

熟悉我国企业债券和公司债券发行的基本条件、募集资金投向和不得再次发行的情形；了解企业债券和公司债券发行的条款设计要求。

熟悉企业短期融资融券和中期票据的注册规则、承销的组织；熟悉中小非金融企业集合票据的特点、发行规模要求、偿债保障措施、评级要求、投资者保护机制。

熟悉证券公司债券的发行条件与条款设计；了解证券公司次级债券的发行条件；了解证券公司债券发行的申报程序、申请文件的内容；熟悉证券公司债券的上市与交易的制度安排。

了解国际开发机构人民币债券的发行与承销的有关规定。

第三节 债券交易

掌握债券现券交易、回购交易、远期交易和期货交易的基本概念；熟悉债券现券交易、回购交易、远期交易和期货交易的流程和区别；掌握债券报价的主要方式；熟悉债券的开户、交易、清算、交收的概念及有关规定；熟悉债券登记、托管、兑付及付息的有关规定。

掌握债券评级的定义与内涵；了解债券评级的程序；熟悉债券评级的等级标准及主要内容。

了解银行间债券市场的发展情况；了解交易所债券市场的发展情况；熟悉银行间债券市场与交易所债券市场的交易方式、托管方式及结算方式；熟悉债券市场转托管的定义及条件。

第四节 债券估值

熟悉债券估值的基本原理；熟悉影响债券价值的基本因素；了解债券报价与实付价格；了解零息债券、附息债券、累息债券的估值定价；了解债券当期收益率、到期收益率、即期利率、持有期收益率、赎回收益率的概念；了解利率的风险结构和期限结构的概念。

第六章 证券投资基金

第一节 证券投资基金概述

掌握证券投资基金的概念和特点；掌握基金与股票、债券的区别；掌握契约型基金与公司型基金、封闭式基金与开放式基金的概念与区别；熟悉股票基金、债券基金、混合型基金、货币市场基金的概念；熟悉公募基金与私募基金的区别；掌握交易所交易基金与上市开放式基金的概念、特点；熟悉保本基金、QDII基金、分级基金、基金中基金以及伞形基金的概念；了解证券投资基金的起源与全球证券投资基金业发展概况；熟悉我国证券投资基金的发展概况。

第二节 证券投资基金的运作与市场参与主体

熟悉我国证券投资基金的运作关系；熟悉基金投资面临的外部风险与内部风险；熟悉基金市场参与主体。

第三节 基金的募集、申购赎回与交易

熟悉拟募集基金应具备的条件；熟悉基金的募集步骤；熟悉开放式基金的认购步骤、认购方式、认购费率和收费模式；熟悉开放式基金申购、赎回的概念；熟悉认购与申购的区别；熟悉申购、赎回的原则；了解申购、赎回费用及销售服务费的概念；熟悉开放式基金份额的转换、非交易过户、转托管与冻结的概念；熟悉封闭式基金的交易规则与交易费用。

第四节 基金的估值、费用与利润分配

熟悉基金资产估值的概念；了解基金资产估值的重要性；熟悉基金资产估值需考虑的因素；熟悉我国基金资产估值的原则；熟悉基金费用的种类；熟悉各种费用的计提标准及计提方式。

熟悉基金收入的来源、利润分配方式；掌握不同类型基金利润分配的原则；熟悉基金自身投资活动产生的税收；熟悉基金投资者（包括个人和机构）投资基金的税收。

第五节 基金的管理

了解基金的投资理念与投资风格；掌握基金公司的投资管理过程；熟悉主要的基金业绩评估方法。

第六节 证券投资基金的监管与信息披露

熟悉基金监管的含义与作用；熟悉我国基金监管机构和自律组织；熟悉对基金机构的监管内容；掌握对公募基金销售活动的监管内容；掌握对公募基金投资与交易行为的监管的内容；熟悉基金信息披露的含义与作用；掌握基金信息披露的禁止性规定；熟悉基金募集信息披露、运作信息披露和临时信息披露的内容。

第七节 非公开募集证券投资基金

掌握对非公开募集证券投资基金的基本规范；熟悉私募基金的募集程序；熟悉私募基金的信息披露。

第七章 金融衍生工具

第一节 金融衍生工具概述

掌握衍生工具的概念、基本特征；掌握衍生工具的分类；掌握股权类、货币类、利率类以及信用类衍生工具的概念及其分类。

了解金融衍生工具的发展动因、发展现状和发展趋势；掌握金融衍生工具市场的特点与功能；了解我国衍生工具市场的发展状况。

第二节 金融远期、期货与互换

掌握远期、期货、期权和互换的定义、基本特征和区别；掌握金融期货、金融期货合约的定义；了解金融期货合约的主要种类；掌握金融期货的集中交易制度、保证金制度、无负债结算制度、限仓制度、大户报告制度、每日价格波动限制、强行平仓、强制减仓制度等主要交易制度；掌握金融期货的种类与基本功能。

了解人民币利率互换的业务内容；了解信用违约互换的含义和主要风险；了解收益互换的应用。

第三节 金融期权与期权类金融衍生产品

掌握金融期权的定义和特征；熟悉金融期货与金融期权的区别；熟悉金融期权的主要功能；了解金融期权的主要种类；了解金融期权的主要风险指标；了解权证的定义和分类；了解期权品种及其应用。

掌握可转换公司债券、可交换公司债券的概念、特征、发行基本条件；

熟悉可交换债券与可转换债券的不同。

第四节 其他衍生工具简介

熟悉存托凭证与结构化金融衍生产品的定义和分类。

第八章 金融风险管理

第一节 风险概述

掌握风险的三种定义；掌握损失、不确定性、波动性、危险等与风险密切相关的概念；熟悉流动性风险、市场风险、信用风险、操作风险、系统性风险、声誉风险的概念与特点；了解风险与金融产品、投资、金融机构相关的现代风险理念。

第二节 风险管理的基本框架

掌握风险管理的内涵与目标；熟悉风险管理策略的概念及特点；了解风险管理的流程；熟悉压力测试的定义和标准、压力测试的情景和方法。

第三节 风险衡量方法

掌握市场风险衡量中的敏感性分析、波动性分析的原理及相关指标；掌握信用风险构成要素、信用风险评估方法与信用评级；掌握流动性风险衡量的四个指标的含义及流动性覆盖率和净稳定资金率的计算方式。

APPENDIX B 附录B

保荐代表人胜任能力考试大纲

（2018）㊀

第一章 保荐业务监管

第一节 资格管理

掌握保荐机构和保荐代表人注册、变更登记的条件和程序；熟悉维持保荐机构和保荐代表人资格的条件。

第二节 主要职责

熟悉证券发行上市保荐制度的主要内容；掌握保荐机构和保荐代表人在尽职推荐期间应履行的职责；掌握保荐机构和保荐代表人在持续督导期间应履行的职责。

第三节 工作规程

掌握保荐机构开展保荐工作需要建立的相关制度体系；熟悉开展保荐工作涉及的关联保荐、保荐机构更换、保荐代表人推荐及更换要求；掌握持续督导保荐工作的基本要求、应关注事项、应发表的独立意见、现场核查工作具体要求；掌握与保荐义务有关文件的签字要求及保密义务。

㊀ 资料来源：《关于发布〈保荐代表人胜任能力考试大纲（2018）〉的公告》，中国证券业协会官网，https://www.sac.net.cn/pxzx/pxzdydg/201806/t20180619_135708.html，2020年1月31日访问。

掌握保荐机构和保荐代表人承担保荐责任时的权利；熟悉保荐业务协调工作的具体要求。

第四节　执业规范

掌握保荐工作过程中相关方的法律责任；掌握违反保荐制度的法律后果、监管措施及法律责任。

第五节　内部控制

掌握保荐业务内部控制的目标和原则；掌握内部控制组织体系、职责分工及制度保障等具体要求；掌握立项、尽职调查、持续督导等各业务环节的内部控制措施；熟悉质量控制、内核等工作程序、方法。

第二章　财务分析

第一节　会计

一、基础会计理论及财务报告

掌握会计核算基本假设、会计基础及会计信息的质量要求；掌握资产、负债、所有者权益、收入、费用、利润等会计要素的确认与计量原则。

掌握财务报表的主要构成及基本内容；掌握财务报告附注的有关披露要求；掌握分部报告的内容和披露要求；掌握各种情况下对稀释每股收益的影响；掌握非经常性损益的主要内容。

二、会计要素的确认和计量

熟悉金融工具的定义和分类；熟悉金融资产减值损失的确认和计量；熟悉金融资产转移的确认和计量。

掌握存货的确认和计量。

掌握长期股权投资的确认和计量；掌握长期股权投资减值的判断标准及会计处理；熟悉共同经营的会计处理；熟悉在其他权益主体中的披露。

掌握固定资产的确认和计量；熟悉固定资产减值的判断标准；熟悉固定资产处置的会计处理。

熟悉投资性房地产的确认和计量。

掌握无形资产的确认和计量；掌握研究阶段和开发阶段的划分及计量；熟悉持有待售非流动资产、处置组和终止经营的确认和计量。

掌握资产减值准则涵盖的范围；熟悉资产减值的迹象与测试；掌握估计资产可收回金额的基本方法；熟悉资产减值的会计处理。

熟悉短期借款、应付票据、预收款项、职工薪酬、应交税费、应付利息、应付股利、其他应付款等流动负债的核算内容；熟悉长期借款、应付债券、递延收益、长期应付款等非流动负债的核算内容。

熟悉实收资本的确认和计量；熟悉资本公积的确认和计量；熟悉盈余公积、其他综合收益、其他权益工具、未分配利润的核算内容及会计处理。

掌握收入的定义和分类；掌握各类收入确认条件和计量方法；掌握成本和费用等项目的概念及核算内容；熟悉营业外收支的核算内容；熟悉综合收益的概念及核算内容。

三、主要会计事项及处理

掌握或有事项的概念及特征；掌握或有负债和或有资产的主要内容；掌握预计负债的确认和计量。

掌握非货币性资产交换的认定、确认和计量；熟悉非货币性资产交换的会计处理。

掌握债务重组的定义及主要方式；熟悉各种债务重组方式的会计处理。

掌握股份支付工具的主要类型；掌握股份支付的确认和计量；熟悉股份支付各个时点的会计处理。

掌握租赁的分类；熟悉经营租赁及融资租赁的会计处理。

掌握政府补助的定义、主要形式及分类；熟悉政府补助的会计处理；掌握关联方披露内容。

熟悉借款费用的会计处理。

掌握资产、负债的计税基础和暂时性差异；熟悉当期所得税、递延所得税、所得税费用的确认和计量。

掌握会计政策及其变更的内容；掌握追溯调整法及未来适用法的适用情况及会计处理；掌握会计估计及其变更的内容；掌握前期会计差错的内容、前期会计差错更正的会计处理。

掌握资产负债表日后事项的内容及相关的会计处理。

掌握企业合并的概念、方式及类型划分；掌握控制标准的具体应用及合并财务报表合并范围的确定；熟悉合并报表的编制方法。

掌握公允价值计量的基本要求。

熟悉权益工具和金融负债的区分及相关的会计处理。

熟悉外币财务报表折算。

第二节 财务分析

掌握基本财务比率分析；掌握财务预测的步骤和方法；熟悉增长率与资本需求的测算。

掌握企业价值评估方法；掌握产品成本分类；熟悉产品成本的归集和分配。

掌握本量利分析法中损益方程式的内容；掌握保本分析；熟悉利润敏感性分析。

第三节 税法、审计、内部控制与评估

熟悉现行税法体系、税收管理体制；掌握增值税、消费税、企业所得税、个人所得税的纳税义务人、征税对象、税率、计税依据和税收优惠等相关规定；掌握企业改制、重组业务中税务的相关规定。

掌握风险评估的概念、程序及信息来源；熟悉被审计单位及环境、被审计单位内部控制的风险评估程序。

掌握审计证据的性质和获取审计证据的程序；掌握函证、监盘及分析程序的运用。

掌握销售与收款循环、采购与付款循环、生产与存货循环涉及的主要业务活动；熟悉上述循环的实质性测试程序；熟悉货币资金的实质性测试程序。

掌握审计报告内容及意见的基本类型；掌握预测性财务信息审核报告及前次募集资金使用情况报告的鉴证报告的格式与内容。

掌握内部控制的定义、目标、原则、要素；掌握内部控制各要素的具体内容和实施要求；掌握内部控制审计报告的格式与内容。

掌握资产评估的基本方法及适用条件。

第三章 股权融资

第一节 首次公开发行股票

一、条件和要求

掌握《公司法》《证券法》《首次公开发行股票并上市管理办法》《首次公

开发行股票并在创业板上市管理办法》等法律、法规及部门规章中关于首次公开发行股票并上市的条件和要求的规定。

二、尽职调查

掌握关于保荐机构及保荐代表人尽职调查工作勤勉尽责、诚实守信的基本标准。

掌握尽职调查工作的目的、一般要求、特别要求与具体要求。

掌握尽职调查工作对发行人基本情况、公司业务与技术、同业竞争与关联交易、高级管理人员、组织结构与内部控制、财务与会计以及招股说明书等文件中披露的其他重要事项进行全面核查的要求。

掌握招股说明书验证工作。

掌握工作底稿的编制要求、工作底稿目录及必须涵盖的内容。

掌握对企业信用信息尽职调查工作的要求。

三、推荐和申报

掌握保荐机构向监管机构推荐企业发行上市的要求及有关工作流程；掌握工作中对律师事务所、会计师事务所、评估机构及相关经办人员的要求。

掌握主板和创业板发行保荐书、发行保荐工作报告的要求和主要内容。

掌握主板和创业板首次公开发行股票申请文件及其基本要求。

掌握首次公开发行并在创业板上市对公司成长性及自主创新能力等的相关要求。

四、核准程序

掌握主板和创业板首次公开发行股票并上市的核准程序。

掌握股票发行审核制度；熟悉发行审核委员会的组成、职责和工作程序。

掌握发行人报送申请文件并预披露后中止审查、恢复审查、终止审查、反馈意见回复、变更中介机构等程序的具体要求；掌握通过发审会后拟发行证券公司封卷及会后事项监管的相关要求。

掌握证券交易所主板和创业板上市条件和上市保荐书的要求和主要内容。

掌握关于股票限售期的规定。

五、信息披露

掌握招股说明书（意向书）及摘要的内容与格式；掌握招股说明书（意向

书)及摘要的编制和披露要求；熟悉特殊行业招股文件的主要披露要求。

掌握首次公开发行股票并上市工作中的信息披露要求；掌握信息披露的法律规定、操作规范及相关当事人的法律责任；掌握股票上市公告书的内容及披露要求。

掌握首次公开发行股票并在创业板上市工作中的信息披露要求及招股说明书（意向书）的编制和披露要求；掌握创业板上市招股书备查文件的披露及发行公告、投资风险特别公告等信息披露的特殊要求。

第二节 上市公司发行新股

一、条件和要求

掌握上市公司公开发行新股的条件、要求及程序；掌握上市公司不得公开发行股票的情形。

掌握上市公司非公开发行股票的条件；掌握上市公司不得非公开发行股票的情形。

掌握国有控股上市公司发行证券的特殊规定。

掌握上市公司发行优先股的条件、要求及程序；熟悉上市公司不得发行优先股的情形。

掌握上市公司分拆境外上市的条件、批准程序及信息披露要求。

二、推荐和申报

掌握上市公司新股发行的决策程序和申请程序；掌握发行申请前保荐机构尽职调查内容。

掌握申请文件的编制要求和基本内容。

掌握上市公司公开发行、非公开发行股票的申请文件和审核程序。

三、发行上市程序及信息披露

掌握增发、配股的发行方式；掌握新增股票上市业务操作流程。

掌握发行申请前后及公开发行过程中的信息披露要求；掌握非公开发行的发行上市程序和发行申请前后的信息披露要求。

第三节 非上市公众公司股份公开转让

熟悉全国股转系统的职能和自律监管的相关规定；掌握证券公司在全国股转系统从事相关业务的规定及要求；掌握全国股转系统有关投资者适当性

管理的规定。

掌握非上市公众公司在全国股转系统挂牌的条件、程序和信息披露要求；掌握挂牌公司发行股票的条件、程序及信息披露要求；熟悉非上市公众公司发行优先股的条件、程序及信息披露要求；掌握挂牌公司股票转让的相关规定；熟悉挂牌公司信息披露的相关规定。

第四章 债权融资

第一节 政府债券

掌握我国国债的发行方式；掌握地方政府债券的发行条件。

第二节 金融债券

掌握证券公司债、证券公司次级债、证券公司短期融资券的发行条件、程序及信息披露要求。

熟悉商业银行、保险公司等金融机构发行金融债券的一般性规定。

第三节 公司债券

一、公司债券

掌握公司债券发行方式、发行场所、发行条件及条款设计要求；掌握公开发行的公司债券发行的申报与核准的程序、发行申请文件内容；掌握非公开发行公司债券的发行备案程序；掌握公司债券上市条件、上市申请和核准程序、挂牌转让条件、挂牌转让申请和核准程序；掌握公司债券存续期内的信息披露及持续性义务、信用风险管理；掌握公司债券持有人权益保护的相关规定；掌握证券交易所对公司债券发行、上市、交易及分类监管的相关规定；掌握交易所对投资者适当性管理的管理原则。

二、可转换公司债券

掌握可转换公司债券的发行条件、要求及程序；掌握可转换公司债券的股份转换、债券偿还、转股价格调整、转股价格修正、赎回及回售等概念；掌握可转换公司债券发行条款的设计要求。

掌握可转换公司债券的发行申报程序和申请文件要求；掌握可转换公司债券的发行核准程序、发行方式、程序和上市的一般规定；掌握上海、深圳证券交易所对可转换公司债券上市的规定；掌握发行可转换公司债券申报前的信息披露要求、募集说明书及摘要和上市公告书披露的基本要求；熟悉发行可转换公司债券持续性信息披露的有关要求。

三、可交换公司债券

掌握可交换公司债券的发行场所、发行方式、发行条件和要求；掌握可交换公司债券中预备用于交换的上市公司股票应具备的条件；掌握可交换公司债券的主要条款；掌握上市公司国有股东发行可交换公司债券的其他要求。

四、信用评级

掌握信用评级的概念、要素、指标、标准等一般性规定；熟悉信用评级流程、信用评级方法、信用评级结果发布的相关规定；熟悉债券存续期内信用评级信息披露原则和安排的相关规定。

第四节 企业债券

一、企业债券

掌握企业债券的发行条件、程序及信息披露要求；掌握企业债券发行的申报与核准要求；掌握企业债券发行申请文件内容；熟悉企业债券上市条件、上市申请和核准；熟悉企业债券持有人权益保护的相关规定。

二、非金融企业债务融资工具

熟悉非金融企业债务融资工具的发行人分类管理、发行机制、发行条件、发行规模、资金使用、询价机制、信用评级、信息披露、后续管理和监督管理等一般性规定。

第五节 资产证券化

掌握资产证券化发行方式、发行场所和交易结构设计；掌握资产证券化发行备案的相关规定；掌握资产证券化各方参与者的条件、职责等相关内容；掌握资产证券化产品尽职调查和信息披露的相关要求。

第五章 定价销售

第一节 股票估值

掌握证券的投资价值分析及估值方法；掌握现金流量法估值模型与可比公司法估值模型；掌握股票收益率的确定与股票价值的计算方法。

熟悉影响股票投资价值的内部因素和外部因素；熟悉目前国家主要产业

政策的相关规定；熟悉公司基本分析与财务分析的要素与方法；熟悉投资价值分析报告的要求、内容及格式要点。

第二节 债券估值

掌握债券价值的计算、债券收益率的计算、债券转让价格的近似计算；掌握债券利率期限结构的概念、类型、理论；熟悉影响债券估值定价的内部因素和外部因素。

掌握可转换公司债券的投资价值、转换价值与理论价值的计算；掌握可转换公司债券的转换平价、转换升水、转换贴水的概念及计算；掌握可转换公司债券中债券价值部分的计算与股票期权价值部分的计算模型。

第三节 股票发行与销售

掌握股票发行的基本规则、发行方式和操作流程；掌握股票承销团的相关规定。

掌握首次公开发行股票的基本规则和操作程序；掌握首次公开发行股票的询价、配售、老股转让、回拨机制、路演推介、投资者管理、超额配售选择权等内容的相关规定；熟悉首次公开发行股票的信息披露要求。

第四节 债券发行与销售

掌握各类债券发行的基本规则、发行方式和操作流程；掌握各类债券承销团组织的相关规定；掌握簿记建档的操作流程和要求。

掌握上市公司发行可转换公司债券的发行方案要点、发行方式和操作流程；熟悉可交换公司债券的发行方案要点、发行方式和操作流程。

第六章 财务顾问

第一节 业务监管

掌握上市公司并购重组财务顾问的职责及业务规程；掌握财务顾问业务的监督管理和法律责任。

第二节 上市公司收购

掌握公司收购的概念、形式及基本业务流程；熟悉公司反收购策略。

掌握上市公司收购业务中收购人、一致行动与一致行动人、上市公司控制权的概念；掌握上市公司收购过程中权益披露的相关规定；掌握要约收购的概念、基本规则和操作程序；掌握要约收购义务豁免的相关规定；掌握协议收购的概念、基本规则和操作程序；掌握间接收购规则。

第三节　上市公司重大资产重组

掌握上市公司重大资产重组行为的原则、标准；掌握上市公司重大资产重组涉及重组上市、配套融资等情况的相关规定。

掌握上市公司实施重大资产重组的程序、信息管理要求和内幕交易的法律责任；掌握上市公司发行股份购买资产的特别规定；掌握上市公司重大资产重组后再融资的有关规定；掌握证监会关于上市公司重大资产重组问题与解答的相关规定。

掌握上市公司重大资产重组的监管规定和法律责任；掌握上市公司并购重组委员会运行规则。

第四节　涉外并购

掌握外国投资者并购境内企业的相关规定；熟悉外国投资者并购境内企业安全审查制度；熟悉外国投资者并购境内企业涉及反垄断审查的相关规定；掌握外国投资者对上市公司战略投资的相关规定。

掌握我国投资者对外国企业并购的相关规定。

第五节　非上市公众公司并购

掌握股票在全国股转系统公开转让的非上市公众公司进行重大资产重组的相关规定。

掌握股票在全国股转系统公开转让的非上市公众公司收购的相关规定。

第七章　持续督导

第一节　法人治理

掌握上市公司股东的权利、义务及相应法律责任；掌握上市公司控股股东的行为规范、股东大会的职权；掌握上市公司股东大会的召集、召开和提案规则、议事规则、决议程序；掌握股东大会分类表决、网络投票、选举董事、监事的累计投票制的相关规定；掌握董事会、独立董事和符合条件的股东征集投票权等保护社会公众股股东权益的相关规定。

掌握董事的任职资格和产生程序；熟悉董事的权利和义务；掌握董事长

的职权；掌握董事会的职权、议事规则、规范运作及决议方式；熟悉董事会秘书的任职资格、权利和义务；熟悉董事会专门委员会的职责；熟悉经理的任职资格、产生办法和职责。

掌握监事的任职资格和产生程序；熟悉监事的权利义务；熟悉监事会的组成、职权和议事规则；熟悉监事会的规范运作和决议方式。

掌握独立董事的产生程序、任职资格、职权、在董事会中所占比例及专业构成等要求；熟悉需要独立董事发表独立意见的情形；熟悉保证独立董事行使职权的措施；熟悉独立董事在年度报告期间的相关工作。

熟悉股东大会、董事会、监事会会议记录的签署及保管规定。

掌握上市公司法人治理的相关要求；熟悉内幕信息知情人登记制度。

第二节 规范运作

掌握对上市公司"五独立"的要求；掌握上市公司对外担保应履行的程序、信息披露要求。

掌握关联交易的形式、界定及其处理原则；掌握上市公司与控股股东资金往来的限制性规定；掌握上市公司被关联方占用的资金应采取的清偿方式、范围和应履行的程序。

掌握上市公司对外担保、关联交易、委托理财、信息披露、控股子公司、对外承诺、衍生品交易等方面的内部控制要求；掌握上市公司上述活动的检查和信息披露要求。

掌握上市公司股份回购的相关要求；掌握上市公司股权激励的相关要求。

熟悉投资者关系管理的自愿信息披露及相关投资者关系活动。

掌握关于募集资金管理的相关规定。

掌握上市公司股东、实际控制人、董事、监事、高级管理人员及关联方买卖股票的相关规定。

第三节 信守承诺

掌握对上市公司及相关当事人承诺及承诺履行的相关要求。

掌握对上市公司及相关当事人信守承诺进行持续督导的基本要求、督导措施。

掌握上市公司现金分红的相关要求。

第四节 持续信息披露

掌握上市公司信息披露的一般原则及具体要求；掌握年度报告、半年度和季度报告的编制及披露要求；熟悉上市公司向监管机构报送定期报告的时间要求。

掌握保荐机构在上市公司信息披露中需要履行的督导责任。

掌握定期报告中主要财务指标的计算方法；掌握年度报告中关于关联交易的披露要求；掌握被责令改正或主动改正会计差错和虚假陈述、非标意见等事项的披露要求；掌握财务信息更正的披露要求。

掌握需要提交临时报告的事项、首次披露和持续披露要求；掌握上市公司收购、出售资产、股份变动等交易的审议程序及披露要求；熟悉上市公司收购、出售资产公告的内容及要求。

掌握上市公司主要关联交易事项及关联法人、关联自然人；熟悉上市公司关联交易审议程序及披露要求。

掌握上市公司重大诉讼和仲裁、募集资金变更等其他需要及时披露的重大事件审议程序及披露要求；熟悉上市公司临时公告及相关附件报送监管机构备案的要求。

掌握上市公司停牌、复牌、风险警示及暂停上市的相关规定；掌握上市公司恢复上市、终止上市及退市公司重新上市的相关规定。

第五节 法律责任

掌握上市公司、控股股东、实际控制人、董事、监事、高级管理人员在发行上市、信息披露及规范运作等方面的法律责任；熟悉中介机构在发行上市、信息披露及规范运作等方面的法律责任。

附件：参考书目及常用法规目录

一、参考书目

1. 中国证券监督管理委员会编：《证券发行上市审核工作手册》（2014），中国财政经济出版社。

2. 中国证券业协会编：证券业从业资格考试统编教材（2012）《证券发行与承销》，中国金融出版社。

3. 中国注册会计师协会编：2018年注册会计师全国统一考试辅导教材

《会计》《财务成本管理》《审计》，中国财政经济出版社。

二、常用法规目录

（保荐代表人胜任能力考试涉及但不限于以下法律、法规、规章、规范性文件和行业自律规则；如有修订，以修订版为准）

（一）保荐业务监管

1.《中华人民共和国证券法》

（1998年12月29日通过 2014年8月31日最新修订 2014年8月31日起施行）

2.《中华人民共和国公司法》

（1993年12月29日通过 2013年12月28日最新修订 2014年3月1日起施行）

3.《中华人民共和国公司登记管理条例》

（1994年6月24日发布 2016年2月6日最新修订 2016年3月1日起施行）

4.《证券发行上市保荐业务管理办法》

（2009年5月13日 证监会令第63号 根据2017年12月7日证监会令第137号令修改）

5.《关于进一步加强保荐业务监管有关问题的意见》

（2012年3月15日 证监会公告〔2012〕4号）

6.《证券发行上市保荐业务工作底稿指引》

（2009年4月1日 证监会公告〔2009〕5号）

7.《保荐人尽职调查工作准则》

（2006年5月29日 证监发行字〔2006〕15号）

8.《发行证券的公司信息披露内容与格式准则第27号——发行保荐书和发行保荐工作报告》

（2009年3月27日 证监会公告〔2009〕4号）

9.《深圳证券交易所上市公司保荐工作指引》

（2014年10月24日 深证上〔2014〕387号）

10.《上海证券交易所证券发行上市业务指引》

（2017 年 9 月 8 日　上证发〔2017〕55 号）

11.《上海证券交易所证券上市审核实施细则》

（2013 年 12 月 27 日　上证发〔2013〕28 号）

12.《发行监管问答——关于进一步强化保荐机构管理层对保荐项目签字责任的监管要求》

（2017 年 9 月 22 日证监会发行监管部）

13.《证券公司投资银行类业务内部控制指引》

（2018 年 3 月 23 日证监会公告〔2018〕6 号）

（二）财务分析

1.《中华人民共和国会计法》

（1985 年 1 月 21 日通过 1999 年 10 月 31 日最新修订　2000 年 7 月 1 日起施行）

2.《中华人民共和国企业所得税法》

（2007 年 3 月 16 日通过 2017 年 2 月 24 日最新修订　2017 年 2 月 24 日起施行）

3.《企业财务会计报告条例》

（2000 年 6 月 21 日国务院令第 287 号）

4.《企业会计准则——基本准则》

（财政部 2014 年 7 月 23 日财政部令第 76 号）

5.《企业会计准则——具体准则》

（财政部）

6.《企业会计准则应用指南》

（财政部）

7.《企业会计准则解释第 1-12 号》

（财政部）

8.《企业财务通则》

（2006 年 12 月 4 日财政部令第 41 号）

（三）股权融资

1.《首次公开发行股票并上市管理办法》

（2018 年 6 月 6 日证监会令第 141 号）

2.《首次公开发行股票并在创业板上市管理办法》

（2018 年 6 月 6 日证监会令第 142 号）

3.《存托凭证发行与交易管理办法（试行）》

（2018 年 6 月 6 日证监会令第 143 号）

4.《国务院办公厅转发证监会〈关于开展创新企业境内发行股票或存托凭证试点若干意见的通知〉》

（2018 年 3 月 30 日国办发〔2018〕21 号）

5.《上市公司证券发行管理办法》

（2006 年 5 月 8 日证监会令第 30 号根据 2008 年 10 月 9 日证监会令第 57 号修改）

6.《创业板上市公司证券发行管理暂行办法》

（2014 年 5 月 14 日证监会令第 100 号）

7.《发行监管问答——关于引导规范上市公司融资行为的监管要求》

（2017 年 2 月 17 日证监会发行监管部）

8.《发行监管问答——关于首次公开发行股票预先披露等问题》

（2017 年 12 月 7 日证监会发行监管部）

9.《发行监管问答——首次公开发行股票申请审核过程中有关中止审查等事项的要求》

（2017 年 12 月 7 日证监会发行监管部）

10.《关于首次公开发行股票并上市公司招股说明书财务报告审计截止日后主要财务信息及经营状况信息披露指引》

（2013 年 12 月 6 日证监会公告〔2013〕45 号）

11.《关于首次公开发行股票并上市公司招股说明书中与盈利能力相关的信息披露指引》

（2013 年 12 月 6 日证监会公告〔2013〕46 号）

12.《关于进一步加强保荐机构内部控制有关问题的通知》

（2013 年 12 月 27 日证监会发行监管函〔2013〕346 号）

13.《中国证券监督管理委员会发行审核委员会办法》

（2017 年 7 月 7 日证监会令第 134 号）

14.《上市公司非公开发行股票实施细则》

（2017年2月15日证监会公告〔2017〕5号）

15.《优先股试点管理办法》

（2014年3月21日证监会令第97号）

16.《深圳证券交易所优先股试点业务实施细则》

（2014年6月12日深证上〔2014〕204号）

17.《上海证券交易所优先股业务试点管理办法》

（2014年5月9日上证发〔2014〕31号）

18.《国务院关于全国中小企业股份转让系统有关问题的决定》

（2013年12月13日国发〔2013〕49号）

19.《全国中小企业股份转让系统有限责任公司管理暂行办法》

（2017年12月7日证监会令第137号）

20.《非上市公众公司监督管理办法》

（2013年12月26日证监会令第96号）

21.《全国中小企业股份转让系统业务规则（试行）》

（2013年12月30日股转系统公告〔2013〕40号）

22.《全国中小企业股份转让系统主办券商管理细则（试行）》

（2013年2月8日股转系统公告〔2013〕3号）

23.《全国中小企业股份转让系统主办券商推荐业务规定（试行）》

（2013年2月8日股转系统公告〔2013〕3号）

24.《全国中小企业股份转让系统主办券商尽职调查工作指引（试行）》

（2013年2月8日股转系统公告〔2013〕6号）

25.《全国中小企业股份转让系统主办券商内核工作指引（试行）》

（2016年6月8日股转系统公告〔2016〕32号）

26.《全国中小企业股份转让系统投资者适当性管理细则（试行）》

（2017年6月27日股转系统公告〔2017〕196号）

27.《全国中小企业股份转让系统股票挂牌条件适用基本标准指引》

（2017年9月6日股转系统公告〔2017〕366号）

(四) 债权融资

1.《公司债券发行与交易管理办法》

（2015年1月15日证监会令第113号）

2.《上市公司股东发行可交换公司债券试行规定》

（2008年10月17日证监会公告〔2008〕41号）

3.《中国证监会关于开展创新创业公司债券试点的指导意见》

（2017年7月4日证监会公告〔2017〕10号）

4.《上海证券交易所公司债券上市规则》

（2015年5月29日上证发〔2015〕49号）

5.《深圳证券交易所公司债券上市规则》

（2015年5月29日深圳证券交易所）

6.《关于开展绿色公司债券试点的通知》

（2016年3月16日上证发〔2016〕13号）

7.《公开发行公司债券监管问答（一）》

（2015年10月16日证监会公司债券监管部）

8.《公开发行公司债券监管问答（二）》

（2015年12月2日证监会公司债券监管部）

9.《公开发行公司债券监管问答（三）》

（2016年1月29日证监会公司债券监管部）

10.《公开发行公司债券监管问答（四）》

（2016年3月23日证监会公司债券监管部）

11.《公开发行公司债券监管问答（五）》

（2016年9月6日证监会公司债券监管部）

12.《上海证券交易所债券招标发行业务操作指引》

（2013年12月24日上证发〔2013〕25号）

13.《企业债券管理条例》

（2011年1月8日国务院令第588号）

14.《银行间债券市场非金融企业债务融资工具管理办法》

（2008年4月9日中国人民银行令〔2008〕第1号）

15.《全国银行间债券市场金融债券发行管理操作规程》

（2009年3月25日中国人民银行公告〔2009〕第6号）

16.《证券公司及基金管理公司子公司资产证券化业务管理规定》
（2014年11月19日证监会公告〔2014〕49号）

（五）定价销售

1.《中国证监会关于进一步推进新股发行体制改革的意见》
（2013年11月30日证监会公告〔2013〕42号）

2.《关于加强新股发行监管的措施》
（2014年1月12日证监会公告〔2014〕4号）

3.《关于新股发行定价相关问题的通知》
（2012年5月23日中国证监会发行监管部、创业板发行监管部）

4.《证券发行与承销管理办法》
（2018年6月15日证监会令第144号）

5.《首次公开发行股票承销业务规范》
（2018年6月15日中证协发〔2018〕142号）

6.《首次公开发行股票网下投资者管理细则》
（2018年6月15日中证协发〔2018〕142号）

7.《首次公开发行股票配售细则》
（2018年6月15日中证协发〔2018〕142号）

8.《上海市场首次公开发行股票网上发行实施细则》
（2016年1月5日上证发〔2016〕1号）

9.《上海市场首次公开发行股票网下发行实施细则》
（2016年1月5日上证发〔2016〕2号）

10.《深圳市场首次公开发行股票网上发行实施细则》
（2016年1月5日深证上〔2016〕3号）

11.《深圳市场首次公开发行股票网下发行实施细则》
（2016年1月5日深证上〔2016〕3号）

（六）财务顾问

1.《上市公司并购重组财务顾问业务管理办法》
（2008年6月3日证监会令第54号）

2.《国务院关于促进企业兼并重组的意见》

（2010年9月6日国发〔2010〕27号）

3.《国务院关于进一步优化企业兼并重组市场环境的意见》

（2014年3月7日国发〔2014〕14号）

4.《上市公司收购管理办法》

（2014年10月23日证监会令第108号）

5.《上市公司重大资产重组管理办法》

（2016年9月8日证监会令第127号）

6.《关于规范上市公司重大资产重组若干问题的规定》

（2016年9月9日证监会公告〔2016〕17号）

7.《关于在借壳上市审核中严格执行首次公开发行股票上市标准的通知》

（2013年11月30日证监发〔2013〕61号）

8.《关于加强与上市公司重大资产重组相关股票异常交易监管的暂行规定》

（2016年9月9日证监会公告〔2016〕16号）

9.《证券期货法律适用意见第4号——〈上市公司收购管理办法〉第六十二条及〈上市公司重大资产重组管理办法〉第四十三条有关限制股份转让的适用意见》

（2009年5月19日证监会公告〔2009〕11号）

10.《证券期货法律适用意见第7号——〈上市公司收购管理办法〉第六十二条有关上市公司严重财务困难的适用意见》

（2011年1月10日证监会公告〔2011〕1号）

11.《〈上市公司收购管理办法〉第六十二条、第六十三条有关要约豁免申请的条款发生竞合时的适用意见——证券期货法律适用意见第8号》

（2011年1月17日证监会公告〔2011〕2号）

12.《证券期货法律适用意见第9号——〈上市公司收购管理办法〉第七十四条有关通过集中竞价交易方式增持上市公司股份的收购完成时点认定的适用意见》

（2011年1月17日证监会公告〔2011〕3号）

13.《证券期货法律适用意见第10号——〈上市公司重大资产重组管理办法〉第三条有关拟购买资产存在资金占用问题的适用意见》

（2011年1月17日证监会公告〔2011〕4号）

14.《证券期货法律适用意见第11号——〈上市公司重大资产重组管理办法〉第十二条上市公司在12个月内连续购买、出售同一或者相关资产的有关比例计算的适用意见》

（2011年1月17日证监会公告〔2011〕5号）

15.《〈上市公司重大资产重组管理办法〉第十四条、第四十四条的适用意见——证券期货法律适用意见第12号》

（2016年9月8日证监会公告〔2016〕18号）

16.上市公司重大资产重组问题与解答相关规定

（证监会上市公司监管部）

17.《关于外国投资者并购境内企业的规定》

（2009年6月22日商务部令2009年第6号）

18.《商务部实施外国投资者并购境内企业安全审查制度的规定》

（2011年8月25日商务部公告2011年第53号）

19.《国务院关于经营者集中申报标准的规定》

（2008年8月3日国务院令第529号）

20.《外国投资者对上市公司战略投资管理办法》

（2005年12月31日商务部、中国证券监督管理委员会、国家税务总局、国家工商行政管理总局、国家外汇管理局令2005年第28号）

21.《非上市公众公司重大资产重组管理办法》

（2014年6月23日证监会令第103号）

22.《非上市公众公司收购管理办法》

（2014年6月23日证监会令第102号）

23.《非上市公众公司监管指引第4号——股东人数超过200人的未上市股份有限公司申请行政许可有关问题的审核指引》

（2013年12月26日证监会公告〔2013〕54号）

（七）持续督导

1.《上市公司章程指引（2016年修订）》

（2016年9月30日证监会公告〔2016〕23号）

2.《上市公司股东大会规则(2016年修订)》

(2016年9月30日证监会公告〔2016〕22号)

3.《上市公司信息披露管理办法》

(2007年1月30日证监会令第40号)

4.《关于加强上市证券公司监管的规定》

(2010年6月30日证监会公告〔2010〕20号)

5.《关于规范上市公司与关联方资金往来及上市公司对外担保若干问题的通知》

(2003年8月28日证监发〔2003〕56号)

6.《关于规范上市公司对外担保行为的通知》

(2005年11月4日证监发〔2005〕120号)

7.《上市公司监管指引第2号——上市公司募集资金管理和使用的监管要求》

(2012年12月19日证监会公告〔2012〕44号)

8.《上市公司监管指引第3号——上市公司现金分红》

(2013年11月30日证监会公告〔2013〕43号)

9.《关于进一步落实上市公司现金分红有关事项的通知》

(2012年5月4日证监发〔2012〕37号)

10.《关于上市公司建立内幕信息知情人登记管理制度的规定》

(2011年10月25日证监会公告〔2011〕30号)

11.《上海证券交易所上市公司持续督导工作指引》

(2009年7月15日上证公字〔2009〕75号)

12.《上市公司监管指引第1号——上市公司实施重大资产重组后存在未弥补亏损情形的监管要求》

(2012年3月23日证监会公告〔2012〕6号)

13.《上市公司监管指引第4号——上市公司实际控制人、股东、关联方、收购人以及上市公司承诺及履行》

(2013年12月27日证监会公告〔2013〕55号)

14.《上市公司股权激励管理办法》

（2016 年 7 月 13 日证监会令第 126 号）
15.《上市公司股东、董监高减持股份的若干规定》
（2017 年 5 月 26 日证监会公告〔2017〕9 号）
16.《上海证券交易所股票上市规则》
（2018 年 4 月 20 日上证发〔2018〕20 号）
17.《深圳证券交易所股票上市规则》
（2018 年 4 月 20 日深证上〔2018〕166 号）
18.《深圳证券交易所创业板股票上市规则》
（2018 年 4 月 20 日深证上〔2018〕166 号）
19.《关于鼓励上市公司兼并重组、现金分红及回购股份的通知》
（2015 年 8 月 31 日证监发〔2015〕61 号）
20.《国务院关于积极稳妥降低企业杠杆率的意见》
（2016 年 10 月 10 日国发〔2016〕54 号）
21.《上市公司回购社会公众股份管理办法（试行）》
（2005 年 6 月 16 日证监发〔2005〕51 号）
22.《关于上市公司以集中竞价交易方式回购股份的补充规定》
（2008 年 10 月 9 日证监会公告〔2008〕39 号）

APPENDIX C 附录 C

"春晖投行在线"投资银行推荐书单[一]

本书单分"境内投行业务入门实务""投行思维与业务进阶""投行人生与情趣""新经济与新产业"四类。对于投行从业人员而言,第一、二类为必读书,第三、四类为选读书。

第一类"境内投行业务入门实务"直接为从事境内投行业务服务。书目的选择不求理论与系统,唯一注重的是贴近实际业务、易于上手,尤为重视来自投行、中介机构和监管部门的作者所著图书。内容主要涉及融资业务(股权融资、债权融资、结构融资等)、并购重组业务、投行业务相关财务会计与法律问题等。

第二类"投行思维与业务进阶"为夯实从事投行业务的职业厚度服务。选择的标准是经典、系统和深度。内容可分为两个部分:前一部分为经管框架,涉及经济学、管理学、企业战略、市场营销等;后一部分为投行框架,涉及投资银行概论、投资银行史、公司金融、估值等。

第三类"投行人生与情趣",书目选择不讲究系统性与逻辑性,重要的是世界观的建构、价值观的呈现,以及情怀与有趣。与前两类的精挑细选不同,

---

[一] 资料来源:《"春晖投行在线"投资银行业务推荐书单(2020年4月版)》,"春晖投行在线"网站,http://www.shenchunhui.com/_private/lilunyushiwu/wenzhang/shudan/202004.htm,2020年4月6日访问。

此类推荐个人色彩较重。要的既可能是坚实厚重，也可能仅是阅读中的灵光一现、不经意间的触动。

第四类"新经济与新产业"的入选标准也相对随意，主要体现我个人当前对新经济、新产业、新模式以及产业升级发展方向的认识与兴趣。

第一类　境内投行业务入门实务

［1］中国银行间市场交易商协会教材编写组. 投资银行：理论与实务（上、下）［M］. 北京：北京大学出版社，2019.

［2］深圳证券交易所创业企业培训中心. 中小企业板、创业板股票发行上市问答［M］. 3版. 北京：中国财政经济出版社，2019.

［3］沈春晖. 一本书看透IPO：A股IPO全流程深度剖析［M］. 北京：机械工业出版社，2018.

［4］国泰君安证券股份有限公司. 科创板与注册制：一场伟大的变革［M］. 上海：上海财经大学出版社，2019.

［5］王骥跃. 科创板之道［M］. 北京：中国法制出版社，2019.

［6］唐应茂. 登陆华尔街：中国企业美国上市操作读本（增订本）［M］. 北京：中国法制出版社，2015.

［7］江苏省上市公司协会，等. 上市公司证券事务管理手册［M］. 北京：中国财政经济出版社，2019.

［8］程前. 中国资本市场论坛（2016）［M］. 北京：中国财富出版社，2017.

［9］欧阳军，虞正春. 读懂交易所：上市公司控制权收购监管意见解析［M］. 北京：北京大学出版社，2019.

［10］欧阳军，虞正春. 读懂证监会：上市公司重大资产重组反馈意见解析［M］. 北京：北京大学出版社，2019.

［11］深圳证券交易所创业企业培训中心. 上市公司并购重组问答（第3版）［M］. 北京：中国财政经济出版社，2019.

［12］袁钰菲. 并购实战：制度逻辑与方案设计［M］. 上海：上海财经大学出版社，2018.

［13］江苏省上市公司协会. 上市公司并购重组流程及案例解析［M］.

2版. 南京：江苏人民出版社，2016.

[14] 国务院国资委产权管理局投资价值评估课题组. 投资价值评估[M]. 北京：中国市场出版社，2016.

[15] 刘小玮，张兰田. 资本业务税法指南[M]. 北京：法律出版社，2018.

[16] 劳志明. 劳阿毛说并购（增订版）[M]. 北京：中国法制出版社，2018.

[17] 张伟华. 跨境并购的十堂进阶课[M]. 北京：中国法制出版社，2017.

[18] 邹健，等. 中国资产证券化项目剖析与实操指南[M]. 北京：法律出版社，2018.

[19] 洞炎. 系统性财务造假揭秘与审计攻略[M]. 上海：上海财经大学出版社，2018.

[20] 中国证监会会计部. 上市公司执行企业会计准则案例解析（2019）[M]. 北京：中国财政经济出版社，2019.

第二类　投行思维与业务进阶

[1] 保罗·海恩，等. 经济学的思维方式（原书第13版）[M]. 史晨，译. 北京：机械工业出版社，2015.

[2] N 格里高利·曼昆. 经济学原理：微观经济学分册（原书第7版）[M]. 梁小民，等译. 北京：北京大学出版社，2015.

[3] 弗雷德里克 S 米什金. 货币金融学（原书第4版）（美国商学院版）[M]. 蒋先玲，等译. 北京：机械工业出版社，2016.

[4] 理查德·塞勒，卡斯·桑斯坦. 助推：如何做出有关健康、财富与幸福的最佳决策[M]. 刘宁，译. 北京：中信出版社，2018.

[5] 安妮·杜克. 对赌：信息不足时如何做出高明决策[M]. 李光辉，译. 北京：中信出版社，2019.

[6] 瑞·达利欧. 原则[M]. 刘波，等译. 北京：中信出版社，2018.

[7] 斯蒂芬 P 罗宾斯，等. 管理学（原书第13版）[M]. 刘刚，等译. 北京：中国人民大学出版社，2017.

［8］小阿瑟 A 汤普森，等. 战略管理：概念与案例（原书第 19 版）［M］. 蓝海林，等译. 北京：机械工业出版社，2016.

［9］W 钱·金，勒妮·莫博涅. 蓝海战略：超越产业竞争，开创全新市场（扩展版）［M］. 吉宓，译. 北京：商务印书馆，2016.

［10］菲利普·科特勒，等. 营销管理（原书第 15 版）［M］. 何佳讯，等译. 上海：格致出版社，2016.

［11］艾·里斯，杰克·特劳特. 定位：争夺用户心智的战争［M］. 谢伟山，等译. 北京：机械工业出版社，2011.

［12］中国银行间市场交易商协会教材编写组现. 现代金融市场：理论与实务［M］. 北京：北京大学出版社，2019.

［13］约翰 S 戈登. 伟大的博弈：华尔街金融帝国的崛起（1653—2019 年）［M］. 祁斌，译. 北京：中信出版社，2019.

［14］查尔斯 R 盖斯特. 华尔街投行百年史［M］. 寇彻，任晨晨，译. 北京：机械工业出版社，2013.

［15］查尔斯·埃利斯. 高盛帝国（原书第 2 版）［M］. 卢青，张玲，束宇，译. 北京：中信出版社，2015.

［16］戴维·斯托厄尔. 投资银行、对冲基金和私募股权投资（原书第 3 版）［M］. 马晓军，黄嵩，等译. 北京：机械工业出版社，2019.

［17］乔舒亚·罗森鲍姆，乔舒亚·珀尔. 投资银行：估值、杠杆收购、兼并与收购（原书第 2 版）［M］. 刘振山，曹建海，译. 北京：机械工业出版社，2014.

［18］让·梯若尔. 公司金融理论［M］. 王永钦，等译. 北京：中国人民大学出版社，2015.

［19］埃斯瓦斯·达莫达兰. 估值：难点、解决方案及相关案例［M］. 李必龙，等译. 北京：机械工业出版社，2013.

［20］布赖恩·伯勒，等. 门口的野蛮人：史上最强悍的资本收购（20 周年纪念版）［M］. 张振华，译. 北京：机械工业出版社，2010.

第三类　投行人生与情趣

［1］彼得·沃森. 思想史：从火到弗洛伊德［M］. 胡翠娥，译. 南京：

译林出版社，2018.

[2] 弗里德里希·奥古斯特·冯·哈耶克. 通往奴役之路（修订版）[M]. 王明毅，冯兴元，等译. 北京：中国社会科学出版社，2015.

[3] 米尔顿·弗里德曼，罗丝·弗里德曼. 自由选择（珍藏版）[M]. 张琦，译. 北京：机械工业出版社，2013.

[4] 纳西姆·尼古拉斯·塔勒布. 反脆弱：从不确定性中获益[M]. 雨珂，译. 北京：中信出版社，2014.

[5] 纳西姆·尼古拉斯·塔勒布. 黑天鹅：如何应对不可预知的未来（升级版）（全新校订本）[M]. 万丹，等译. 北京：中信出版社，2011.

[6] 拉斯·特维德. 逃不开的经济周期（珍藏版）[M]. 董裕平，译. 北京：中信出版社，2012.

[7] 艾丽斯·施罗德. 滚雪球：巴菲特和他的财富人生（纪念版）（上下）[M]. 覃扬眉，等译. 北京：中信出版社，2013.

[8] 查理·芒格. 穷查理宝典：芒格智慧箴言与私人书单[M]. 李继宏，译. 北京：中信出版社，2017.

[9] 苏世民. 苏世民：我的经验与教训[M]. 赵灿，译. 北京：中信出版社，2020.

[10] 凯文·凯利. 失控：全人类的最终命运和结局[M]. 东西文库，译. 北京：新星出版社，2010.

[11] 安德斯·艾利克森，等. 刻意练习[M]. 王正林，译. 北京：机械工业出版社，2016.

[12] 卡尔·纽波特. 深度工作：如何有效使用每一点脑力[M]. 宋伟，译. 南昌：江西人民出版社，2017.

[13] 斯蒂芬·茨威格. 人类群星闪耀时[M]. 姜乙，译. 上海：上海文艺出版社，2019.

[14] 尤瓦尔·赫拉利. 人类简史：从动物到上帝[M]. 林俊宏，译. 北京：中信出版社，2017.

[15] 尤瓦尔·赫拉利. 未来简史：从智人到智神[M]. 林俊宏，译.

北京：中信出版社，2017.

[16] 史蒂芬·柯维. 高效能人士的七个习惯（30周年纪念版）[M]. 高新勇，王亦兵，葛雪蕾，译. 北京：中国青年出版社，2018.

[17] 赵朴初. 佛教常识答问[M]. 北京：华文出版社，2011.

[18] 华杉. 华杉讲透《孙子兵法》[M]. 南京：江苏文艺出版社，2015.

[19] 刘慈欣. 三体[M]. 重庆：重庆出版社，2008.

[20] 唐浩明. 曾国藩：野焚[M]. 北京：人民文学出版社，2007.

第四类　新经济与新产业

[1] 阿伦·拉奥，等. 硅谷百年史：互联网时代[M]. 闫景立，等译. 北京：人民邮电出版社，2016.

[2] 克里斯·安德森. 长尾理论：为什么商业的未来是小众市场[M]. 乔江涛，石晓燕，译. 北京：中信出版社，2015.

[3] 克里斯·安德森. 免费：商业的未来[M]. 蒋旭峰，冯斌，璩静，等译. 北京：中信出版社，2015.

[4] 彼得·蒂尔，布莱克·马斯特斯. 从0到1：开启商业与未来的秘密[M]. 高玉芳，译. 北京：中信出版社，2015.

[5] E M 罗杰斯. 创新的扩散（原书第5版）[M]. 唐兴通，等译. 北京：电子工业出版社，2016.

[6] 杰里米·里夫金. 零边际成本社会：一个物联网、合作共赢的新经济时代[M]. 赛迪研究院专家组，译. 北京：中信出版社，2014.

[7] 迈克斯·泰格马克. 生命3.0[M]. 汪婕舒，译. 杭州：浙江教育出版社，2018.

[8] 车品觉. 数据的本质[M]. 北京：北京联合出版公司，2017.

[9] 阿尔文德·纳拉亚南，约什·贝努，爱德华·费尔顿，等. 区块链技术驱动金融：数字货币与智能合约技术[M]. 林华，王勇，等译. 北京：中信出版社，2016.

[10] 保罗·戴维斯. 生命与新物理学[M]. 王培，译. 北京：中信出版社，2019.

[11] 王立铭. 上帝的手术刀：基因编辑简史[M]. 杭州：浙江人民出

版社，2017.

[12] 悉达多·穆克吉. 众病之王：癌症传［M］. 李虎，译. 北京：中信出版社，2013.

[13] 梁贵柏. 新药的故事［M］. 南京：译林出版社，2019.

[14] 中伦研究院. 大健康产业：政策、趋势与法律创新［M］. 北京：法律出版社，2018.

[15] 约翰·卡雷鲁. 坏血：一个硅谷巨头的秘密与谎言［M］. 成起宏，译. 北京：北京联合出版公司，2019.

[16] 让–弗朗索瓦·萨昌佐. 疫苗的史诗：从天花之猖到疫苗之殇［M］. 宋碧珺，译. 北京：中国社会科学出版社，2019.

[17] 艾·里斯，等. 21世纪的定位：定位之父重新定义"定位"［M］. 寿雯，译. 北京：机械工业出版社，2019.

[18] 华杉，等. 超级符号原理［M］. 上海：文汇出版社，2019.

[19] 吴晓波. 腾讯传1998—2016：中国互联网公司进化论［M］. 杭州：浙江大学出版社，2017.

[20] 曲凯. 创投42章经：互联网商业逻辑与投资进阶指南［M］. 北京：中信出版社，2018.

后　　记

这本书最初的大纲在 2019 年下半年就已经发给了出版社，尽责的编辑老师也一直催促我尽快完成。但是，面对资本市场的有利形势和自己所在的红塔证券于 2019 年 7 月成功 A 股上市的发展机遇，我已经全身心投入到自己带领的红塔证券投行业务团队的规划和发展之中，力图努力将原本规模较小的走精品投行路线的红塔证券投行发展成为与公司规模相匹配的、具有一定市场影响力的投资银行。我实在没有时间，因此写书的事情也搁置了下来。

没有想到的是，2020 年年初疫情来临。大年三十那天，我已经感觉到开年后难以复工。这时我突然想到，2020 年也是中国证券市场诞生 30 周年，在这个时候完成这本书也有特殊意义。我一直苦于没有大块完整的时间写作，现在，时间有了。于是，从正月初三开始到正月初九整整一周，每天从早上 6 点到晚上 10 点，我几乎花 15 个小时以上的时间待在书房里奋笔疾书。从 2 月 3 日开始，我在家办公，时间也相对宽裕，又用了十多天，才将本书第一稿交给了编辑，后来就有了这本书。

这本书也是我构想的"投行三部曲"的组成部分。第一本的主题是 IPO，取名《一本书看透 IPO》⊖，已经于 2018 年出版。作为一本全景式描绘 A 股 IPO 的实用手册，这是一本认真完成的心血之作，得到了市场强烈的欢迎，一上市就登上畅销榜，半年就印刷了四次，2020 年又有加印。这本书还被评为出版社的"年度好书"。这也鼓励我，市场是最好的裁判，认真的干货总是稀缺的。本书即为第二本，以全景式的视角描绘了投资银行这个职业，相信也会得到读者的喜爱。第三本的主题是上市公司的资本运作，目前我已经在我的微信公众号上陆续发表了一系列文章（"上市公司再融资漫谈"系列、

⊖ 本书已由机械工业出版社出版。

"上市公司并购重组漫谈"系列）。这些文章也将在修订、整理、补充之后成为一本专著。

很多人问我，为什么愿意以网站、微博、微信公众号、专著的方式持续向社会分享自己的知识收获，而且除了图书之外都是无偿的。我记得，查理·芒格曾经在 2010 年的伯克希尔－哈撒韦公司年会上说过，一个人能做的最好的事情就是帮助另一个人知道更多。显然，我愿意多做最好的事情。何况通过分享，我也得到反馈因而不断进步，还不停地收获着幸福感。

这本《投行十讲》是我投行职业生涯上半场的一个另类小结，我也把这本书献给中国证券市场 30 周年华诞。

回想 20 年前，我成为合并后的国泰君安证券的第一批校招生，开始进入投资银行这个行业。这也是中国证券公司有史以来第一次按照美国的成熟模式进行校招。幸运的我们那时也被戏称为"黄埔一期"。20 年了，我希望自己还是当时那个勇敢、善良的少年。

会计极速入职晋级

书号	定价	书名	作者	特点
66560	49	一看就懂的会计入门书	钟小灵	非常简单的会计入门书；丰富的实际应用举例，贴心提示注意事项，大量图解，通俗易懂，一看就会
44258	49	世界上最简单的会计书	[美]穆利斯 等	被读者誉为最真材实料的易懂又有用的会计入门书
71111	59	会计地图：一图掌控企业资金动态	[日]近藤哲朗 等	风靡日本的会计入门书，全面讲解企业的钱是怎么来的，是怎么花掉的，要想实现企业利润最大化，该如何利用会计常识开源和节流
59148	69	管理会计实践	郭永清	总结调查了近1000家企业问卷，教你构建全面管理会计图景，在实务中融会贯通地去应用和实践
69322	59	中小企业税务与会计实务（第2版）	张海涛	厘清常见经济事项的会计和税务处理，对日常工作中容易遇到重点和难点财税事项，结合案例详细阐释
42845	30	财务是个真实的谎言（珍藏版）	钟文庆	被读者誉为最生动易懂的财务书；作者是沃尔沃原财务总监
64673	79	全面预算管理：案例与实务指引（第2版）	龚巧莉	权威预算专家精心总结的实操经验，大量现成的制度、图形、表单等工具，即改即用
75747	89	全面预算管理：战略落地与计划推进的高效工具	李欣	拉通财务与经营人员的预算共识；数字化提升全面预算执行效能
75945	99	企业内部控制从懂到用（第2版）	冯萌 等	完备的理论框架及丰富的现实案例，展示企业实操经验教训，提出切实解决方案
75748	99	轻松合并财务报表：原理、过程与Excel实战（第2版）	宋明月	87张大型实战图表，教你用EXCEL做好合并报表工作；书中表格和合并报表编制方法可直接用于工作实务
70990	89	合并财务报表落地实操	蔺龙文	深入讲解合并原理、逻辑和实操要点；14个全景式实操案例
69178	169	财务报告与分析：一种国际化视角	丁远 等	从财务信息使用者角度解读财务与会计，强调创业者和创新的重要作用
64686	69	500强企业成本核算实务	范晓东	详细的成本核算逻辑和方法，全景展示先进500强企业的成本核算做法
74688	89	优秀FP&A：财务计划与分析从入门到精通	詹世谦	源自黑石等500强企业的实战经验；七个实用财务模型
75482	89	财务数字化：全球领先企业和CFO的经验	[英]米歇尔·哈普特	从工程师、企业家、经济学家三个视角，讨论财务如何推动企业转型的关键杠杆
74137	69	财会面试实用指南：规划、策略与真题	宋明月 等	来自资深面试官的真实经验，大量面试真题
55845	68	内部审计工作法	谭丽丽 等	8家知名企业内部审计部长联手分享，从思维到方法，一手经验，全面展现
72569	59	超简单的选股策略：通过投资于身边的公司获利	爱德华·瑞安	简单易学的投资策略，带你找到对你来说有可能赚钱的股票，避免错过那些事后会后悔没买进的好股票
73601	59	逻辑学的奇妙世界：提升批判性思维和表达能力	[日]野矢茂树	资深哲学教授写作的有趣入门书；适合所有想在工作、学习和生活中变得更有逻辑的人
69738	79	我在摩根的收益预测法：用Excel高效建模和预测业务利润	[日]熊野整	来自投资银行摩根士丹利的工作经验；详细的建模、预测及分析步骤；大量的经营模拟案例
60448	45	左手外贸右手英语	朱子斌	22年外贸老手，实录外贸成交秘诀，提示你陷阱和套路，告诉你方法和策略，大量范本和实例
70696	69	第一次做生意	丹牛	中小创业者的实战心经。赚到钱、活下去，管好人、走对路；实现从0到亿元营收跨越
70625	69	聪明人的个人成长	[美]史蒂夫·帕弗利纳	全球上亿用户一致践行的成长七原则，护航人生中每一个重要转变

财务知识轻松学

书号	定价	书名	作者	特点
71576	79	IPO财务透视：注册制下的方法、重点和案例	叶金福	大华会计师事务所合伙人作品，基于辅导IPO公司的实务经验，针对IPO中最常问询的财务主题，给出明确可操作的财务解决思路
58925	49	从报表看舞弊：财务报表分析与风险识别	叶金福	从财务舞弊和盈余管理的角度，融合工作实务中的体会、总结和思考，提供全新的报表分析思维和方法，黄世忠、夏草、梁春、苗润生、徐珊推荐阅读
62368	79	一本书看透股权架构	李利威	126张股权结构图，9种可套用架构模型；挖出38个节税的点，避开95个法律的坑；蚂蚁金服、小米、华谊兄弟等30个真实案例
70557	89	一本书看透股权节税	李利威	零基础50个案例搞定股权税收
62606	79	财务诡计（原书第4版）	[美]施利特 等	畅销25年，告诉你如何通过财务报告发现会计造假和欺诈
70738	79	财务智慧：如何理解数字的真正含义（原书第2版）	[美]伯曼 等	畅销15年，经典名著；4个维度，带你学会用财务术语交流，对财务数据提问，将财务信息用于工作
67215	89	财务报表分析与股票估值（第2版）	郭永清	源自上海国家会计学院内部讲义，估值方法经过资本市场验证
73993	79	从现金看财报	郭永清	源自上海国家会计学院内部讲义，带你以现金的视角，重新看财务报告
67559	79	500强企业财务分析实务（第2版）	李燕翔	作者将其在外企工作期间积攒下的财务分析方法倾囊而授，被业界称为最实用的管理会计书
67063	89	财务报表阅读与信贷分析实务（第2版）	崔宏	重点介绍商业银行授信风险管理工作中如何使用和分析财务信息
58308	69	一本书看透信贷：信贷业务全流程深度剖析	何华平	作者长期从事信贷管理与风险模型开发，大量一手从业经验，结合法规、理论和实操融会贯通讲解
75289	89	信贷业务全流程实战：报表分析、风险评估与模型搭建	周艺博	融合了多家国际银行的信贷经验；完整、系统地介绍公司信贷思维框架和方法
75670	89	金融操作风险管理真经：来自全球知名银行的实践经验	[英]埃琳娜·皮科娃	花旗等顶尖银行操作风险实践经验
60011	99	一本书看透IPO：注册制IPO全流程深度剖析	沈春晖	资深投资银行家沈春晖作品；全景式介绍注册制IPO全貌；大量方法、步骤和案例
65858	79	投行十讲	沈春晖	20年的投行老兵，带你透彻了解"投行是什么"和"怎么干投行"；权威讲解注册制、新证券法对投行的影响
73881	89	成功IPO：全面注册制企业上市实战	屠博	迅速了解注册制IPO的全景图，掌握IPO推进的过程管理工具和战略模型
70094	129	李若山谈独立董事：对外懂事，对内独立	李若山	作者获评2010年度上市公司优秀独立董事；9个案例深度复盘独董工作要领；既有怎样发挥独董价值的系统思考，还有独董如何自我保护的实践经验
68080	79	中小企业融资：案例与实务指引	吴瑕	畅销10年，帮助了众多企业；从实务层面，帮助中小企业解决融资难、融资贵问题
74247	79	利润的12个定律（珍藏版）	史永翔	15个行业冠军企业，亲身分享利润创造过程；带你重新理解客户、产品和销售方式
69051	79	华为财经密码	杨爱国 等	揭示华为财经管理的核心思想和商业逻辑
73113	89	估值的逻辑：思考与实战	陈玮	源于3000多篇投资复盘笔记，55个真实案例描述价值判断标准，展示投资机构的估值思维和操作细节
62193	49	财务分析：挖掘数字背后的商业价值	吴坚	著名外企财务总监的工作日志和思考笔记，财务分析视角侧重于为管理决策提供支持；提供财务管理和分析决策工具
74895	79	数字驱动：如何做好财务分析和经营分析	刘冬	带你掌握构建企业财务与经营分析体系的方法
58302	49	财务报表解读：教你快速学会分析一家公司	续芹	26家国内外上市公司财报分析案例，17家相关竞争对手、同行业分析，遍及教育、房地产等20个行业；通俗易懂，有趣有用